# 城市游客流动网络交通可达性研究

汪 丽 著

西安交通大學出版社
XI'AN JIAOTONG UNIVERSITY PRESS

**图书在版编目(CIP)数据**

城市游客流动网络交通可达性研究 / 汪丽著. —西安:西安交通大学出版社,2024.1

ISBN 978-7-5693-3331-2

Ⅰ. ①城… Ⅱ. ①汪… Ⅲ. ①城市交通—交通网—交通分析—研究—西安 Ⅳ. ①U491.1

中国国家版本馆 CIP 数据核字(2023)第 122579 号

| | |
|---|---|
| **书　　名** | 城市游客流动网络交通可达性研究<br>CHENGSHI YOUKE LIUDONG WANGLUO JIAOTONG KEDAXING YANJIU |
| **著　　者** | 汪　丽 |
| **策划编辑** | 王斌会 |
| **责任编辑** | 苏　剑　魏　芳 |
| **责任校对** | 李　文 |
| **装帧设计** | 伍　胜 |

| | |
|---|---|
| **出版发行** | 西安交通大学出版社<br>(西安市兴庆南路 1 号　邮政编码 710048) |
| **网　　址** | http://www.xjtupress.com |
| **电　　话** | (029)82668357　82667874(市场营销中心)<br>(029)82668315(总编办) |
| **传　　真** | (029)82668280 |
| **印　　刷** | 陕西博文印务有限责任公司 |

| | |
|---|---|
| **开　　本** | 710 mm×1000 mm　1/16　**印张** 13.25　**字数** 203 千字 |
| **版次印次** | 2024 年 1 月第 1 版　2024 年 1 月第 1 次印刷 |
| **书　　号** | ISBN 978-7-5693-3331-2 |
| **定　　价** | 89.00 元 |

如发现印装质量问题,请与本社市场营销中心联系。

订购热线:(029)82665248　(029)82667874

投稿热线:(029)82668525

# 前言

近年来，交通运输与旅游融合发展已经成为我国旅游业转型发展的新趋势。在许多关于旅游的研究中，交通和旅游的关系被界定为可达性，交通可达性是游客流动的前提条件，也是景点的重要特征，它关系到景点位置质量的变化。但对于可达性和旅游流的关系，人们存在分歧，有人认为，可达性和旅游流的关系因研究的空间尺度不同而具有差异，而多项研究表明城市尺度的交通方式选择对旅游者出行及其空间流动具有重要影响，可达性不仅影响游客的资源评估和目的地选择，也引起旅游空间发展格局的变化。同时，旅游时间可用性在很大程度上影响了游客空间流动的分布和顺序。可达性受到可利用时间的影响和制约，对游客而言，在出游时间约束下，目的地城市的出游行为包括景点选择、出游路径、出游频率，以及出游方式等都具有显著差异。人的行为既是对环境感知的一种主动反应，也是在各种制约下的必然结果，因而从宏观环境背景和微观个人感知两个方面，探讨景点交通可达性对不同出游时间制约下游客空间流动的影响十分必要。

据此，本书以热门旅游城市西安为研究区域，综合利用百度出行实时数据、网络游记攻略数据及问卷调查数据，运用社会网络分析、统计分析、GIS空间分析等方法，在分析城市旅游景点交通可达性和不同出游时间约束条件下的游客流动网络结构特征的基础上，深入揭示了景点不同交通方式可达性与感知可达性对不同出游时间类型游客空间流动的影响路径。本书通过厘清旅游目的地发展的交通作用机制丰富城市旅游与交通的理论研究，以期为新时代城市旅游和基础设施协同规划与融合发展、交通规划与政策管理提供重要支撑，对促进城市旅游业高质量发展具有重要意义。

全书分为三大部分、十个章节。

第一部分为研究基础，包括第一章导论、第二章研究综述与理论基础。

该部分包含梳理研究背景、提出研究问题、明确研究目标、阐明研究意义，以及概括介绍全书的主要研究内容、研究框架、研究区域、数据类型、研究方法和技术路线。在辨析核心概念的基础上，进而从景点交通可达性、游客空间流动、不同类型游客的出游行为、可达性与游客空间流动等方面进行研究综述，分析存在的问题，提出本书的切入点，构建本书的理论框架和理论基础。

第二部分为实证研究，包括第三章至第九章。该部分包含三个方面的内容：第一，空间特征分析。第三章至第五章从A级旅游景点和游客实际到访景点的供需空间分布两方面展开西安市景点空间格局特征的研究，基于不同交通方式和不同景点的可达性测度分析西安市景点交通可达性空间特征，基于不同出游时间分析游客景点间流动空间结构的差异。第二，可达性影响分析。第六章和第七章分别从客观可达性和感知可达性两个维度探讨景点交通可达性对不同出游时间游客空间流动的影响差异，以及不同交通方式的景点交通可达性的影响差异。第三，交通满意度分析。第八章对游客公共交通满意度的影响因素与组态路径进行总体评价与分析，第九章对不同区位的三个典型景区进行具体的交通满意度评价。

第三部分为结论与展望，即第十章。主要对全书进行总结，对旅游与交通的融合发展提出针对性的对策建议，概括主要创新点及今后进一步开展研究工作的展望。

因著者水平有限，若书中有不当之处，敬请广大读者批评指正。

汪　丽

2023年4月

# 目录

# 第一章 导 论

## 第一节 研究背景与意义

### 一、研究背景

#### (一)旅游业在城市发展过程中的作用日益凸显

20 世纪后期,西方发达国家在面对工业城市更新和刺激新产业发展实践中,通过旅游发展建立了新的城市增长点,通过城市旅游建设促进了城市活动的再现与复兴。改革开放以来,中国城市在基础设施、交通条件、公共服务水平和城市商业等硬件设施方面取得突破性进步,为城市功能由传统工业向现代服务业转变奠定了坚实基础。旅游作为现代服务业的重要增长极获得了长足发展,旅游收入和接待人次逐年攀高,旅游产业贡献率不断增加。旅游业已逐渐成为促进我国国民经济增长的重要驱动力量,具有鲜明的产业联动效应(郭向阳 等,2020),形成了消费聚集和产业聚集,带动土地升值、休闲度假房地产等高利润项目,为城镇化提供了产业、就业、环境、服务和居住五大支撑(麻学锋 等,2019),通过产业联动,旅游业促进城镇产业结构转型升级,提升城镇化水平(熊建新 等,2020)。据文化和旅游部统计公报,2019 年中国全年实现旅游总收入 6.63 万亿元,旅游业对 GDP 的综合贡献为 10.94 万亿元,占 GDP 总量的 11.05%,均比上年有所增长。之后受新冠疫情影响,2020 年中国全年实现旅游总收入 2.23 万亿元,较 2019 年大幅下降,2021 年较 2020 年旅游业有所恢复,旅游总收入为 2.92 万亿元,占 GDP 总量的2.55%。据2019年中国旅游城市排行榜发布的信息，北京、重庆、上海、广州、天津、成都、杭州、武汉、西安、苏州、南京等位居前列。2018年，北京旅游总收入为5921亿元，占全市GDP总量的19.53%；重庆旅游总收入为4344亿元，占全市GDP总量的21.29%；西安旅游总收入为2554.81亿元，占全市GDP总量的30.59%。据2021年中国旅游城市排行榜发布的信息，北京、重庆、上海、杭州、武汉、成都、广州、西安、贵阳、上饶等位居前列。2020年，北京旅游总收入为2914亿元，占全市GDP总量的8.07%；重庆旅游产业实现增加值为979.18亿元，同比恢复95.2%，占全市GDP总量的3.9%；西安旅游总收入为1882亿元，占全市GDP总量的18.78%。旅游业虽然受到疫情的冲击，但旅游潜在需求依旧旺盛，疫情后的旅游业恢复对各大城市发展仍然具有重要作用。

### （二）交通是推动旅游发展的重要“引擎”

在旅游业发展过程中，交通起着关键性作用，交通的改善带来旅游的扩张和发展。交通技术革新带来的全球“时空压缩”，机动车带来的出行便利，结合变化的工作模式和创新的营销推动了国际大众旅游的快速发展(Sorupia，2005)。现代旅游业的产生和发展与交通业紧密相连，交通便利程度不仅是旅游资源开发和旅游地建设的必要条件，而且是衡量一个国家或地区旅游业发达程度的重要标志(保继刚 等，1999)。为深入贯彻党中央、国务院关于推进供给侧结构性改革的决策部署，落实《国务院关于促进旅游业改革发展的若干意见》(国发〔2014〕31号)，原国家旅游局2017年发布《关于促进交通运输与旅游融合发展的若干意见》，明确指出旅游业是国民经济重要的战略性支柱产业，交通运输是旅游业发展的基础支撑和先决条件。交通为客源地市场和目的地之间提供关键的通道连接，也是连接旅游目的地内部各区域的纽带，是影响旅游流效率的关键因子。旅游交通发展与旅游目的地成长具有密切的天然联系，而且交通是旅游目的地系统的重要组成部分，也是游客旅游体验的重要环节。近年来，我国综合交通运输体系不断完善，交通运输与旅游融合发展已经成为旅游业转型发展的新趋势。

### （三）旅游流研究是旅游地理学的核心问题

人的流动是旅游、地理、交通、人口和社会等多学科研究的关键问题，研究的重点涉及社会流动、地理流动、职业流动、智慧流动、日常流动等。虽然各领域存在不同的焦点和兴趣，但是不同空间和时间尺度下人的流动分析和建模是迁移文献中主要关注的问题（Jin et al.，2018）。旅游流（tourist flow）是游客在空间区域内的迁移现象（杨兴柱 等，2011），旅游流连接着目的地与客源地，是旅游业发展的基础，也是旅游研究的核心问题之一（保继刚 等，1999）。正确理解和准确预测目的地与客源地之间的旅游流流量、流向和连接模式对政府和旅游企业的决策者都具有至关重要的意义（李德水，2011）。旅游流是由很多个旅游个体的自由流动而呈现出来的宏观状态，旅游流问题的产生离不开"流动"（mobility），流动是游客旅游活动的核心，地理学侧重这些微观个体互动上所呈现出的宏观联系及其空间结构特征，由此可见，个体微观流动数据的获取及其数据挖掘成为旅游流研究的关键（靳诚 等，2014）。

**（四）可达性对游客空间流动的影响亟待探讨**

旅游系统主要由三个部分组成，即目的地系统、客源地系统和旅游出行系统。出行系统是连接目的地系统和客源地系统的纽带。交通是完成出行的前提，为游客出行到不同地方的移动性提供保障，其被认为是可持续旅游发展成功的关键因素（Gossling et al.，2009）。虽然许多学者已经强调了旅游发展中交通网络和设施的重要性（Abeyratne，1993；Chew，1987；Kaul，1985；Khadaroo et al.，2007；Prideaux，2000），但是交通和旅游的关系在旅游研究中仍然被边缘化（Dickinson et al.，2008；Khadaroo et al.，2008）。国内外关注景点和目的地内部的进入和移动性的文献成果为数不多，在已有的关于旅游的研究中，交通和旅游的关系被普遍界定为可达性。移动性供给和目的地内部可达性是旅游和交通领域的主要研究方向之一（Hall et al.，1999；Kwan et al.，2008）。可达性是衡量交通便利程度和实现游客出行的关键指标，可达性的重要性是目的地吸引游客的能力，其取决于交通的可获性和效率（Duval et al.，2007）。而影响一个旅游者是否出行的主要因素是到达旅游景点的出行费用、出行时间和旅游者的行为特征（吴必虎，2001），前两者是衡量景点交通可达性的重要指标。因而研究旅游景点交通可达性及其对游客空间流动的影响十分必要，具有重要的理论价值与现实意义。

### (五)大数据时代游客空间流动和可达性研究的新方法

互联网和信息技术的发展带来工作、生活与思维的重大变革,使用新技术手段的人数正在不断增长,使用时间也在提高。截至 2022 年底,我国网民规模达 10.67 亿,较 2021 年底增长 3549 万,互联网普及率达 75.6%,较 2021 年底提升 2.6 个百分点,我国手机网民规模达 10.65 亿,较 2021 年底增长 3636 万,其中网民使用手机上网的比例由 2021 年底的 99.7%提升至 2022 年底的 99.8%,而且自 2011 年至 2022 年我国网民规模和互联网普及率、手机网民规模和网民占比均在逐年提升,2011—2022 年我国网民人均每周上网时长也在逐年增长,由 2011 年的 18.7 小时增至 2022 年的 26.7 个小时。越来越多的旅游者通过互联网信息技术选择目的地和出行方式,通过社交媒体网络获取和分享各种旅游信息,利用网络形成的旅游"大数据"开展旅游现象的研究已经成为当前旅游领域的探索需要和热点。一方面,"大数据"摆脱了传统数据采集方法的局限性,传统的调查方法由于时间、人力和经费的局限而形成的小样本,只能获取当前时间截面的游客流动数据,无法对一定时间内的城市尺度游客景点空间流动网络结构特征进行全面连贯的研究,而"大数据"为游客空间流动研究提供了数据获取的广泛性和便利性;另一方面,在可达性研究的测算上,基于路网的传统算法对实际出行中产生的阻碍因素考虑得较少,是一种理想化状态下的理论值,而利用互联网的百度出行大数据有效地解决了传统算法存在的问题,减小了误差,比较准确地反映了实际的可达情况。

### (六)西安作为研究区域具有典型性

习近平总书记在党的十九大报告中指出:"文化是一个国家、一个民族的灵魂。文化兴则国运兴,文化强则民族强。没有高度的文化自信,没有文化的繁荣兴盛,就没有中华民族伟大复兴。"西安作为十三朝古都、旅游胜地、联合国教科文组织最早确立的世界历史文化名城,是彰显文化自信的最佳区域之一。新冠疫情之前,西安市旅游接待人数和旅游收入逐年较大幅度上升:2016 年实现全年接待海内外游客 1.5 亿人次,旅游总收入 1200 亿元;2017 年旅游接待人数达到 1.8 亿人次,旅游总收入 1633 亿元;2018 年旅游人数 2.4 亿人次,旅游总收入 2554.81 亿元,被《中国国家旅游》杂志评为 2018 年度最佳文化旅游目的地；2019 年旅游人数达到 3 亿人次，旅游总收入3146.05 亿元，2019 年中国旅游城市排行榜中，西安位居第 9 位，从综合衡量城市旅游业发达程度的五个维度——旅游人数、旅游收入、旅游业收入比重、交通便利程度和旅游基础设施来看，西安旅游人数排名靠前，但交通便利程度和旅游基础设施相对落后。2020 年以来，西安旅游虽然受到疫情的冲击，但在全国的旅游热度排名仍然位居前列，2020 年和 2021 年分别位于第 5 位和第 7 位。

## 二、研究问题

旅游的快速发展为城市带来了重要的发展契机，但是旅游的发展和繁荣离不开出行，从本质而言旅游就是出行活动，出行也被视为旅游体验的一部分。西安作为热门旅游城市，尤其在旅游旺季，城市景点之间游客产生的频繁且庞大的流动往往给城市交通设施带来了超常的运载负荷，给城市环境和容量带来了巨大的压力。与此同时，有限的公共交通并不能完全满足游客的出行需求，甚至带来不良体验。旅游出行对于创建可持续的旅游产业是至关重要的。揭示游客空间流动规律，以及景点之间交通可达性对其产生的影响尤为必要，这可以为景点和交通的规划建设和调控管理提供参考，关系到城市旅游可持续发展目标的实现。因此，游客旅游景点的空间分布和流动结构如何（尤其考虑游客在现实旅游中的出游时间，作为旅游者空间行为的一个重要变量）？游客流动表现在空间上的差异是什么？景点之间的交通可达性如何？时间是稀缺有限的资源，在不同交通方式的可达性以及游客时间维度叠加的作用下，对游客景点路径以及流动格局起到怎样的作用？游客在城市旅游中使用公共交通出行的满意度及影响路径如何？本书以热门旅游城市西安为研究区域，利用多源数据和计量方法进行相应分析，试图回答以上问题。

## 三、研究意义

### （一）丰富城市旅游与交通的相互关系研究

第一，创新、补充景点交通可达性的评价方法。景点交通可达性的已有研究更多侧重理论可达性的探讨，主要基于路网结构和标准车行速度，利用

GIS(地理信息系统)方法对可达性进行测算,与实际的可达性有一定差距,忽略交通方式、交通拥挤度等影响可达性的因素。本书则运用现代技术手段,采用百度出行大数据,在百度地图上自动匹配起始点并自动获取起始点的可达时间,探讨了不同交通方式的可达性,符合当今人们的出行习惯和信息获取方式,相比传统的可达性理论值,百度出行数据测算的可达性考虑各种阻碍因素,更加符合实际,结果更加科学精确,也是对已有可达性评价方法的进一步深入和拓展。

第二,拓展游客空间流动研究视角。城市内部的游客空间流动体现了游客在旅游目的地的行为活动,折射出城市旅游发展水平。目前对游客空间流动的研究,在空间尺度上,以往研究对城市、省域、国家之间宏观区域尺度上的旅游流关注的成果较多,而对城市内部的游客空间流动探讨相对不够丰富;在时间尺度上,侧重对于旅游流的不同年份时间变化的研究,缺少不同出游时间的维度研究。本书通过大数据分析,结合不同出游时间类型,进行城市地理单元上的游客景点空间流动探讨,为景点和游览路径的重要性提供更科学的度量指标,拓展了游客空间流动的研究视角。

第三,深化可达性对旅游空间结构的影响研究。可达性对旅游空间结构的已有研究主要表现在可达性和旅游流的关系因研究的空间尺度不同而具有差异,城市内部交通方式的选择对游客出行及其空间流动具有影响,但对于不同交通方式可达性和游客流动性及其形成的旅游空间结构的关系缺乏深入的实证研究。因此,探索影响游客与目的地之间时空关系的因素,研究不同交通方式可达性与游客行为及其空间流动的关系,明确可达性的影响机制,有利于深化和拓展对旅游城市目的地发展的相关机制的认知,进一步丰富了旅游与交通领域的理论体系与研究方法。

### (二)优化旅游流空间结构,促进旅游与交通协作规划

本书基于不同出游时间了解游客与目的地之间的空间互动规律,以及游客在目的地的空间运动结构,衡量旅游景点和旅游线路的重要性及在整体网络结构中的位置,分析旅游景点之间的联系紧密程度等,并判断游客空间流动的影响因素,解析可达性对游客空间流动的影响及在不同出游时间上的影响差异,探索游客选择旅游景点形成游览路径的内在规律,发现游客公共交

通满意度存在的问题和优化途径，有助于旅游决策者、交通地理学家、规划师制定规划和决策，为提升旅游设施的科学布局和高效利用，为旅游线路和旅游景点的建设和管理提供重要理论依据和数据参考。本书的意义在于更好地促进旅游资源的合理利用，优化旅游流空间结构，指导旅游空间发展格局，同时也为游客提供更好的服务和设施，以满足游客的需求，提升游客体验质量。本书对旅游规划与开发、基础设施和交通发展规划、可达性水平的提升，以及西安市旅游环境的改善具有重要意义和深远影响。

## 第二节 主要内容与研究框架

### 一、主要内容

全书遵循"问题提出—研究基础—实证研究—结论与讨论"的研究逻辑，在搜索阅读国内外相关文献和采集线上线下实地数据的基础上，综合运用GIS分析、社会网络分析、统计分析、数学建模等技术方法，分析西安市区景点之间可达性及其对不同出游时间类型游客景点空间流动产生的影响，具体包括以下五方面内容。

#### (一)A级景点分布与游客到访景点空间格局

A级景点数据来源于西安市文化和旅游局网站。游客实际到访景点来源于用户生成数据和问卷调查数据。通过标准差椭圆、最近邻指数、洛仑兹曲线、核密度估计等方法，对比A级旅游景点和游客实际到访景点的空间格局的异同点，为避免旅游资源的闲置浪费、促进旅游资源的优化和充分合理利用、平衡旅游资源发展格局提供数据参考和理论指导。

#### (二)不同交通方式的景点交通可达性空间分异特征

本书基于百度地图API(应用程序接口)实时出行大数据，以可达性指数、景点出行方式可达性差异指数为评价指标，运用GIS空间分析技术，系统分析西安市区外地游客不同交通方式的景点交通可达性空间分异特征。本书比较了游客采用常规公交、常规公交/地铁、小汽车三种不同交通方式出行的景点交通可达性差异，以及同一种交通方式的可达性表现在景点之间的差异，为旅游交通环境的改善、交通方式空间格局的优化、景点和交通的协调发展提供理论依据。

**（三）不同出游时间类型游客的景点空间流动结构及其差异**

本书通过采集网络游记攻略的地理空间信息数据，运用社会网络分析方法，利用中心度、节点间流量、网络密度、凝聚子群、核心-边缘分析等评价指标，探讨一日游、二日游、三日游及以上的游客流动节点特征及景点间流动网络结构特征，结合总量、游客平均数、日平均数比较分析不同出游时间游客到访旅游景点数量，比较不同出游时间的旅游节点及其网络结构，结合时间维度的景点流动分析，判断景点和旅游线路的重要性。

**（四）景点交通可达性对不同出游时间类型游客空间流动的影响及其差异**

本书在对不同交通方式的景点交通可达性空间格局和不同出游时间类型游客景点空间流动结构分析的基础上，采用 QAP（二次指派程序）相关分析和回归分析的社会网络分析方法，从景点属性方面选取常规公交时间、常规公交/地铁时间、小汽车时间、景点等级加和矩阵、景点等级差值矩阵作为分析指标，判断不同交通方式可达性对不同时间类型游客的景点空间流动结构的影响，对比分析它们之间的差异。本书结合实地抽样问卷调查数据，从游客属性特征和感知方面，分析一日游、二日游、三日游及以上的样本特征和感知可达性与景点路径之间的关联，解释感知可达性对典型路径和频繁景点选择的影响，以期优化和指导旅游空间结构发展，更好地发挥旅游交通的作用，加强交通设施的科学布局和建设。

**（五）游客公共交通出行满意度评价及其影响因素的路径组合**

本书从游客体验视角，基于游客公共交通出行满意度多种影响因素的现实条件，通过构建游客公共交通出行满意度认知指标体系，采用模糊集定性比较分析方法，评价西安市游客公共交通出行满意度及其影响因素的复杂路径，发现发展高质量公共交通的服务供给水平存在的不足和需要改进的方面。再以西安城区内不同区位的三大著名历史文化景区——大明宫国家遗址公园、大唐芙蓉园、西安城墙景区为例进行具体研究，基于游客感知对城市旅游景区旅游交通的满意度做出综合评价和对比分析。

### 二、研究框架

全书的研究思路和框架结构如图 1－1 所示。

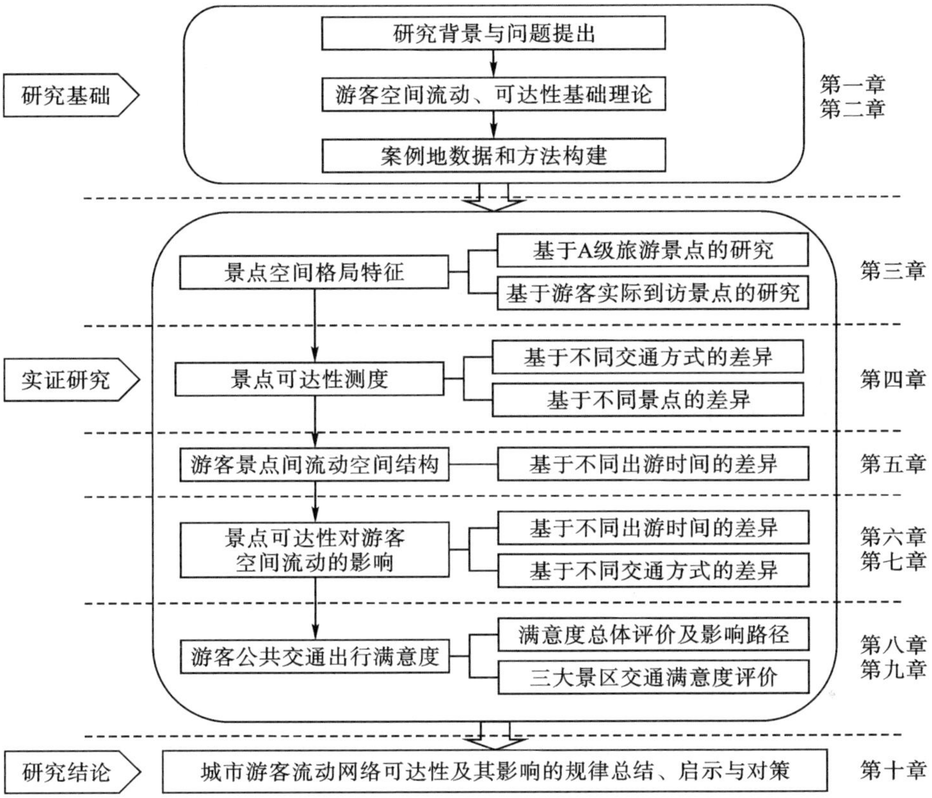


图 1－1 研究框架

## 第三节 研究区域与数据

### 一、研究区域

本书选择西安市区作为研究区域。西安位于中国大陆西北地区东部，地处渭河流域中部关中盆地，下辖 11 区（新城区、碑林区、莲湖区、雁塔区、未央区、灞桥区、阎良区、临潼区、长安区、高陵区、鄠邑区）、2 县（蓝田县、周至县），并代管西咸新区，辖境东西长约 204 公里，南北宽约 116 公里，总面积 10 752 平方公里。截至 2022 年底，西安市常住人口1316.30 万人。西安是举世闻名的世界四大文明古都之一、中华文明和中华民族重要发祥地之一、丝绸之路的起点，是陕西省省会、副省级城市、关中平原城市群核心城市、“一带一路”核心区、中国西部地区重要的中心城市，是国家重要的科研、教育、工业基地。西安旅游资源丰富多样，特色突出，一直以来都是比较热门的旅游目的地城市，目前已成为中国最受欢迎的旅游城市、中国国际形象最佳城市之一，而且正在加快建设西安国际一流旅游目的地、世界东方文化旅游之都。西安接待的旅游规模在全国居于前列，旅游产生的经济效益和社会效益对西安的城市发展具有非常重要的作用。

因此，研究城市旅游选择西安市作为研究区域既具有代表性又具有必要性，具体的研究区域包括其下辖的新城、碑林、莲湖、雁塔、未央、灞桥、阎良、临潼、长安、高陵、鄠邑 11 个区和代管的西咸新区。研究范围的面积为：阎良区 244.5 平方公里、临潼区 915 平方公里、高陵区 294 平方公里、西咸新区 882 平方公里、灞桥区 332 平方公里、未央区 264.41 平方公里、新城区 30.13 平方公里、莲湖区 43 平方公里、碑林区 23.37 平方公里、雁塔区 152 平方公里、长安区 1583 平方公里、鄠邑区 1279.42 平方公里。

## 二、数据类型

### (一)社会经济统计数据

社会经济统计数据用来反映社会经济现象的发展规律。本书的社会经济统计数据主要包括交通、旅游经济、景点资源等数据。交通数据包括西安市和中西部主要省会城市的公路、铁路、航空、城市内部交通数据，以及中国城市的轨道交通数据和中国、陕西省、西安市的交通发展统计数据。旅游经济数据包括旅游收入、旅游人次、地区生产总值、旅游业从业人数、星级饭店数量等旅游数据。交通数据和旅游经济数据主要来源于中国统计年鉴、陕西统计年鉴、西安统计年鉴、相关城市统计年鉴和腾讯网等网站，西安市区 A 级景点数据来源于西安市文化和旅游局网站(http://wlj.xa.gov.cn/wlml/1.html)2019 年 1 月 1 日更新数据。

### (二)地理空间数据

地理空间数据包括西安市区行政区划、西安市 A 级景点与游客实际到访景点的空间分布数据。西安市区行政区划及其区县行政边界数据来源于中国科学院资源环境数据云平台(http://www.resdc.cn/data.aspx?DATAID=203),街道边界来源于西安市矢量化纸质地图。A 级景点和实际到访景点通过在百度地图中获取景点的经纬度坐标,在地图中加载点数据,并设置与西安市区行政区划图统一的坐标系统,采用 GCS WGS 1984 坐标系。

### (三)百度出行数据

百度地图是使用者常用的出行搜索查询工具,出行服务提供起点到终点的不同交通方式实时路况的路线规划、推荐方案和导航以及耗用时间。百度出行数据是通过百度地图 API 及其路径识别功能,自动匹配起点和终点的空间区位,并且自动获取起点至终点的不同交通方式的各自最佳路线的出行时间。百度出行数据相较于传统的基于路网测算的可达性数据,在更新的路网基础上考虑了道路通行速度、拥堵情况、步行时间等影响出行时间的因素,数据更加精准,符合实际。本书采用百度地图 API 精确的起点景点到终点景点的路径匹配时间算法,获取百度地图出行服务推荐使用的常规公交、常规公交/地铁和小汽车三种常规可行的交通方式的百度出行数据,进行景点交通可达性的测算和评价。

### (四)用户生成数据

伴随计算机科学和互联网技术的飞速发展,海量的结构化和非结构化数据被生成、记录、存储和积累,形成了大数据,开启了一个新的时代(Kambatla et al.,2014)。互联网推动的社交媒体蓬勃发展,为游客提供了一个丰富的平台来传播旅游评论和体验等各种旅游相关信息,这些在线评论数据以文本的形式构成了旅游研究中 UGC(user generated content)数据这种特殊类型的大数据,提供了丰富的研究素材,促进了旅游研究(Li et al.,2018)。用户生成数据中的网络游记攻略数据包含了大量游客的地理空间信息数据,具有广泛、真实有效的特点,具有调查问卷采集数据所无法比拟的优势(滕茜 等,2015)。本书采用网络爬虫程序自动获取用户生成数据中的西安市区的网络游记攻略数据,记录了游客流动的轨迹路径、旅游天数、花费、同伴等信息,通过 Python 编程软件提取其中的轨迹路径、景点个数和旅游天数，分析不同出游时间类型游客的到访景点空间格局及其特征，以及游客景点间流动网络结构。网络游记攻略数据主要来源于去哪儿网(http://travel.qunar.com)和携程网(https://you.ctrip.com)，采集期限为 2018 年 6 月 30 日至 2019 年 6 月 30 日，采集区域为西安市区，采集对象为游客到访景点及其出行路径。最终获取 1608 条旅游景点路径，其中，一日游 316 条、二日游209 条、三日游及以上 1083 条，共涉及旅游景点 68 个。

#### (五)问卷调查数据

问卷调查数据是社会调查中较为广泛使用的一种数据类型，是研究者运用控制式的测量对所研究的问题进行度量，从而搜集到的可靠资料数据。本书中的问卷调查数据是从游客处获得的第一手数据，反映游客的感知和体验。问卷调查数据采集采用封闭式结构问卷方法，针对研究问题和研究目的，依据参考文献的问卷项目指导并结合研究区域的实际情况、研究对象的特点设计题项，经过专家讨论和测试，最终修订问卷题项。针对感知可达性对游客流动网络的影响，以及游客对公共交通满意度的调查内容包括七个部分：个人基本情况、游客出行情况、旅游景点选择偏好、景点之间总体交通感知可达性、景点移动路径及其感知可达性和周边环境评价、游客公共交通使用/不使用原因、游客公共出行满意度因素。针对三大历史文化景区交通满意度的调查内容包括个人基本特征、景区旅游交通感知可达性两部分。使用选择式、两项式、表格式、等级式、填空式等混合作答方式，涵盖了定量数据的三种基本类型：分类数据、顺序数据和数值数据(Brunt et al.,1997)。

## 第四节 研究方法与技术路线

### 一、研究方法

#### (一)文献分析法

文献分析法是指通过搜集、整理、分析文献，形成对事实科学认识的方法，是一种方便安全、经济有效的信息调查采集方法。作者于 2018 年 5 月、

2018年11月、2019年3月和7月在Web of Science(科学网)、Science Direct(科学直通车)、Springer(施普林格)、Wiley Online Library(威利在线图书馆)等,以及中国知网上采用标题、关键词的搜索方法,以单独、并列、或者的关系搜索景区(点)可达性、不同出游时间类型游客的出行行为、游客空间流动及其相似语义词汇等的中英文文献成果,并对重复文献进行合并,对不相关的文献进行剔除。本书基于筛选后的大量相关文献,从概念界定、理论发展、研究方法和案例研究等方面,系统性地梳理景区(点)可达性、游客空间流动、不同出游时间类型游客的出行行为,以及可达性与游客空间流动等文献成果,总结已有研究的视角、方法和观点,并依托对学科的认识和理解发现它们的不足,从而找到新的切入点和思路,为本书的创新提供扎实的文献基础。

### (二)统计分析法

统计分析法是指通过收集、整理、分析和解释统计数据,从微观角度上来研究物质的宏观性及其规律,并对其所反映的问题作出一定结论的方法。统计分析法已被应用到自然科学和社会科学的众多领域,只要涉及数据分析就会用到它。本书运用时间数列和动态分析的统计分析法来分析西安市交通及旅游经济的发展变化,运用指标对比分析法、分组分析法、因素分析法,对西安市外地游客目的地景点偏好及其感知可达性的调研数据进行统计分析,探讨在不同游客流动路径中各项因素的差异及其影响程度,并侧重解释游客的感知可达性差异对游客流动路径差异的影响。

### (三)GIS空间分析法

GIS空间分析法是指在地理信息系统里分析空间数据,获取研究对象的空间位置、分布、形态、形成和演变等信息,并对其进行分析的方法。本书运用GIS空间分析法的标准差椭圆法、平均最近邻法、核密度估计法对旅游景点的空间格局进行分析,并运用空间分析模块和功能拓展模块对景点不同交通方式的可达性空间特征及游客空间流动的空间结构进行可视化表达。

### (四)社会网络分析法

社会网络分析法(QAP)是由社会学家根据数学方法、图论等发展起来的定量分析方法,是社会学领域比较成熟的分析方法,通过分析网络中节点与节点之间的关系及其形成的网络关系,探讨网络的结构及其属性特征。简而言之，社会网络分析法关注的是研究对象的网络关系，它不仅是一种分析工具，还是一种基于结构关系视角的思维方式。该方法已被社会学、管理学、经济学、政治学等领域广泛运用。目前在地理学中对旅游流和游客行为关系的研究，也常采用该方法进行相关分析。本书基于 QAP，采用中心度、节点间流量、网络密度、凝聚子群、核心-边缘分析等评价指标，定量分析一日游、二日游、三日游及以上游客的流动节点特征及其景点路径结构，揭示不同出游时间类型游客的旅游流网络结构及其差异。运用 QAP 研究关系之间的关系，包括 QAP 相关分析与 QAP 回归分析。一方面分析不同出游时间类型下的景点交通可达性与游客空间流动这两种“关系矩阵”之间是否显著相关，另一方面考察不同出游时间类型下的景点交通可达性及其他控制变量与游客空间流动之间的矩阵关系程度，从而得出景点交通可达性对不同出游时间类型游客空间流动的影响。

### （五）模糊集定性比较分析法

定性比较分析法（QCA）是指通过对复杂的多因素问题以组态形式分析其中的因果关系的方法。模糊集定性比较分析法（fsQCA）是一种通过深入挖掘数据以揭示关于研究现象复杂性的精细细节的方法。fsQCA 兼容数据不对称性和变量的潜在相互依赖性，识别非对称的数据关系，并揭示同一结果的多个等效性路径。fsQCA 检验案例内前因变量（称之为条件）之间的关系，并分析因变量（称之为结果）与特定条件组合（称之为组态）之间的关系。运用该方法能发现多个案例的共同组态，而这些不同的共同组态构成了特定结果的特定途径。模糊集定性比较分析法与传统的聚类分析法相比有其特有的优势，主要体现为模糊集定性比较分析法可以有效描述不同条件要素之间的交互作用，并能够清晰表达不同要素对结果变量的作用（Ragin et al.，2013）。本书分析的影响游客对公共交通出行满意度的因素具有复杂性，因此适合利用模糊集定性比较分析法。

## 二、技术路线

本研究的技术路线如图 1-2 所示。

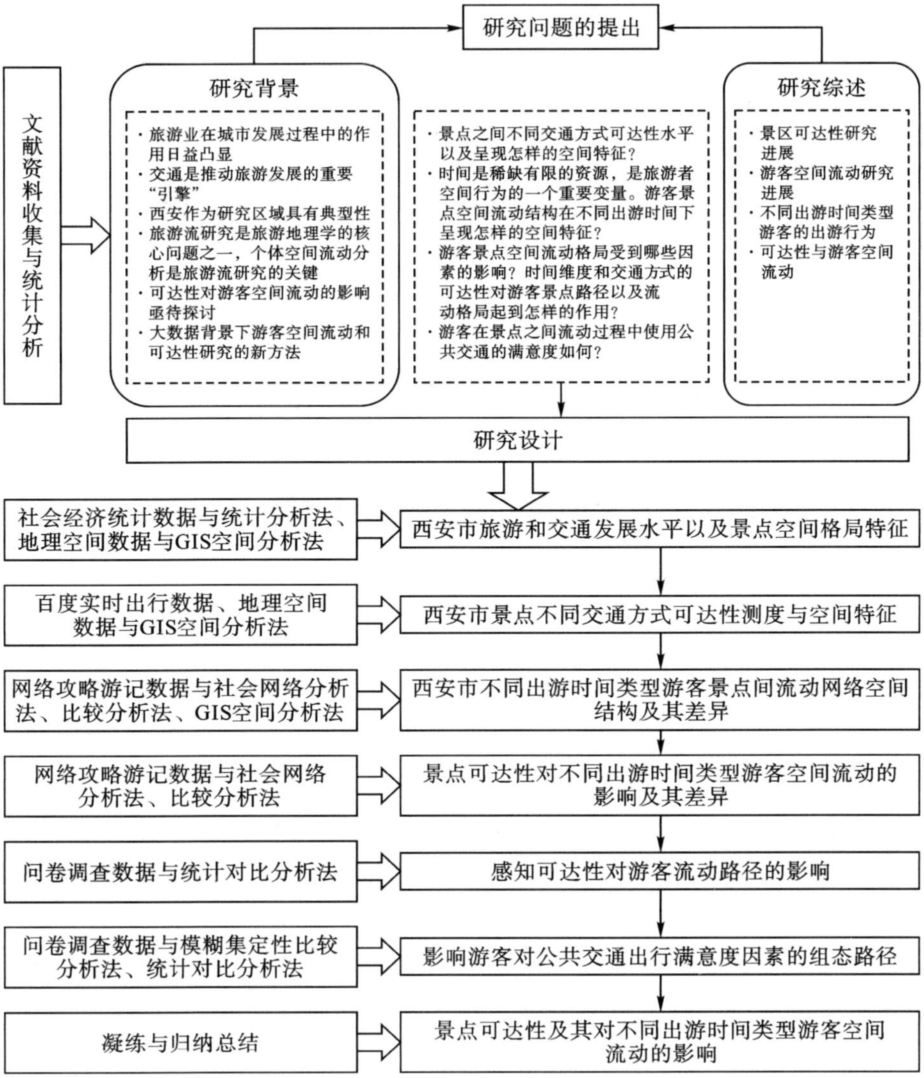
研究问题的提出
文献资料收集与统计分析
研究背景
· 旅游业在城市发展过程中的作用日益凸显
· 交通是推动旅游发展的重要“引擎”
· 西安作为研究区域具有典型性
· 旅游流研究是旅游地理学的核心问题之一，个体空间流动分析是旅游流研究的关键
· 可达性对游客空间流动的影响亟待探讨
· 大数据背景下游客空间流动和可达性研究的新方法
· 景点之间不同交通方式可达性水平以及呈现怎样的空间特征？
· 时间是稀缺有限的资源，是旅游者空间行为的一个重要变量。游客景点空间流动结构在不同出游时间下呈现怎样的空间特征？
· 游客景点空间流动格局受到哪些因素的影响？时间维度和交通方式的可达性对游客景点路径以及流动格局起到怎样的作用？
· 游客在景点之间流动过程中使用公共交通的满意度如何？
研究综述
· 景区可达性研究进展
· 游客空间流动研究进展
· 不同出游时间类型游客的出游行为
· 可达性与游客空间流动
研究设计
社会经济统计数据与统计分析法、地理空间数据与GIS空间分析法
西安市旅游和交通发展水平以及景点空间格局特征
百度实时出行数据、地理空间数据与GIS空间分析法
西安市景点不同交通方式可达性测度与空间特征
网络攻略游记数据与社会网络分析法、比较分析法、GIS空间分析法
西安市不同出游时间类型游客景点间流动网络空间结构及其差异
网络攻略游记数据与社会网络分析法、比较分析法
景点可达性对不同出游时间类型游客空间流动的影响及其差异
问卷调查数据与统计对比分析法
感知可达性对游客流动路径的影响
问卷调查数据与模糊集定性比较分析法、统计对比分析法
影响游客对公共交通出行满意度因素的组态路径
凝练与归纳总结
景点可达性及其对不同出游时间类型游客空间流动的影响

图 1-2 技术路线

# 第二章 研究综述与理论基础

## 第一节 相关概念

### 一、可达性、景点交通可达性及感知可达性

#### (一)可达性

可达性在交通规划、城市规划和地理领域得到了广泛应用,在政策制定中扮演着重要的角色。可达性受到地理、交通及城市等相关研究学者的广泛关注,其具有丰富的内涵。可达性最早由 Hansen 于 1959 年提出,被定义为相互作用的机会潜力(Hansen,1959),后来被 Ingram 解释为从起点到达终点所付出的时间、成本和努力(Ingram,1971),其本质是指从一个地方到达另一个地方的容易程度(Johnston,2004)。可达性的提高对于增加社会和经济机会非常重要,有可能导致区域之间经济活动的重新分配。实际上,找到一个理论上合理的、可操作的可达性概念是很困难和复杂的,可达性被认为是反映土地利用、交通发展、政策规划对社会功能的影响的指标(Geurs et al.,2004),可达性各组成部分及相互之间的关系可参见图 2-1。

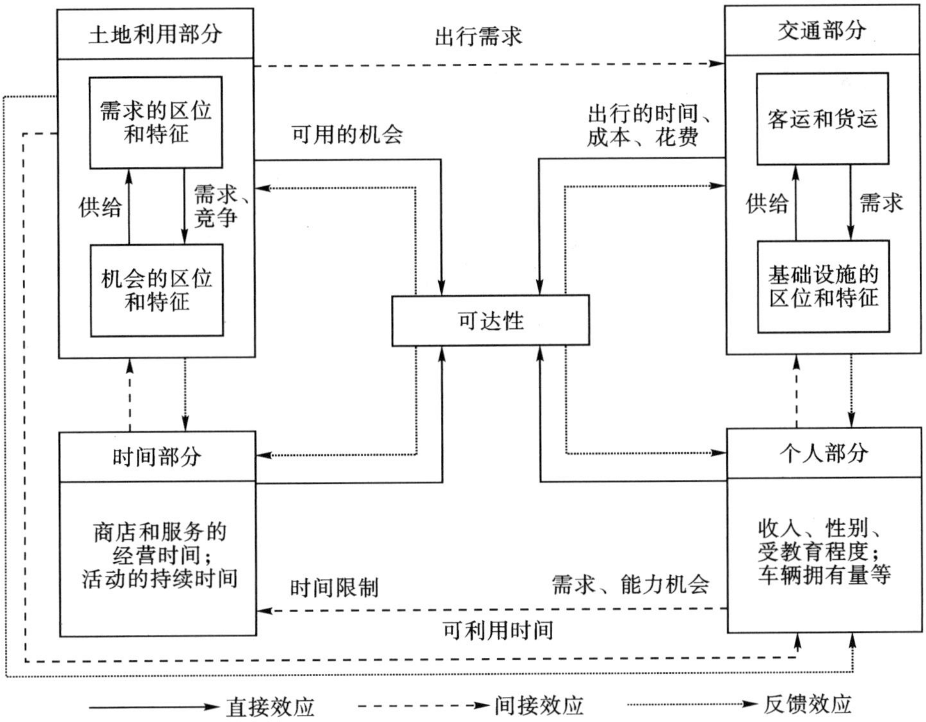


图 2-1 可达性各组成部分及相互之间的关系

基于四个维度的可达性度量，其多维视角及构成参见表 2-1。

表 2-1 可达性多维视角及构成

| 测度 | 构成 | | | |
|---|---|---|---|---|
| | 交通部分 | 土地利用部分 | 时间部分 | 个人部分 |
| 基于交通基础设施 | 出行速度；拥挤程度 | | 高峰时间；24 小时 | 出行满意度 |
| 基于区位 | 活动区位之间的出行时间或花费 | 机会供需的数量和空间分布 | 出行时间和花费不同，例如一天中不同时间，一周内不同时间，不同季节 | |
| 基于个人 | 活动区位之间的出行时间 | 供给机会的数量和空间分布 | 活动的时间限制，活动的开放时间 | 个人水平的可达性 |

续表

| 测度 | 构成 | | | |
|---|---|---|---|---|
| | 交通部分 | 土地利用部分 | 时间部分 | 个人部分 |
| 基于效用 | 活动区位之间的出行花费 | 供给机会的数量和空间分布 | 出行时间和花费不同，例如一天中不同时间，一周内不同时间，不同季节 | 个人或同质群组获得的效用 |

基于交通基础设施的可达性，描述的是观察或模拟交通基础设施的服务水平，如拥挤程度和出行速度；基于区位的可达性，描述的是空间分布活动的可达性水平，更复杂的是基于位置的可达性，描述的是所提供活动的容量限制，包括竞争效应；基于个人的可达性，描述的是个人水平的可达性，如个人在规定时间内能够参与的活动；基于效用的可达性，起源于经济学研究，描述的是人们从获得空间分布的活动中获得的经济利益。大多数可达性模型从空间阻隔、经济潜力、交通成本、就业机会等角度对可达性进行测算。伴随可达性概念的深化及应用，其度量方法不断改进。由于研究对象的网络特性、影响因素及空间尺度等存在差异，导致可达性度量方法表现出多样性，代表性的可达性测算模型见表 2－2。

表 2－2　可达性测算模型

| 模型名称 | 模型形式 | 模型特点 |
|---|---|---|
| Hansen 势能模型 | $A_{1-2}=S_2/T_{1-2}^x$ 。式中：$A_{1-2}$ 为 1 区至 2 区从事某种活动的相对可达性；$S_2$ 为 2 区的活动规模，如就业岗位数、人口等；$T_{1-2}$ 为 1 区与 2 区之间的出行时间或距离；$x$ 为指数，表示区与区之间出行时间的效果 | 测算相互作用的机会潜力值 |
| 供给需求模型 | $A_i=\sum_{j=1}^{n}\frac{O_j}{D_j}f(C_{ij})$ ，$D_j=\sum_{k=1}^{n}P_k f(C_{kj})$ 。式中：$A_i$ 为可达性；$D_j$ 为在 $j$ 区寻找就业机会的潜力；$P_k$ 为在 $k$ 区寻找就业机会的居民数量 | 主要用于对各区域就业机会可达性的测算 |

续表

| 模型名称 | 模型形式 | 模型特点 |
| --- | --- | --- |
| 空间阻隔模型 | $A_i=\sum_{j=1}^{n}C_{ij}$ ，$A_i=\frac{1}{n}\sum_{j=1}^{n}C_{ij}(j\neq i,i,j=1,2,\cdots,n)$。式中：$A_i$为$i$区的综合可达性；$C_{ij}$为网络中一点至另一点的空间阻隔 | 测算可达性就是测算空间阻隔程度。空间阻隔程度越大，可达性越差；空间阻隔程度越小，可达性越好 |
| 区位经济潜力模型 | $P_i=\sum_{j=1}^{n}\frac{M_j}{D_{ij}^{\alpha}}(i=1,2,3,\cdots)$。式中：$P_i$为研究区域内节点城市$i$的经济潜力；$D_{ij}$为$i$节点城市通过某种交通网络到达$j$城市所花费的时间、距离或费用等；$\alpha$为$i$与$j$节点城市间的摩擦系数，通常取1 | 测算节点间相互作用机会的大小。节点的可达性与终点的吸引力成正比，与二者间交通成本的幂成反比 |
| 交通成本模型 | $A_i=\frac{\sum_{j=1}^{n}(T_{ij}M_j)}{\sum_{j=1}^{n}M_j}(i=1,2,3,\cdots)$。式中：$A_i$为节点可达性；$T_{ij}$表示节点$i$到节点$j$的最短时间；$M_j$为节点$j$的经济要素流量，如GDP、人口或社会商品零售额等 | 使用旅行时间或交通费用指标来测算可达性的大小 |

### (二)景点交通可达性

本书中出现的景区(点)统称为景点，原因是不做景区内部分析，将景区(点)作为一个旅游目的地点状存在物来分析城市旅游结构。景点不限于传统意义的A级景点，还包括特色街区、大学校园、休闲公园、宗教寺庙等旅游吸引物，即以游客实际到访的景点为准。

可达性用来评价土地利用布局和区域旅游潜力(Van der Merwe et al.，2013)，景点交通可达性是评价景点取得发展机会和控制市场能力的重要的有效因素之一。本书的景点交通可达性是指景点位置的可达机会和便捷程度，具体是指景点与景点之间的可达性，游客的主要到访目的地是景点，不考虑景点与火车站、高铁站、机场等对外交通站点以及住宿餐饮等节点的可达性，将任意一景点作为起点，其他景点作为终点，用该起点景点到其他终点景点的各自最小出行时间之和的平均值，表示该起点景点的可达性，通过百度出行服务大数据中精确的路径匹配时间算法综合考虑和计算旅游景点交通可达性，其中路况的拥挤程度、游客步行等影响出行时间的阻抗因素在路径匹配时间算法中已经被考虑，因而能够比较真实准确地反映景点交通可达性。

### （三）感知可达性

随着可达性理论研究的丰富及应用范围的扩大，可达性的内涵与外延也在不断发展，逐渐形成感知可达性的概念和相关研究。Morris 于 1979 年提出从感知因素和可测量因素两个维度，分析交通设施可达性的影响因素，在感知层面的因素分析中，首次提出了感知可达性（perceived accessibility）概念（Morris et al.，1979），之后，感知可达性逐渐受到更多学者的关注。有研究发现，预测个人行为意向，感知可达性比客观可达性更加重要（Wang et al.，2015）。Scheepers 研究了感知可达性与居民出行方式之间的关系，研究发现居民选择的具体出行方式与居民对出行目的地的感知可达性密切相关（Scheepers et al.，2016）。感知可达性是可达性概念的主观维度，测度的是个体认为的服务易接近性的程度（Wang et al.，2015）。据此，本书的感知可达性是对景点交通可达性的主观评价，并将抽象的概念解构为具体的指标，通过游客对多项指标的感知得分来综合衡量。

## 二、游客空间流动

在社会术语中，流动性可以定义为实体（如货物、信息或人员）在社会和地理空间中移动的能力，或是实体根据其环境获取和利用社会空间移动能力的方式（Kaufmann，2004）。旅游流的概念有广义和狭义之分。广义的旅游流是一个复杂的巨系统，是指客源地与目的地、目的地与目的地之间的单向和双向的旅游客流、信息流、资金流、物质流、能量流、文化流、技术流等旅游流子流的集合，其中旅游客流是旅游流的核心，信息流、物质流、资金流、技术流等是旅游流的伴生物（唐顺铁 等，1998；马耀峰 等，1999；章锦河 等，2005）；狭义的旅游流是指在某一个区域内由于相似的旅游需求而引发旅游者整体的空间位移现象，包括游客离开自己的居住地前往特定的目的地，并在每个目的地内移动的行为，是旅游者在地理空间中活动轨迹的投影，由方向、速度和联系方式三个基本要素构成，具体表现为旅游者从客源地出发向目的地流动的人群数量及其流动模式(马耀峰 等,1999;Bowden,2003;Zhao et al.,2018)。广义旅游流由于涉及的研究对象过多、研究范围过广,被认为与旅游的关联性不够强。目前多数研究统一采用的是狭义旅游流概念,以研究旅游客流为主。尺度是地理研究的核心概念(Holloway et al.,2003),旅游流在不同尺度下被研究。根据地理尺度不同,旅游流分为国际、国内、省域、城市、景区等宏观、中观、微观不同空间尺度的研究。

近年来,随着跟踪技术的飞速发展,城市目的地内部的游客空间流动越来越受到人们的关注(Raun et al.,2016)。目的地内部游客空间流动研究是一个复杂的过程,需要理解身体运动及其与游客决定从一个景点到另一个景点的地点、方式、速度和时间的关系(Xia et al.,2011)。本书中游客空间流动被界定为外地游客在城市内部景点之间产生的空间位移和流动,不考虑火车站、高铁站、机场等对外交通站点以及住宿餐饮等节点,具体表现为节点、流量和路径的空间模式。

虽然在用户生成数据中呈现出本地居民的游览信息,但本书中的游客不包括本地居民,原因有二:其一,在用户生成数据中本地居民选择的日常休闲场所种类和数量繁多,真正的旅游景点数量较少,而外地游客游览的目的地均是旅游景点,外地游客和本地居民的空间流动差异较大;其二,外地游客在目的地的停留时间短,时间上具有强限定性,而本地居民在既是出发地又是目的地兼具双重属性的地方的停留时间具有非限定性,本地居民参观游览景点的时间要远远多于外地游客,且对当地交通的熟悉程度也远远高于外地游客,进而很有可能导致景点交通可达性对外地游客和本地居民的空间流动产生的影响具有差异性。在用户生成数据中出现的这两类群体不能被视为同一类研究对象对其进行分析和研究,因此在数据提取过程中,对本地居民的游览信息进行剔除。

## 第二节　研究进展

交通是旅游系统的重要组成部分,游客流动的交通可达性研究一直以来是交通地理学、行为地理学、旅游学等领域共同关注的焦点。本节从以下几个方面进行相关研究的梳理和评述。

## 一、景区可达性研究进展

景点空间的一个重要特征是它的可达性，可达性有助于我们了解景点的影响区域（Uchiyama et al.，2016）。景区可达性研究受到国内外学者，尤其是国内学者的关注，其研究内容主要涉及以下几个方面。

### （一）景区可达性测度

国外研究主要针对不同类型、不同区位的景区可达性进行了测度，并探讨了可达性差异的影响因素。Bifulco 等基于随机效用理论，尤其是在包容价值概念的基础上，构建用于计算准确的可达性指数的模型，并应用于意大利南部的坎帕尼亚地区案例研究，分析其文化遗产、自然风光、洗浴、葡萄酒和食物、休闲等旅游活动类型可达性的空间分布，以此判断区域的相对重要性（Bifulco et al.，2014）。Gaman 等（2016）揭示了罗马尼亚各个康体旅游地的公路、铁路和航空交通可达性以及总体可达性的空间分异情况。Jamaludina 等（2012）从微观视角评估了马来西亚三个旅游景点——公共建筑 Berjaya 时代广场、马六甲历史与民族志博物馆（Stadthuys）、吉隆坡中央市场的可达性，尤其是响应马来西亚政府促进发展、关怀社会的倡议，进一步分析了三个景点对残疾人的可达性。Hooper（2015）以旅游目的地首尔为研究区域，通过构建旅游可达性模型，基于来自 9 个国家 15 个城市的游客的购物旅游和文化遗产旅游的旅游时长，评价目的地不同类型旅游的可达性及其空间分布。

国内研究主要是在不同尺度上采用不同方法，对景区可达性进行了测度和分析。宏观尺度上，潘竟虎等基于 GIS 技术分析中国 2424 个 A 级旅游景点和县域单元的可达性及其空间差异，其可达性呈强集聚格局，可达性分布差异明显且具有明显的交通指向性，并基于中国 A 级旅游景点地理位置与交通可达性，计算各自的服务区域，形成 9 个一级旅游区、22 个二级旅游区、177 个三级旅游区的中国旅游区划等级体系（潘竟虎 等，2014a；潘竟虎等，2014b）。中观尺度上，孙建伟等利用矢量道路交通网络测度湖北省 A 级景区和星级酒店可达性格局及其差异，整体可达性较好，但区域差异较为明显，可达性空间分布呈现明显的交通指向性和经济指向性，形成较强集聚格局（孙建伟 等，2017）；靳诚、黄震方（2012）基于 A 级景区、4A 级以上景区与县级城镇、地级及以上城市的可达性测算，进一步分析各旅游景区空间分布格局的特征，形成长江三角洲旅游区划等级体系；覃文敏等（2015）基于路阻函数并加入运费、交通费和实际车速等因子测算新疆123个3A级及以上景区的旅游交通可达性。微观尺度上，靳诚等（2009）采用旅游景点交通可达性分析信息系统，基于南京市区的公路路网结构，分析得出南京市区旅游景点整体可达性较好，但内部差异比较明显，呈现出中心主城区的景点交通可达性好于外围地区的结论；张琪等（2015）从旅游景点的全局可达性、局部可达性和感知可达性三个视角定量评价武汉市旅游景点的可达性，研究表明全局可达性和局部可达性总体较好，感知可达性较差，不同类型的旅游景点交通可达性不同，等级越高的旅游景点的交通可达性不一定越好，旅游景点与道路全局可达性存在部分空间错位。

**（二）景区可达性的影响因素**

国外学者对影响景区可达性的相关因素进行了分析。Hyeong-Min等（2018）以光州广域市杨林洞历史文化村为例，认为其外部可达性由于城市发展受限，受到道路容量、停车设施、巴士路线的影响，游客只能步行进入，并提出通过扩大设施投资，优化和扩展停车场设施的空间分布，以及改善行人通道环境等来提升景区可达性的建议。Alkahtani等（2015）构建了决定景区可达性个体差异的概念框架，包括三个组成部分：影响景区可达性的因素；旅游者的年龄、性别等个性特征；其他景区可达性的解释变量。他以宁格鲁海岸地区为例，分析了景区可达性在评价方面的个体差异。研究表明景区可达性测度不仅包括社会人口变量和距离等一般因素，还包括景区设施、景区管理和运营（“功能”），以及景区之间移动基础设施（“网络连接”）。景区可达性评价存在个体差异，主要是因为其空间能力、个人价值和需求，以及准备工作等因素不同所致。景区可达性是一个相对概念，游客的个人特征影响感知可达性（Jensen et al.，2002）。个人特征导致动机特征不同，访问景点的动机影响景区可达性评价。具有地理知识的人对可达性的感知比缺乏地理知识的人更好，访问者的寻路能力在旅游景点和购物中心的可达性方面是非常重要的，寻路能力能够节约时间，帮助其选择正确的道路去旅游景点（Dogu et al.，2000；Kwan，1999；Mondschein et al.，2008；Walmsley et al.，1992）。除了游客的个体特征外，可达性还受到交通系统（交通网络质量、到达景点的出行方式、到达景点的覆盖距离）的影响，到任何旅游景点的地理可达性受到交通方式可达性的影响，交通方式的选择影响游客最远的出行距离（Khadaroo et al.，2008）。

国内学者也对影响景区可达性的相关因素进行了分析。蒋海兵等（2014）在全国尺度下定量分析高速铁路建设对旅游客源地与目的地可达性的影响，测度2020年规划高铁通车前后旅游可达性空间格局与变化，高铁沿线城市与景点是高铁网络效应的主要受益者，高铁服务带来了时空压缩效应。杨效忠等（2013）以大别山跨界旅游区为例，测度不同交通方式影响下的景区可达性，结果显示高速铁路、普通铁路、高速公路、普适性交通等交通方式对大别山跨界旅游区整体和局部地区的影响力不同，通过测度边界效应发现，行政边界对低等级的交通基础设施的屏蔽效应强于高等级的。李立、汪德根（2012）以苏州19个代表性旅游景点为样本，以空间距离通达性和时间距离通达性为测量指标，测算分析得出城市公共自行车这种低碳交通工具因其无缝对接、换乘连接功能、短距离短时间出行等优势，能有效增加城市旅游景点的通达性。

### （三）景区可达性与旅游发展

国内外学者普遍认为，交通基础设施对旅游发展起着重要的促进作用。Kaul（1985）认为重视交通基础设施建设是旅游发展和成功的基本因素，政府应该将交通政策统一到旅游规划中，特别是对交通基础设施贫乏的国家或地区，交通基础设施建设带来的区位可达性的提高直接促进了旅游的发展。而交通供给不足会限制城市旅游发展，因交通可达性差而引起的景点不可达，将导致可达性好的区域过于拥挤，有效的交通网络发展对改善城市中不同景点的可达性很重要（Page et al.，2003）。曹芳东等（2012）运用数据包络分析法和CES生产函数模型，测算1994、2000、2009年国家级风景名胜区旅游效率及其与区位可达性之间的内在关联，当区位可达性与生产要素之间满足某一阈值时，区位可达性对旅游效率总体上起到促进作用。可达性对旅游发展是一个重要因素，可达性越来越成为目的地动力的解释因素，对旅游和可达性整合研究的必要性变得迫切（Dickinson et al.，2009）。胡浩等（2012）分别从所属地市的交通可达和邻近县市的时间可达两个尺度对全国34个中小文化旅游城市及其所在的33个地级行政单元进行旅游潜力分析，结果表明中小文化旅游城市所属地市的交通可达系数与其旅游潜力具有较高的相关性。

郭建科等(2016)基于高铁影响下的东北城市旅游景点交通可达性变化,探讨高铁时代客流集散的新变化与新特征,结果表明该变化推动了短期游的发展,促进了高铁旅游经济带的形成,东北旅游市场形成基于可达性的核心-边缘空间结构。但也有学者认为可达性不会带来旅游收入的增加。Toth 和 David(2010)研究表明可达性的提高与旅游收入的增加之间没有绝对的联系,国际旅游收入相比国内旅游收入更容易受到便利可达性的影响。

相关研究认为,不同类型旅游目的地的可达性影响了当地旅游类型的转变。Hooper(2015)通过展现首尔不同类型旅游目的地的可达性梯度,分析主要的旅游类型如何从购物旅游转向更独特的文化遗产旅游。Uchiyama 和 Kohsaka(2016)基于日本 Noto 区域的调查,分析居住地—目的地不同距离、不同类型的旅游资源(包括景观、历史古迹和博物馆、饮食、节事、温泉)的认知价值及其与可达性的关系,旅游资源认知价值和可达性呈现 U 形曲线、负线性函数递减,以及没有清晰的线性或非线性三种关系。

## 二、游客空间流动研究进展

Williams 和 Zelinsky(1970)在 *Tourism Geographies* 上发表的题为"On some patterns in international tourist flows"的文章是关于国际旅游流研究的开山之作。迄今为止,旅游流研究的空间尺度包括全球、国家、省域、地方等不同层面,主要研究内容包括游客空间流动时空特征、游客空间流动驱动因素、游客空间流动效应。

### (一)游客空间流动时空特征

20 世纪 80 年代学者 Pearce(1988)认为对游客流动线路进行研究十分必要,但他的研究缺乏对旅游线路建模的实证性或概念性研究。原因是行程研究在收集数据方面存在重大的实际问题(Lew et al. ,2002)。收集数据常用的方法是绘制所走路线的地图及计划的目的地和中途站的列表。制图技术因依赖于小比例尺地图而导致细节的丧失,行程记录十分复杂,空间限制和问卷表述都会影响所收集信息的类型和质量。

许多研究对区域、城市、城市内部和旅游景点等不同尺度的旅游客流进行了考察。Jansen - Verbeke 和 Spee(1995)通过分析欧洲区域间和区域内的旅游流量,使旅游目的地和客源地的地理格局变得清晰起来,从而能够现实地评估欧洲区域内特定目的地地区的地位和潜力。Peng 等(2016)对中国泸沽湖地区跨界旅游流的研究表明,跨界旅游流网络呈现核心-边缘结构,空间结构复杂,各节点的角色和功能不同,如旅游核心、旅游集散中心、旅游通道、重要旅游目的地、一般旅游目的地,以及边缘旅游目的地。边界屏蔽效应对跨界旅游流的影响显著,边界中介效应也对其产生影响。张佑印(2010)基于2008年市场调研数据和旅游统计数据,研究北京入境集散旅游流时空演化规律及机理。秦静等(2018)基于2004—2015年北京市所有带有地理信息的照片,使用密度聚类、马尔科夫随机链等方法研究北京市入境游客热点区域空间分布格局、流动空间特征,表明历史城区、中心城区及郊区的旅游热点区域的空间特征不同,北京市入境旅游流整体呈现以历史城区为中心的放射性分布的框架,形成了初步的网络结构。Shih(2006)以台湾省南投县16个旅游景点为研究对象,利用网络分析的方法,通过测量节点之间的连接,研究自驾旅游流网络结构特征,根据各旅游线路的节点网络位置的结构特点,确定各旅游景点合适的旅游设施和服务。Xia 等(2011)利用半马尔可夫过程对游客的时空运动进行建模,以澳大利亚维多利亚州菲利浦岛自然公园为案例验证该模型,根据景点之间的空间和时间相互作用来评估特定旅游景点的吸引力。Zheng 等(2017)使用 GPS 跟踪技术采集游客信息,开发了一种基于数据挖掘的启发式预测算法,来预测个体游客的潜在位置,该方法重点考虑了游客的流动轨迹和过往游客的出行情况,并通过采集北京颐和园111名游客的 GPS 数据,验证了该方法相比以往方法具有更高的预测能力和精度,可以从对个体旅游者的区位预测扩展到对旅游者的分布预测。钟士恩等(2010)通过建模概括旅游流呈现圈层结构理论、核心-边缘理论和空间扩散理论三种空间结构基本模式,圈层结构理论反映了旅游流从内圈层向外圈层规则性、向心性的层次变化,核心-边缘理论反映了旅游核心区与旅游边缘区之间的"依赖和被依赖"关系,空间扩散理论则从动态机制上考察旅游流的空间分布、流动和过程。

近年来,在对游客空间流动时空特征的分析中,带有地理标记的社交媒体数据得到了充分应用。基于社交媒体数据的游客流动空间、时间和人口信息的分析在旅游地理研究中成为热点。Vu 等(2015)利用互联网上公开的社交生成和用户贡献的带有地理标记的照片,以香港入境旅游为例,从2100名游客中收集了29 443张照片并构建数据集，找出游客感兴趣的旅游景点、旅游模式和日常活动，形成游客的出行活动轨迹。Chua等(2016)从社交媒体上获得地理标记信息，基于轨迹挖掘、可视化等方法分析意大利南部奇伦托地区游客流的空间、时间和人口特征。阮文奇等(2018)基于旅游分享社区网站2016年中国大陆居民整年赴泰旅游线路，运用社会网络分析方法得出中国赴泰旅游流网络呈现环形放射状，形成了以曼谷为核心，多基点向四周散射的环形旅游流空间结构，网络联结相对松散，冷热点明显，曼谷、清迈、芭提雅、普吉岛、拜县处于中国游客赴泰旅游流网络的关键位置，是赴泰旅游集散中心。

在国内的案例研究中，使用社交媒体数据分析游客流动时空特征的研究主要以长三角地区为研究区域。徐敏等(2018)基于2016年在线预订数据，采用社会网络分析方法，发现长三角地区旅游流网络结构整体上较为松散且不均衡，具有明显的核心区和边缘区。刘大均(2018,2016)采集网络游记攻略文本数据，运用GIS空间分析以及社会网络分析方法，研究得出长江中游城市群旅游流空间格局逐渐形成了以武汉市、长沙市、南昌市为重要支撑的“品”字形格局。涂玮(2015)基于网络文本旅游信息数据，通过对泛长三角地区旅游流空间结构的研究显示，泛长三角地区旅游流规模热点总体上呈“同心圆＋S形”空间结构。靳诚等(2014)以南京市为例，通过对旅游攻略的数据挖掘，构建景点间游客流动的关系矩阵，分析指出游客流动格局呈现单中心扩散结构、单中心集聚结构和多中心平衡结构。杨兴柱、吴静(2015)利用社会网络分析方法，对比分析了2006年和2014年南京旅游网络结构变化，发现旅游网络结构仍存在分层，继续呈现强中心线型结构，而旅游节点不均衡有所改善，旅游流分布更均衡，伴随城市快速发展的旅游地日益呈现出多节点多区域的空间布局。吴晨(2017)以2017年春节期间南京市智慧旅游大数据监测平台34个景区的客源旅游流和景区之间旅游线路为研究对象，认为南京市多目的地旅游流网络的小世界效应显著，南京市根据客源地由近到远可将其旅游流空间分布划分为部分分散型(0～300 km)、集聚型(300～800 km)、高度集聚型(800 km及以外)。吴林芝(2018)利用2010、2012、2014、2016年4个时间节点的马蜂窝网站旅行数据，通过对南京市国内散客旅游流空间结构的分析发现，旅游节点分布不均衡，核心区与次级核心区的节点分布相比边缘区更加集中，边缘区节点需要通过核心区节点来发生联结，在网络中外部流动主要通过核心景点联系，主导整个系统的流动，内部流动主要通过主要景点与次要景点的流动进行，主导着系统内部的流动。李欣存（2016）以苏州市为研究案例地，基于携程旅行网、马蜂窝旅游网的游记数据，分析得出苏州城市景区间游客流动网络结构较为松散，网络发展不均衡，景区节点有明显的层级性，呈现出一定的时空差异。

对中西部地区的研究相对较弱。其中，戢晓峰等（2018）研究了云南省节假日旅游流的时空特征，认为节假日旅游流的空间分布相对集中，呈“多核心、边界带状”空间格局，且各节假日的旅游流空间分布特征具有一致性。张春晖（2015）研究了入境旅游流与目的地间耦合度和耦合协调度及其时空演变特征，发现北京、上海、广州耦合协调度等级呈“5 年周期性上升”，而西安、成都、昆明等大城市的徘徊停滞趋势明显。王录仓等（2017）基于新浪微博 LBS 签到数据和核密度估计分析方法分析兰州市游客空间流动时空特征，结果表明在时间分布上，夏半年季与冬半年季相比变化明显，在空间分布上具有典型的“城区—周边”核心-边缘结构特征，旅游流活动轨迹表现出明显的“轴线（黄河风情线）—散点（外围地区主要景点）”态势。王静（2018）以襄阳市为案例区，通过携程、百度旅游、马蜂窝门户网站采集来襄游客的网络游记数据，分析襄阳市旅游流网络结构，得出襄阳市平均每 1 个旅游节点与其他 8 个旅游节点发生关系，中部地区旅游节点分布较南部和西部地区更合理，旅游流网络整体密度较小，核心区与边缘区之间关联度不够紧凑，呈现出较为明显的非均衡性。

### （二）游客空间流动驱动因素

现有研究认为，花费、认知距离、时间价值是影响游客流动的主要因素（Martin et al.，1988；Ankomah et al.，1992；Walsh et al.，1990）。中国游客流动显现出受时间和费用的影响（Huang et al.，2012；Jiang et al.，2012）。个人社会经济属性特征、旅游动机、目的地特征、交通水平是游客流动的重要影响因素。Lau 和 McKercher（2007）认为影响游客流动模式的因素包括人（与游客相关）、建成环境（目的地结构、交通网络、吸引物）、旅行因素（特定旅行，如类型和持续时间）。Cooper（1981）以海峡泽西岛为分析案例地，发现社会经济特征和年龄影响游客出行空间格局，年轻游客比年长游客更喜欢冒险，富有的游客更喜欢参观独特的景点,而低收入的游客只参观普通的景点。De Cantis 等(2016)认为游客流动模式受到受教育程度、年龄和收入等社会人口特征以及目的地特征和物流的影响。根据 Lew 和 McKercher(2006)的研究,游客空间流动的影响因素主要包括时间预算、旅游者的动机和兴趣、目的地特征,时间预算包括出行时长、访问时长和时间价值,目的地特征包括住宿和景点的位置、交通可达性、目的地知识和信息、情感依恋。Burton(1995)指出游客移动模式受到目的地具有吸引力的景点和活动可获性的驱动和影响。Hwang 和 Fesenmaier(2003)研究表明游客空间流动中多目的地的选择受游客动机和目的地的空间特征(如距离)的影响。McKercher 和 Lew(2004)研究发现旅游者个体流动受到许多因素的调节,包括距离对需求的摩擦效应、可提供的干预机会的数量、旅游者的总时间预算、如何选择花费时间、旅行变量,以及旅游者的社会文化构成。徐敏等(2018)指出旅游资源禀赋和交通发展水平对空间流的走向作用更为明显,地区经济发展水平、旅游服务接待水平的作用依然较大,不同因素之间的共同作用和影响促进了旅游流空间在长三角地区网络结构的形成和发展。刘大均(2016)在研究长江中游城市群旅游流空间结构时指出,城市内部旅游流存在明显的距离衰减规律,以核心旅游点为中心的 3 公里空间范围内是城市内部旅游流的活跃地带,出游动机和闲暇时间是影响旅游流空间格局的核心因素,交通可达性、目的地知名度、气候是重要影响因素。阮文奇等(2018)指出旅游接待能力、旅游资源禀赋、旅游目的地知名度、社会治安是中国游客赴泰旅游流网络结构形成的主要影响因素。方世巧等(2012)通过百度搜索西安市 A 级景区信息,指出西安市 A 级景区信息与旅游流存在着显著的相关性,A 级景区信息丰度的提高将会带动旅游流强度的增长。靳诚、徐菁(2016)以南京市为研究区域,研究表明对外交通核心节点与酒店分布街道在整个游客流动网络中起着重要的支配作用。李欣存(2016)指出旅游资源禀赋条件、基础设施水平、城市交通通达度、景区知名度与营销能力、景区空间临近度等是苏州城市景区间游客流动网络结构形成的影响因素,这些因素相互作用,从而形成具有一定结构特征的游客流动网络。蔚海燕等(2018)基于“驴妈妈”平台上海高星景区游客购票点评信息,分别构建了迪士尼开业前后的上海旅游流网络,采用社会网络分析方法,指出迪士尼开业加强了上海市旅游流网络集中程度,仅对浦东新区其他景区客流具有较强的区域带动效应。

目的地交通方式选择和目的地空间结构对游客流动具有重要影响。不同交通方式的机会成本是影响游客流动的主要因素之一(Morrison et al.,1985)。Dominik 等(2017)对德国黑塞北部的游客调查显示,游客日常出行的流动性与目的地交通方式选择之间存在高度显著的关联性,公共交通服务(包括抵港及离港时间表,以及固定路线)的限定性无法满足游客出行的灵活性,采取公共交通方式出行的游客的活动可能性有限,很难达到公共交通核心区域之外的休闲活动兴趣点。Yang 等(2013)利用南京实地游客调查数据,利用嵌套 Logit 模型对旅游决策过程各阶段(旅游—旅游地类型—旅游地)的决定因素进行估计,除了旅游者的个体特征和目的地属性外,他发现目的地空间结构影响旅游者流动中的目的地选择。Hong 等(2015)探讨了旅游目的地网络与旅游流之间的关系,利用中国的旅游数据,他发现旅游目的地与旅游流的关联度、封闭性中心性、中介中心性之间存在正相关关系,旅游目的地之间的网络联系的传播可以降低旅游市场中目的地之间的竞争强度,促进单个目的地的竞争优势,提高目的地在旅游目的地网络中的地位。Peng 等(2016)以中国的泸沽湖地区为案例研究跨界旅游流,结果表明跨界旅游流受边界屏蔽效应的显著影响,且影响的性质、方向和程度因网络中节点的可达性、资源禀赋、资源异质性及区域一体化程度的差异而不同,跨界旅游流也受边界中介效应的影响,位于结构洞位置的节点是发挥边界中介效应、推动区域旅游一体化的关键。丁正山(2004)以江苏省三个都市圈的中心城市——南京、苏州和徐州为研究对象,指出旅游流集散运动类型(直游型和非直游型)分布与客源地—目的地距离相关,其驱动因素主要有旅游流的势能、目的地的城市资源特征与规模、集散目的地与非集散目的地的距离及可达性、非集散目的地的资源与特征、集散目的地与非集散目的地间的非物质性联系等五个方面。

影响游客流动的其他因素有旅游团规模、互联网搜索数据、危机事件等。已有研究证明旅游团规模影响游客行为,然而由于以往缺乏大数据分析技术,从大尺度角度研究旅游团规模对旅游客流的影响还比较有限(Lau et al.,2007)。Zhao 等(2018)以西安为例,运用移动跟踪数据,探讨不同类型群体规模对旅游活动模式的影响,组团旅游和家庭旅游的游客在决定下一个旅游景点时,更倾向于选择游览附近的景点,而不是小规模(如个人游和情侣游)的闭环旅游,更喜欢多样化的旅游顺序。Huang 等(2017)根据 2006 年以来每天包含不同关键词的互联网搜索历史记录,利用协整理论和格兰杰因果关系分析,找出互联网搜索数据与实际客流之间的关系,研究表明百度关键字搜索指数的增加与旅游客流的增加呈正相关。Jin 等(2019)利用 2005—2017 年中国赴日韩的游客流量月度数据,使用 TRAMO/SEATS 模型来探讨政治、经济和环境等各种危机事件对中国赴日韩的游客流量的影响,表明政治事件在强度和持续时间方面都比自然灾害、流行病和金融危机对旅游流具有更大的影响,长期的政治紧张局势可能对旅游业发展产生最负面的影响,良好的国际关系对双边旅游流和旅游业发展具有重要意义,当国际关系恶化时,旅游业比其他行业更容易受到不利的影响,从而导致东道国及来源国的旅游业受损。

## (三)游客空间流动效应

游客空间流动效应主要体现在三个方面。

一是对目的地网络的形塑效应。从游客流动视角可以解释目的地是如何被塑造和重塑的(Burns et al. ,2008)。Jenkins 等(2011)指出,观察游客特别是观察他们的空间运动模式,可以确定旅游区内不同目的地之间的关系。Raun 等(2016)利用 2011—2013 年爱沙尼亚外国游客流动数据,从空间、时间和成分三个维度进行分析,结果表明根据游客到访的空间、时间和成分参数可以在全国范围内划分出较小的旅游目的地区域。Asero 等(2016)基于西西里岛游客的抽样调查数据,采用社会网络分析方法,根据游客的选择将目的地定义为网络的"中心"或"外围",游客围绕节点目的地建立自己的旅游网络。游客的流动性影响着目的地旅游网络的形状、范围和结构,其中游客的特征与旅行相关的行为及选择的假期类型是不同的,绘制游客流动图及建模对于了解目的地之间的联系和建立旅游系统至关重要。张春晖等(2016)使用灰色关联模型评价北京、上海、广州、西安、成都和昆明六大典型城市 1993—2012 年旅游流与目的地系统互动关联耦合程度,研究指出典型旅游城市的入境旅游流与目的地系统长期处于磨合发展阶段。

二是游客空间流动对区域经济的影响。Marrocu 和 Paci(2011)对欧盟的 15 个成员国的 199 个欧洲地区以及瑞士和挪威的样本进行了分析,在空间估计框架内研究了旅游流作为区域全要素生产率的决定因素，并控制了其他无形因素（如人力、社会和技术资本）和可进入程度，实证结果表明，旅游流提高了区域效率，无形资产、基础设施和空间溢出效应也发挥了积极作用。Santana和Gallego（2015）为分析旅游对国际贸易的影响提供了实证和理论依据，他们认为旅游流可以减少贸易出口的固定成本和可变成本，还认为旅游流既增加了两个国家之间进行贸易的可能性，也增加了它们之间的国际贸易量。刘宏盈等（2009）分析上海入境旅游流向陕西省的扩散转移，认为旅游流转移对促进沪陕旅游经济联系的作用在短期内是显著的。胡巧娟等（2012）以陕西省的入境旅游流向北京、上海、广州等15个典型城市转移为例，分析得出陕西省入境旅游流转移以及与典型省市之间的旅游经济效应强度均表现出明显的资源、经济、交通导向性。

三是旅游流空间场效应研究。章锦河等（2005）依据国家统计局1999、2001、2002年对我国城镇居民及农村居民过夜游客的流向、流量进行的抽样调查，调查涉及全国31个省级行政区（未包含港澳台）与40个主要城市的20 000户居民，探讨中国国内旅游流空间场效应。王永明等（2010）根据1998年和2007年旅游数据，研究指出上海市入境旅游流对长江流域其他省区的空间场效应显著增强，且集聚效应增长幅度明显高于辐射效应，空间场场强地域重心有向东转移的趋势。李创新等（2011）以丝路东段典型区为研究区域，研究其1993—2008年入境旅游流空间场效应的动态规律，其集聚空间场效应与扩散空间场效应均随时间推移而逐渐增强，入境旅游流集聚空间场和扩散空间场的地域分布层次性与结构性均十分显著。董培海等（2018）跟踪分析保山市2006—2016年的旅游统计数据，结合历时性分析与共时性比较，得出保山市旅游流空间场效应具有典型的单核模式，场核（旅游重心）呈现“偏西向北”的运动趋势。梁玥琳、胡孟姣（2018）归纳得出宁波市宁海县旅游流空间场效应的三种基本模式：以县城中心区域为核心的空间集聚效应、以不同等级旅游节点为依托的空间扩散效应、以交通网络为依托的空间联动效应。陆保一等（2019）分析了云南省边境各市州旅游流空间场效应的时空动态，其旅游流空间场场强经历了复杂的动态变化过程，且层级区域差异显著。

## 三、不同出游时间类型游客出行行为研究进展

消费者需求结构的变化、生活方式的改变，以及其创造的价值塑造了旅

游业，全球旅游业的发展应归功于不同类型的消费者/旅游者，对不同类型的消费者/旅游者行为进行研究对旅游业来说至关重要（Tomić et al.，2019）。Pearce（1988）讨论了时间对游客出游行为的影响，游客基于在目的地的可用时间来组织日常活动，从而控制其出行行为模式。Johns 和 Gyimothy（2002）使用多元分析技术，对丹麦博恩霍尔姆岛屿游客的调查数据进行分析，数据派生出以德国人为主体的“积极型”度假者和以斯堪的纳维亚人为主体的“非积极型”度假者两个不同群体，二者在舒适设施的重视程度、活动参与、旅游计划行为、景点选择、自主性等方面有明显差别。McKercher（2008）考察了距离对旅游目的地形象以及旅游行为的影响，通过分析中国香港的 8 个短途客源市场和 15 个长途客源市场，发现这两组游客的旅游行为存在巨大差异。不同类型游客的出游行为有所不同，初游者相比重游者而言其旅游行程短，出行行为与目的地特征、目的地吸引物数量，以及目的地空间分布有关，初游者主要游览图标吸引物，而重游者则根据他们的兴趣区位来提升旅游体验（Masiero et al.，2013）。

也有学者研究了性别、家庭结构及类型、年龄等与旅游行为的关系。谢晖和保继刚（2006）研究了性别与旅游行为的关系，通过对黄山市国内游客调查问卷分析，表明女性与男性在搜索旅游信息、获取信息途径、旅游活动选择等方面存在差异，女性相较于男性，信息搜索更全面，更倾向于以人际交流的方式获取信息，更偏好选择游览兼购物的目的地。韩立宁等（2012）基于 2010 年和 2011 年北京、上海、广州、西安、桂林、苏州、杭州、成都的入境外国游客问卷调查数据，分析外国游客旅游行为的性别差异，结果表明入境外国男女游客旅游目的地城市基本一致，但在旅游动机、出入境口岸、游伴、旅游线路规划者等方面的行为特征差异显著。倪玉屏、汪德根（2008）以苏州城市居民为调查对象，划分为单身青年家庭、青年夫妻无子女家庭、中青年夫妻有子女家庭、中年夫妻子女独立家庭、老年夫妻家庭等 5 种类型，揭示城市不同类型家庭结构居民的出游行为在出游消费、出游时间和频率、出游方式、出游信息获取渠道、出游动机及其决策影响因素、旅游产品偏好等方面存在差异。mić等（2019）于 2017 年 1 月至 3 月对塞尔维亚伏伊伏丁那自治省 1117 名受访旅游者进行调查，结果表明旅游者的年龄和家庭结构均与旅游目的地活动偏好存在显著的统计学差异。刘为潍、乌恩（2016）将儿童年龄划分为6 个组，探究家庭亲子户外休闲及旅游行为差异，研究得出儿童年龄阶段不同，亲子户外休闲及旅游在出行频率、出行时间、停留时间、结伴方式、花费以及目的地选择等方面存在差异。柴秀玲（2016）以在山西运城居住一年以上的“50后”“60后”“70后”“80后”“90后”“00后”6类代际旅游者为研究对象分析旅游行为的代际差异，发现不同代际旅游群体在旅游动机、旅游空间行为、旅游决策行为、旅游选择偏好方面存在行为差异并表现出不同的特征。姚小云、罗亚丽（2013）采用列联表分析和卡方检验，通过对张家界国内游客问卷调查数据分析，得出以山岳型景区为旅游目的地的国内游客在信息渠道、住宿、交通工具、出游方式、花费预算、旅游活动偏好、娱乐活动偏好等方面存在显著的代际差异。

不同客源市场游客在旅游组织形式、交通方式和旅游景点选择等方面均存在显著差异。马耀峰等（2008）基于2004年北京、上海、西安、广州、桂林、昆明6个旅游热点城市的入境游客问卷调查数据，研究表明游客在旅游方式、来华次数、停留时间及旅游城市选择等方面存在差异，具有不同特征。王赟赟等（2018）以五台山风景区游客为研究样本，研究指出不同客源市场游客存在显著差异，在空间上省内游客的景点选择较为集中，省外游客的景点选择明显分散且以高频次等级景点为主。

## 四、可达性与游客空间流动研究进展

交通为游客到达不同地方提供了便利，在空间发展的背景下，交通基础设施质量在容量、连通性、速度等方面决定了交通的位置质量，位置竞争的优劣通常用可达性来衡量。可达性经常被视为影响游客流动的一个关键因素，城市交通系统提供的有限可达性对游客出行产生约束（Andreasen et al.，2017）。目的地和目的地内部的可达性对游客十分重要，是游客旅游的基本保障，交通可达性和连接性影响游客对休闲目的地的选择（Su et al.，2009；Xiao et al.，2012），交通可达性促进游客游览附近区域的更多地方，享受更多相关的休闲活动（Albalate et al.，2010）。良好的交通可达性在游客逗留期间提高了旅游效率，反之，游客去偏好目的地的出行效率被不具有竞争力的价格和漫长不舒适的旅程所抑制，导致游客增加寻找其他目的地的可能性（Khadaroo et al.，2008），或者导致游客在逗留期间访问的景点数量大大减少

(Albalate et al.,2010)。Gaman和Racasan(2016)以罗马尼亚保健度假村为研究区域,分析其公路、铁路和航空交通系统与欧洲其他国家及本国的公路、主要和次要铁路、机场的连接程度,发现可达性与游客人数、过夜次数、交通密度及每个罗马尼亚保健度假村的住宿能力净使用指数之间具有联系,但由于保健旅游需要一个比较偏僻的地方,因此,交通可达性对罗马尼亚康体旅游地游客流量的影响很小。

在旅游业中,可达性是出行距离与能够到达目的地的外部交通之间的函数,通过出行距离、耗费时间和花费成本来测算(Medlik,2003)。距离对旅游业各个方面都有深远的影响,以往研究表明物理距离的可达性是游客决策的基本定量指标(Sirakaya et al.,2005)。距离对游客选择目的地的影响尤为明显(Lee et al.,2012)。游客选择旅游目的地受实际距离(可达性)和感知距离的影响,旅游决策理论中考虑了实际距离的重要性,其重点依赖于游客的心理和经历(Ankomah et al.,1996;Massara et al.,2013)。实际距离不仅影响游客对资源的评估和目的地的选择,也影响游客在目的地的旅游活动。出行距离的远近,导致游客在目的地进行不同的旅游活动(Nyaupane,2008)。距离影响目的地游客类型的变化以及他们的旅游行为(McKercher,2018)。Nyaupane和Graefe(2008)基于距离的市场细分,以及"重力"和"惯性"两个概念,解释距离是影响旅游行为的一个因素。Yang等(2010)和Huang等(2017)都分析了距离与世界遗产地游客数量的关系,一致指出特殊景点的距离和游客数量之间存在负相关,旅行花费是负相关的原因之一。距离在影响游客出行行为方面可能是一个积极因素,也可能是一个消极因素(Nicolau,2008),旅游综合研究经常使用距离来解释客源地和目的地之间的定量关系,但其并没有解释游客对距离的主观感知,以及这些感知如何支撑游客的旅游行为(Larsen et al.,2013)。旅游目的地之间的物理距离和感知距离决定了游客空间流动网络的形状和维度(Asero et al.,2016)。目的地可达性对出行距离具有支配性的环境影响(Ewing et al.,2010)。

可达性与游客空间流动的关系还体现在交通出行方式方面。Chua等(2016)分析意大利南部旅游区奇伦托游客流动的时空特征,指出奇伦托游客流量主要分布在沿海地区,很可能是由于现有交通基础设施的物理配置导致的,公共交通没有延伸到沿海以外的地区,而内陆旅游需要个人交通工具。

Hibbert 等(2013)认为游客会选择反映身份的出行方式,而对出行方式的选择会影响游客的出行模式,来源地是影响其出行方式的重要因素,且游客对出行方式的选择与游览区域紧密相关(Pearce,1988;Le-Klähn et al. ,2015)。Thrane(2015)采用多项 Logit 回归模型分析挪威人寒假旅游的出行行为,表明物理旅行距离、旅行时间及旅游相关特征(停留天数、出行人数、目的地数量、目的地类型、出行目的和旅伴数量)是决定挪威游客对出行方式选择的重要因素,社会人口特征(年龄、家庭收入和性别)通常以控制变量的形式解释偏好差异,但不是决定游客对出行方式选择的重要因素。Zhang 和 Findlay (2014)对亚太地区的研究表明,首都间的客运交通一直受到限制性航空运输政策的阻碍,政府对航空运输部门的限制也对双边的旅游流产生了重大负面影响。

在中国的实证研究中,交通可达性对旅游流是否有影响也存在相互矛盾的实证结果。Yang 等(2017)采集 343 个中国城市的调查数据,利用 2014 年“国庆黄金周”期间新浪微博地理标记数据跟踪游客,分析航空和铁路的交通通达性对国内旅游流的影响。结果表明,两种交通方式都在加强城市间的旅游流联系方面发挥了重要作用,交通通达性对航空和铁路竞争的影响因起点至终点距离的不同而不同,高铁和普通列车对中短途城市的旅游流影响显著,随着距离的增加,空铁联运的竞争效应普遍增强,普通列车的互联互通对城际旅游流的影响最大。张宏磊(2012)基于 2002—2007 年和 2005—2007 年相关省际和省内旅游流数据,探讨了交通系统对江苏省省际旅游流和省内扩散流的影响,目的地交通基础设施密度的提升促进了目的地旅游流的增长,交通基础设施建设有利于扩大游客省际流动,减小游客省内旅游选择偏好。李晓静(2013)基于我国西南地区 2000—2011 年交通发展与旅游流的大量数据,利用耦合协调度模型分析得出,西南地区旅游流与交通发展状况相互促进、共同发展,西南地区旅游流和交通仍处在较低的中级耦合协调阶段,属于交通制约型,应该加大对交通基础设施建设的投资、规划和实施力度。涂玮(2015)在对泛长三角地区的在线旅游流数据研究表明,交通基础设施成为制约旅游流产生及流动的主要因素,交通基础设施及区位条件仍然制约着泛长三角地区旅游流的规模。陈莉(2015)以福厦铁路沿线城市为研究对象,基于区位论与旅游流理论,分析了福厦铁路对沿线城市旅游流及旅游业的影响,结果表明福厦铁路大幅提升了沿线城市的交通可达性，进而以影响旅游交通时间成本的方式对旅游流的流量、流向、流速产生影响，并影响了沿线城市旅游业的发展，同时旅游业还受到旅游目的地地理位置、旅游资源丰富程度、景区知名度等因素影响。田蓓（2017）以陕西、甘肃、宁夏、青海、新疆西北五省区为研究对象，测算出 2006—2015 年西北五省区的区域旅游流与交通网络的综合发展水平和耦合协调度。总体上，西北五省区的区域旅游流综合发展水平要略高于交通网络综合发展水平，西北五省区的区域旅游流与交通网络耦合协调度的绝对差异变化呈“U”形，绝对差异表现为先下降后上升，下降和上升幅度均较大，而甘肃省区域旅游流与交通网络的耦合协调水平在西北五省区中处于落后水平。王祥（2018）在研究厦门市自助旅游流网络结构与交通可达性耦合协调度时发现，厦门市旅游流网络结构演化呈明显快速扩张态势，旅游者空间活动范围不断增大，厦门市自助旅游流与交通可达性的方向分布大致相同，长轴呈现“东北—西南”走向，但分布空间差异显著，厦门市旅游节点网络发展水平与其交通可达性的耦合协调度差，整体协调度低，交通发展优于旅游流发展。但戢晓峰等（2018）的研究却指出旅游资源禀赋是节假日旅游流空间格局形成的主要因素，交通可达性对旅游流规模的影响有限。

## 五、研究进展述评

从上述可以看出，虽然对景点交通可达性和游客空间流动的研究成果比较丰富，但是仍存在以下几个问题。

### （一）缺少对景点交通可达性进行测度的方法

目前对景点交通可达性的已有研究基本上是基于路网的空间距离和拓扑距离，以及不同等级道路的标准速度，采用最近邻距离法和吸引力指数分析法对其进行测度和评价，忽略了阻碍因素的影响，是一种不考虑道路拥堵时间、红绿灯等待时间、步行等交通方式组合的无障碍可达性，是一种理论上的可达性，计算结果容易偏离实际。而百度智能出行服务提供的出行时间数据较好地解决了这一问题，实时考虑了路况拥堵、步行、等待时间等影响因素，能够比较真实地反映可达性水平。百度智能出行服务是百度地图的主要功能之一，为使用者提供实时路况、路线规划、导航，以及自驾、公交、步行、骑行等不同类型交通方式的出行时间和路线方案，影响人们对交通方式的选择。科学、准确的出行时间数据决定了可达性研究的可靠性、准确性、科学性，因此本书尝试使用百度智能出行数据测度景点交通可达性。

### （二）缺少对游客时间维度的考虑，对游客空间流动的研究不够

以游客空间流动为核心的旅游流是分析旅游现象、发展旅游业的基础。上述文献主要是通过分析游客的流动性来探索地理区域内的旅游网络结构，集中分析在不同空间尺度下出境游客、入境游客、国内游客的空间流动。

然而，正如 Leiper(2004)所言，不同的游客倾向于以不同的方式感知同一个目的地，一个非常有影响的变量是游客在每个地方可用于消费的时间。时间越来越被认为是一种稀缺的商品和有限的资源，时间作为商品或资源的价值，决定了游客参观景点的顺序，在旅游过程中受时间可用性的影响很大(Jin et al.,2018)。游客逗留时间是影响游客旅游消费模式及其空间流动的重要因素，不同出游时间类型的游客因为在目的地逗留时间的长短不同，其空间流动表现势必有差异。因此，对旅游流时间维度的探索十分必要，将时间维度融入旅游流研究中，可以加深对游客出行行为中时间价值的理解。

### （三）对景点交通可达性与游客空间流动之间关系的研究不够深入

从多数已有文献的研究结果可得出共识，即交通可达性对游客出行行为及其目的地选择具有重要的影响。国外文献对交通可达性与旅游关系的研究成果较国内更丰富，研究范畴更广泛，视角切入更加微观，从交通可达性及与其相关的距离和时间变量入手，提出交通可达性对游客出行行为和目的地选择具有重要影响的观点。国内研究主要是从交通网络与旅游流耦合协调度的视角，探讨交通可达性对目的地旅游业发展的影响，对交通与游客的关系，以及交通可达性对游客出行行为影响的研究还比较薄弱。

然而，交通可达性对游客出行行为和空间流动影响的观点并不完全一致，交通可达性对游客空间流动的影响因研究区域的空间尺度不同而表现出差异，多项研究普遍认为在城市尺度下交通出行方式对游客空间流动具有重要影响。但是，在交通可达性对游客出行行为及其空间流动影响方面的研究不够深入。因此，本书尝试分析景点交通可达性对游客空间流动的影响，并通过分析拥有不同出游时间的游客在景点之间流动的空间格局和结构特征，更深层次地揭示城市区域内不同交通方式可达性对游客的影响，一方面有利

于拓展对游客出行行为影响因素的认知，另一方面有利于深化对特定旅游目的地相关机理的认知。

## 第三节 理论基础

已有一些学者认识到可达性和流动性在概念上有互补性，但很少有人设法证实它们之间的真正关系。流动性与特定人口的活动能力有关，它不但指出行的实际发生，而且指出行的可能性或容易程度。可达性是通过旅游决策行为来推动流动性的一个重要因素，反映获得游客机会的可能性（Bavoux et al.，2005），如图 2－2 所示。

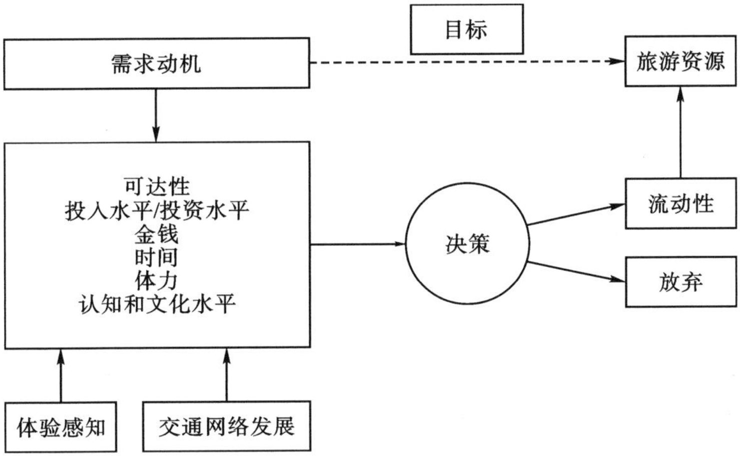


图 2－2 可达性和流动性的关系

事实上，可达性被认为是一个很难衡量的复杂概念，受到游客需求动机、游客体验感知和交通网络发展的影响，其可以表示为投入水平或投资水平，具体以耗费的金钱、时间、体力，以及认知和文化水平来衡量。流动性的概念包括两个核心部分：运输系统的性能和个人的特征。然而，还有一些直接影响流动性的因素，如收入、就业、性别、年龄，以及当地的交通方式、旅游资源吸引力。通过可达性和流动性指标的比较可以识别某些空间模式，并且分析它们之间的相关性。以下三种理论为城市游客流动网络交通可达性研究奠定了基础。

## 一、旅游空间结构理论

### (一)城市旅游目的地空间结构理论

Dredge(1999)提出单节点目的地、多节点目的地、链状节点目的地三种旅游目的地空间结构模式。单节点目的地模式描述了游客从出发地到目的地游览区域内单个节点的情况。随着旅游的发展和开发,游客除了游览单节点旅游吸引物外,还游览其他的旅游吸引物,形成多节点目的地。多节点目的地模式描述了单节点目的地中包含多个节点的情况(包括吸引综合体和服务组件),在这个模式中有三层节点:主节点、次节点和三级节点。链状节点目的地模式是通过连接单个节点或多个节点目的地来构建的,旅游行程由两个或多个不同的目的地区域组成,在目的地之间旅行时,游客访问了主要、次级或三级各个在途节点。

卞显红(2003)借鉴 Dredge 三种旅游目的地空间结构模式,衍生出单节点、多节点、链状节点三种城市旅游空间结构。单节点城市旅游空间结构是城市旅游空间成长的初级阶段,游客从客源地到目的地仅游玩城市唯一的旅游节点,能提供游览访问期间所需的所有旅游支撑系统和服务设施,城市旅游循环路线还未形成,如图 2－3 所示。

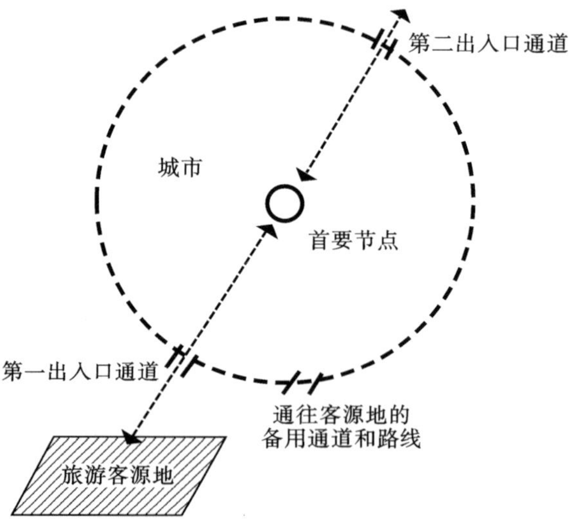


图 2－3　单节点城市旅游空间结构

城市旅游发展促使具有潜力和深层次的旅游资源被逐渐挖掘和开发，多节点并存的城市旅游空间结构开始出现。多节点包括首要节点、次要节点及末端节点三类。首要节点通常是具有影响力的城市核心吸引物聚集体，是吸引游客选择该目的地的原始推动力，次要节点及边缘旅游区的末端节点均要围绕首要节点来设计和规划旅游路线。次要节点并非促使游客来此目的地旅游的最基本推动力，但是次要节点同样具有较完善的旅游服务接待设施，即使目的地城市不一定存在首要节点，次要节点也可能吸引游客参观游览该目的地，次要节点的中心吸引物聚集体是提升城市整体旅游吸引力的重要因素，如图 2－4 所示。

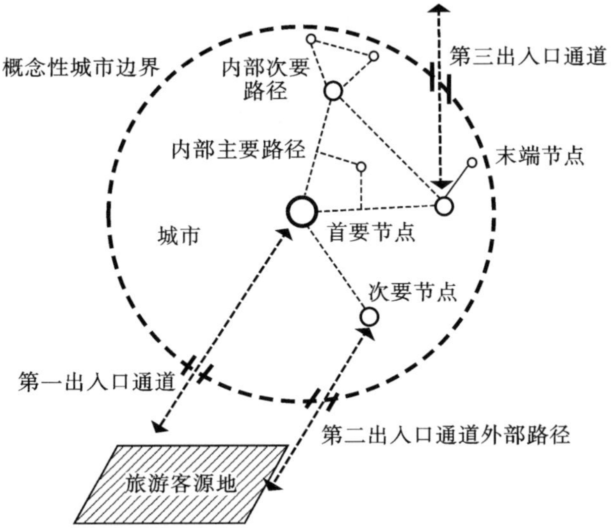


**图 2－4 多节点城市旅游空间结构**

按照城市旅游空间规划布局的要求，城市旅游路线的规划布局要设计为循环路线。在城市旅游空间成长的第三阶段，城市旅游节点逐渐增多，开始出现不同性质的城市旅游区，城市呈现出多区并存的旅游空间增长格局，如图 2－5 所示。游客的旅游区更大，可以选择其中多个旅游区，城市旅游空间成长趋于成熟和稳定，城市内旅游区之间的竞争和合作加大。

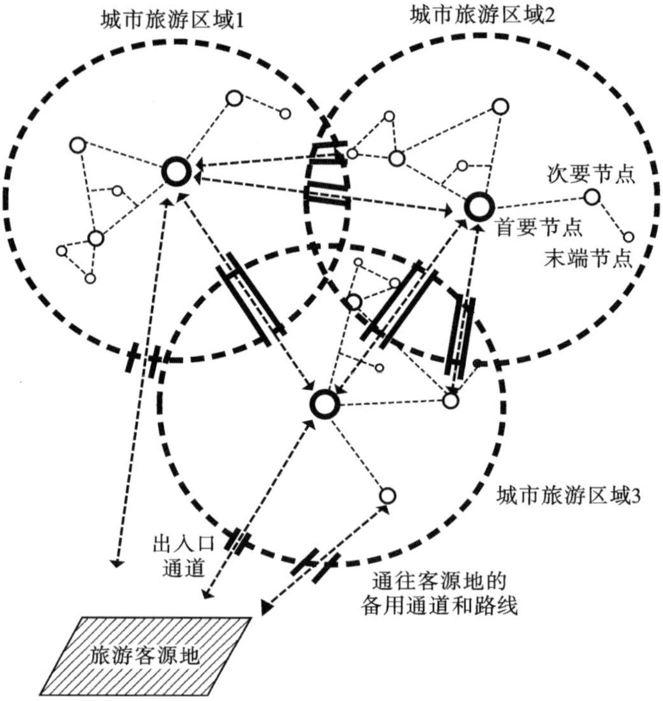


图 2－5　链状节点城市旅游空间结构

### (二)核心-边缘理论

1966 年 Friedman 提出核心-边缘理论，又称核心-外围理论，是解释经济空间结构演变模式的理论，试图解释一个区域如何由互不关联、孤立发展，变成彼此联系、不平衡发展，又由不平衡发展变为相互关联的平衡发展的区域系统(许学强 等，2009)。在某个区域中，优先发展起来的地方成为核心区，缓慢发展的地方成为边缘区。核心区域在区域中处于主导地位，具有明显的优势，边缘区域则处于弱势地位，边缘区域的发展很大程度上依赖于核心区域的辐射带动作用，核心区与边缘区共同组成一个完整的空间系统。Zurick(1992)和 Weaver(1998)一致认为在旅游发展过程中，核心区与边缘区存在不平等的关系。通过培育和增强核心区域的发展实力来带动边缘区域的发展，从而带动整个区域的发展，通常是区域旅游发展的重要措施。但是核心区和边缘区在区域中的地位并不是一成不变的，随着资源的重新调整和新的资源融入以及合理流动配置，会对原有的核心-边缘结构产生影响，实现区域内部协调发展。

核心-边缘理论、Dredge 和卞显红的研究等所提出的旅游目的地空间结构理论，对城市旅游空间结构和游客流动规律的研究及优化具有重要的理论参考价值。

## 二、社会网络理论

社会网络理论研究的是即定的社会行动者（包括社会中的个体、群体和组织）所形成的一系列关系和纽带。社会网络是由多个社会行动者及其之间的关系组成的集合，最早可追溯到 20 世纪 30 年代英国人类学家布朗的研究，它是一个社会学概念。随着对社会网络概念的深入研究和研究体系的逐渐完善，到 20 世纪 90 年代，基于计算机技术的网络分析模型不断深化，社会网络理论得到迅速的发展和广泛的应用。

社会网络理论是关注社会结构的理论，对社会关系结构及其属性特征进行分析，主要包括弱关系理论、强关系理论、结构洞理论、社会资本理论四种理论。美国社会学家 Granovetter(1985)提出关系强度的概念，将关系划分为强关系和弱关系两类，认为充当信息桥必定是弱关系。1992 年 Krackhardt 提出的强关系理论是对弱关系理论的补充，他认为强关系的情感联系可以传播个人的影响力，其来源于信任（张秀娥，2018）。美国社会学家 Burt(1992)提出结构洞理论，即社会网络中并非所有的行为者都具有直接联系，例如 A、B、C 三个行动者，A 和 B、A 和 C 均有联系，B 和 C 不存在联系，B 和 C 之间形成了一个关系上的空洞，A 就处在这个结构洞之上。拥有不同的联系渠道就会拥有更多的信息和资源，比其他成员更具有竞争优势。美籍华裔学者 Lin(2001)在弱关系理论基础上提出社会资本理论，社会资本产生于社会网络，也只存在于社会网络，是社会网络动态变化的动力，个体社会网络的异质性、网络成员的社会地位、个体与网络成员的关系力量决定个体所拥有的社会资本的数量和质量。社会网络的表达形式通常有图论法、矩阵法、代数法等，其中图论法是一种最基本的表示行动及其之间关系的方法，矩阵法通常用来研究结构等价和块模型，代数法有助于研究网络角色（刘大均，2018）。社会网络的概念虽然起源于社会学和生态学领域，但是因其理论的普适性，已经逐渐发展成为众多领域重要的应用理论，在旅游研究中也发挥着巨大的作用。

社会网络主要涉及节点、关系和连线三个要素(Degenne et al.,1999)。城市旅游空间结构是一种社会网络结构,城市内各旅游景点相当于社会网络结构中的节点,景点之间的直接关联和间接关联相当于社会网络结构中节点之间的映射关系,景点之间的交通相当于连线。社会网络中重要和常用的概念有中心度和子群,中心度可用于测量和分析景点在社会网络中的中心位置,反映的是景点在社会网络结构中的位置或优势的差异。社会网络的基本构成元素即行动者及其群体,各种子群相互结合形成复杂的社会结构,子群分析的是社会网络中的小世界和子结构。2000 年以后,社会网络理论被旅游地理学逐步重视和广泛运用,在国内研究文献中,陈秀琼等(2006)运用社会网络理论,探讨影响旅游系统空间结构的因素,并提出优化措施。彭红松等(2014)运用社会网络理论,探讨跨界旅游流的节点角色地位、网络空间结构及其模式,揭示跨界旅游流时空变化、扩散规律及形成机理。一方面,应用社会网络理论研究游客景点空间结构,能够展现旅游者的旅游路径及方向、景点流出流入度,以及景点之间的关系,为城市旅游空间结构优化和目的地发展提供理论指导;另一方面,基于社会网络理论,利用社会网络分析中的关系研究,使用关系数据探讨可达性对游客景点流动的影响。

## 三、空间相互作用理论

世界上所有事物之间都存在着普遍联系,空间的存在也绝不会是孤立的,其必然以物质、能量等形式与其他形式的物理对象发生各种各样的联系(柳坤 等,2014)。不同尺度的空间在时间和空间上不断地进行物质、能量、人员、信息等的交换,这种时空上的交换即空间相互作用(许学强 等,2009)。空间尺度包括区域、城市,以及区域和城市内部的街区、商业网点、绿地、景区等空间。从供需关系视角出发,空间之间相互作用的产生需要互补性、干扰机会、可运输性三个基本条件(Ullman,1957)。互补性存在于空间差异和供求关系之中;干扰机会是指给第三方空间提供更好的供给,从而产生干扰机会,产生新的空间流动和流向;可运输性关注的是距离因素对空间相互作用的影响,空间距离越远,产生相互作用的阻力和摩擦力越大。即使两地存在互补性,但是距离太远,也不会产生相互作用,空间相互作用因距离的摩擦效果而存在距离衰减规律。可运输性不仅影响物品运输,也同样影响人的旅游、购物、就业、日常活动等。随着可运输性研究的丰富和深入,空间之间的可运输性的评判标准不再是唯一的距离指标,还包括出行时间、出行成本等指标。

空间相互作用理论的模型比较丰富,总体来说可分为两类:一是引(重)力模型,二是流量分配模型。前者的代表性模型包括引力模型、潜力模型等,后者的代表性模型是 Wilson 最大熵模型。引力模型是空间相互作用发生的起源,以它为基础模型衍生出许多被广泛应用的模型。基于长期积累的经验发现,空间相互作用一方面和距离具有密切关系,另一方面和区域的规模有关,规模大的区域比规模小的区域往往更能吸引人流、资金流等。由此人们借鉴牛顿的万有引力公式来对空间相互作用进行度量。引力模型在交通、城市、市场营销、零售业,以及旅游活动中得到了广泛的应用。尽管引力模型是空间相互作用模型中最基础也最为广泛的模型,但是其计算结果往往和实际结果存在明显不相符。不断有学者对引力模型进行改进和拓展,并在实际研究中根据具体情况进行适当的修正。引力模型反映的是一对城市间的空间相互作用的强度,而潜力模型反映的是一个城市在空间分布体系中的集聚能力和综合空间作用能力(吴茵 等,2006)。计算公式是在引力模型的基础上,对该城市与其他城市的相互作用强度的求和,反映城市的优劣势。但是潜力模型存在缺点,潜能随着距离衰减的速率在不同情况下不一定一致,参数难以确定。Wilson 最大熵模型借鉴统计力学思想,将空间相互作用分为宏观和微观两个层次,系统多种分布状态称为宏观态,宏观态中可能有多种不同的微观组合情况,即微观态,具有最多微观态的宏观态即最大熵分布,也就是系统最可能的分布状态。封闭系统的宏观态最稳定,系统熵也最大。该模型的最大不足是将人类目的地空间实践活动类比为封闭的物理系统,不能进行更深层次的理论解释(秦玉,2008)。

此外,随着研究的深入和拓展,还出现了新的模型。城市流模型便是其中一种,该模型是对城市之间要素流动抽象的刻画。城市流是城市之间人流、物流、信息流、资金流和技术流等空间流在城市群区域内所发生的频繁、双向或多向的流动现象,城市流的空间流动强度和方向综合反映了城市功能的联系特征(王士君 等,2011;李王鸣 等,2012)。王士君等(2011)通过计算东北地区城市群组的外向功能量和城市流强度,发现群组内部的城市与国内发达城市群城市的发展水平相差较远。李王鸣等(2012)运用城市流模型,通过分析城市流的强度和方向，明确浙江省台州市内部空间功能的联系特征。空间相互作用理论在研究空间及其要素之间的相互作用和影响方面具有独特的优势，因而在城市、交通、旅游、人口、文化地理等学科领域得到广泛运用(刘大均，2016)。空间相互作用理论中的核心思想及引力模型、潜力模型、城市流模型为本书在景点交通可达性分析、游客流动空间结构分析、可达性的影响分析方面奠定了理论和方法基础。

第三章

# 西安市旅游与交通发展格局

中华民族璀璨文化的沉淀，给西安这座历史文化古城遗留了大量的文物古迹，西安的文物古迹具有系统性和完整性，堪称中国历史的缩影。在西安市政府主导的“西安年・最中国”等系列文化旅游活动的推动下，西安迅速成为“网红”城市，西安城市旅游被推向了更高的浪潮。本章从旅游资源、旅游收入、旅游接待人数、从业人数，以及旅游交通等旅游经济发展变化方面分析西安市旅游发展的现状和特征，从交通路网、公路、铁路、航空客运量、出租车、公交、民用汽车数量、轨道交通的运力运量等方面分析西安市旅游发展的交通条件，并对政府正式发布的A级旅游景点和游客实际到访的旅游景点进行景点空间格局特征的探讨和差异对比。

## 第一节　西安市旅游发展现状

### 一、旅游资源概况

西安人文和自然旅游资源都极为丰富。西安文物古迹丰富且独特，其数量之多、密度之大、等级之高均居全国前列，故有“立体历史博物馆”之称，现已查明的文物古迹有上万处，许多是稀世珍宝，有国家重点文物保护单位58处，省级文物保护单位107处(截至2023年10月)。西安半坡博物馆、秦始皇帝陵博物院、大雁塔、华清池、碑林、城墙等都有很高的游览和研究价值，享誉海内外。秦岭是我国中部横贯东西向的一条巨型山脉，是我国南北方的天然分界线。西安地处秦岭山脉北麓，境内包括秦岭主脊以北的北坡部分，天然林集中分布，生物多样、复杂，形成了西安自然资源类型丰富多样、峪口型自然地域文化景观独具魅力、地热资源丰富等得天独厚的自然条件。翠华山国家地质公园、骊山国家森林公园、太平国家森林公园、金龙峡风景区、朱雀国家森林公园等自然风光优美，环境宜人，深受游客喜爱。

古城西安的城市道路继承了唐长安城棋盘式道路网格局，形成一高（东西高架路）一绕（绕城高速）二轴（东西五路与南北大街）三环（一环、二环、三环）的道路格局。截至 2019 年，西安市有 13 条旅游公交专线：环山旅游 1 号、环山旅游 2 号、盛唐之旅、游 1～游 10。各条专线每日发车，其中，游 5～游 10、环山旅游 1 号、环山旅游 2 号这 8 条旅游公交专线途经西安市区旅游景点，而游 1～游 4、盛唐之旅这 5 条专线通往西安市区以外的旅游景点。

## 二、旅游经济发展总体情况

中国统计年鉴（2001—2019）、陕西统计年鉴（2001—2019）、西安统计年鉴（2001—2019）的数据及其测算显示，2000—2018 年期间，全国旅游总收入、陕西省旅游总收入、西安市旅游总收入，除了 2003 年受到“非典”影响有所下降外，其余年份均呈现增长态势。全国旅游总收入从 4 519.0 亿元增长到 59 692.0亿元，约增长 12.21 倍，年均增长 15.42%，旅游总收入占 GDP 的比重从 4.51%增长到 6.63%，年均增长 2.16%；陕西省旅游总收入从 150 亿元增长到 5 994.7 亿元，约增长 38.96 倍，年均增长 22.74%，旅游总收入占省全年 GDP 的比重从 8.31%增长到 24.53%，年均增长6.20%；西安市旅游总收入从 105 亿元增长到 2 554.8 亿元，约增长23.33倍，年均增长 19.40%，旅游总收入占市全年 GDP 的比重从 16.25%增长到30.60%，年均增长 3.58%。可见，与全国平均水平和陕西省旅游发展水平相比，西安市旅游收入占市 GDP 比重的基数更大，且每年的比重均超过全国平均水平，除了 2016 年和 2017 年以外，其余年份的比重均超过陕西省的。

西安市旅游总收入及其占 GDP 比重的增长速度较快，快于全国平均水平，但慢于陕西省相应的增长速度。其中，2018 年西安市旅游收入又有了突飞猛进的增长，达到 2 554.8 亿元，较 2017 年旅游收入及其占 GDP 的比重都有了大幅度的增长，分别增长 56.42%和 8.74%，均远远高于全国平均水平（10.5%，0.1%）和陕西省水平（24.53%，2.55%）。自 2018 年春节期间，西安市推出“西安年・最中国”旅游品牌，庙会祈福、观灯赏花、探亲访友、聚会休闲、温泉旅游、冰雪旅游等各类文化旅游活动丰富多样且大放异彩，自驾旅游依然强劲，高铁带动作用明显，旅游接待人数和旅游收入均创历史新高，给2018年西安市全年旅游带来了良好开端。随着2017年西成高铁的开通，西安成为“网红城市”，这些都是2018年旅游市场发展的催化剂，使2018年西安市整体旅游发展持续增温，旅游人气高涨。旅游业已由西安市的优势产业逐步发展成为支柱产业之一。

综上所述，2000年以来，西安市旅游业获得较快发展，与全国及陕西省旅游业发展水平相比，西安市旅游收入占GDP的比重每年均超过全国平均水平，大部分年份均超过陕西省，西安市旅游总收入及其占GDP比重的增长速度快于全国平均增速，慢于陕西省平均增速，但自2018年开始，西安市旅游总收入增速迅猛，已超过陕西省。

## 三、旅游经济指标变化特征

从西安统计年鉴(2001—2019)中进一步选择2000—2018年期间西安市GDP、人均GDP、国内旅游收入、国际旅游外汇收入、国内旅游人数、接待入境旅游人数、城市出租车数、城市每万人拥有公共交通车辆数、公路客运量、铁路客运量、民用航空客运量、旅行社从业人员数、星级饭店个数等相关指标数据，来衡量西安市旅游业发展各项指标的增长情况，其中，个别缺失的数据是根据现有数据的平均增速预测得出的。GDP从646.13亿元增长到8 349.86亿元，年均增长15.28%，人均GDP从9 484元增长到85 114元，年均增长12.97%，西安市GDP和人均GDP稳步持续增长；国内旅游收入从825 900万元增长到18 423 339万元，年均增长18.83%；国际旅游外汇收入从27 000万美元增长到133 443万美元，年均增长9.28%；国内旅游人数从1 502万人次增长到20 759万人次，年均增长15.71%；接待入境旅游人数从65.03万人次增长到154万人次，年均增长4.90%；国内旅游收入和旅游人数除了2003年略有下降以外，基本处于持续上升，而国际旅游外汇收入和接待入境旅游人数在2003年和2008—2010年出现一定的波动，国内旅游收入和旅游人数的增速均快于国际旅游外汇收入和接待入境旅游人数；城市出租车数从10 277辆增长到14 509辆，年均增长1.93%，城市出租车数总体呈现相邻年份小幅波动、整体平稳增长的局面；城市每万人拥有公共交通车辆数从10.2标台增长到14.4标台，年均增长1.93%，城市每万人拥有公共交通车辆数在2000—

2018 年产生了大的起伏，2009 年以前迅速增长，之后一年又迅速减少，2010—2018 年表现为轻微波动式增长；公路客运量从 5 578 万人增长到 15 601万人，年均增长 5.88%；铁路客运量从 2 130 万人增长到 4 500 万人，年均增长 4.24%；民用航空客运量从 328.45 万人增长到 4 186 万人，年均增长 15.19%。三者之中，民用航空客运量增长最为迅速，铁路客运量基本保持稳定的持续增长，公路客运量起伏最大，2009 年急剧上升，2013 年开始回落，从 2000—2018 年三种类型的客运量来看，民用航空客运量的发展情况最为乐观，而公路客运量的发展表现最不稳定。旅行社从业人员数从 2000 年的 4 342 人增长到 2016 年的 8 097 人，星级饭店数量从 2002 年的 61 个增长到 2017 年的 91 个，相较于起始年，二者总体上均呈现增长，但是星级饭店的增长起伏性较大，2006—2010 年出现大的增长，2010 年之后基本处于持平和下降状态，而旅行社从业人数在小的波动中缓慢增长，直至 2014 年有了较大增长。综上分析可知，虽然这些相关指标的增长，为西安市旅游业的快速发展提供了良好的环境，但是这些指标的发展速度滞后于旅游发展的增长速度，市内交通发展更是如此。

总之，西安市 GDP、人均 GDP、国内旅游收入、国际旅游外汇收入、国内旅游人数、接待入境旅游人数、城市出租车数、城市每万人拥有公共交通车辆数、公路客运量、铁路客运量、民用航空客运量、旅行社从业人员数、星级饭店个数等与旅游业发展相关的指标获得不同程度的增长，为西安市旅游业蓬勃发展提供了良好的支撑条件。

## 第二节　西安市旅游发展的交通条件

### 一、交通发展变化

2000 年以来，西安市交通业得到迅速发展，通过比较西安、成都、重庆、武汉、郑州，以及兰州等中西部主要城市的统计年鉴数据发现：①西安公路客运量从 2000 年的 5 578 万人次增长到 2018 年的 15 555 万人次，年均增长 5.86%，在上述六个城市中处于较靠前的水平；②西安铁路客运量从 2000 年的 2 130 万人次增长到 2017 年的 4 500 万人次，年均增长 4.50%，在上述六个城市中处于较靠后的水平；③民用航空客运量从 2001 年的 381.49 万人次增长到 2017 年的 4 186 万人次，年均增长 16.15%，在上述六个城市中处于较靠前的水平；④人均拥有道路面积居于领先位置，从 2000 年的 5.1 平方米增长到 2018 年的 18.07 平方米，年均增长 7.28%；⑤市辖区人均铺装道路面积在上述六个城市中居于中间水平，从 2001 年的 4.77 平方米增长到 2015 年的 12.47平方米，年均增长 7.11%；⑥市辖区年末实有出租汽车数从 2001 年的 10 430 辆增长到 2017 年的 12 435 辆，年均增长 1.10%，在上述六个城市中处于中间水平；⑦市辖区每万人拥有公共汽(电)车数从 6.85 辆增长到 2015 年的 12.52 辆，年均增长 4.40%，在上述六个城市中居于靠后水平；⑧公路里程从 2000 年的 3 010 公里增长到 2016 年的 13 336 公里，年均增长 9.75%，在上述六个城市中处于中间水平；⑨民用汽车数量从 2000 年的 17.90 万辆增长到 2015 年的 244.21 万辆，年均增长 19.03%，在上述六个城市中处于靠后的水平。

## 二、轨道交通发展

从轨道交通的发展来看，截至 2019 年年底，中国内地已有 38 个城市开通轨道交通，西安已开通的轨道交通运营里程为 161.76 公里，居中国内地城市第 12 位，与北京、上海等城市的差距明显，居中西部城市第 4 位，位于武汉、重庆、成都之后(见表 3－1)。与国内城市相比，西安、青岛、苏州、大连、郑州的运营里程均在 150～200 公里，这五个城市是进入 200 公里级别的激烈竞争者。

表 3－1 2019 年中国城市轨道交通运营里程表

单位:公里

| 排名 | 城市 | 运营里程 | 排名 | 城市 | 运营里程 | 排名 | 城市 | 运营里程 | 排名 | 城市 | 运营里程 |
|---|---|---|---|---|---|---|---|---|---|---|---|
| 1 | 北京 | 689.35 | 5 | 武汉 | 338.94 | 9 | 天津 | 233.2 | 13 | 大连 | 157.9 |
| 2 | 上海 | 673 | 6 | 重庆 | 330.56 | 10 | 青岛 | 176.65 | 14 | 郑州 | 153.53 |
| 3 | 广州 | 492.27 | 7 | 深圳 | 303.4 | 11 | 苏州 | 166.27 | 15 | 杭州 | 135.3 |
| 4 | 南京 | 378 | 8 | 成都 | 301.4 | 12 | 西安 | 161.76 | 16 | 长春 | 100.17 |

续表

| 排名 | 城市 | 运营里程 | 排名 | 城市 | 运营里程 | 排名 | 城市 | 运营里程 | 排名 | 城市 | 运营里程 |
|---|---|---|---|---|---|---|---|---|---|---|---|
| 17 | 宁波 | 96.86 | 23 | 厦门 | 71.9 | 29 | 石家庄 | 40.73 | 35 | 兰州 | 25.97 |
| 18 | 合肥 | 89.58 | 24 | 无锡 | 61.35 | 30 | 东莞 | 37.79 | 36 | 呼和浩特 | 23.2 |
| 19 | 沈阳 | 89.3 | 25 | 南昌 | 60.21 | 31 | 贵阳 | 35.1 | 37 | 徐州 | 21.97 |
| 20 | 昆明 | 88 | 26 | 福州 | 55.06 | 32 | 常州 | 34.2 | 38 | 佛山 | 21.47 |
| 21 | 长沙 | 84.1 | 27 | 温州 | 53.5 | 33 | 哈尔滨 | 31.72 | 内地城市里程合计 | | 5970.51 |
| 22 | 南宁 | 81.2 | 28 | 济南 | 47.7 | 34 | 乌鲁木齐 | 27.61 | | | |

数据来源：https://new.qq.com/omn/20191231/20191231A0CANT00.html? pc。

从周六单日客运量及其客流强度来看，西安市在上述38个城市中居于第8位，与广州、上海等城市差距较大，在中西部城市中居第3位（见表3－2）。西安、南京、重庆的单日轨道交通客流量居于200万～300万人次，是单日客流量突破300万人次的有力竞争者。

**表3－2　2019年中国城市轨道交通某周六单日客流量**

单位：万人次

| 排名 | 城市 | 客运量 | 排名 | 城市 | 客运量 | 排名 | 城市 | 客运量 |
|---|---|---|---|---|---|---|---|---|
| 1 | 广州 | 924.3 | 11 | 郑州 | 157.5 | 21 | 青岛 | 50.28 |
| 2 | 上海 | 857.6 | 12 | 天津 | 128.2 | 22 | 大连 | 47.40 |
| 3 | 北京 | 786.22 | 13 | 苏州 | 121.5 | 23 | 厦门 | 43.93 |
| 4 | 深圳 | 536.34 | 14 | 沈阳 | 98.98 | 24 | 福州 | 37.08 |
| 5 | 成都 | 391.95 | 15 | 南宁 | 98.36 | 25 | 哈尔滨 | 30.84 |
| 6 | 武汉 | 316.15 | 16 | 长沙 | 90.24 | 26 | 石家庄 | 27.48 |
| 7 | 南京 | 290.5 | 17 | 合肥 | 91.14 | 27 | 东莞 | 15.63 |
| 8 | 西安 | 270.12 | 18 | 长春 | 58.09 | 28 | 贵阳 | 13.08 |
| 9 | 重庆 | 249.9 | 19 | 南昌 | 57.26 | — | — | — |
| 10 | 杭州 | 171.77 | 20 | 昆明 | 54.31 | — | — | — |

数据来源：https://new.qq.com/omn/20191231/20191231A0CANT00.html? pc。

备注：宁波、无锡、常州、乌鲁木齐、济南、徐州、温州等城市暂无数据，表中数据为2019年12月28日周六数据。

综上所述，2000 年以来，西安市综合交通获得了较快发展。与中西部地区的成都、重庆、武汉、郑州及兰州等城市相比，西安市公路客运量、民航客运量、人均拥有道路面积等指标具有靠前的水平；市辖区人均铺装道路面积，市辖区年末实有出租车数、公路里程、轨道交通长度、轨道交通单日客流量等指标居于中间水平；铁路客运量，市辖区每万人公共汽车数、民用汽车数等指标居于靠后的水平。

# 第三节　西安市景点空间格局

## 一、景点数据与测度方法

### (一)景点数据来源

景点数据来源于两个方面：①2019 年西安市文化和旅游局网站发布的西安市辖区以及西咸新区的所有 A 级旅游景点，共计 56 个。景点类型主要以历史古迹类为主，结合山水风光、特色街区、文化教育、主题公园、宗教寺庙、休闲娱乐等类。②基于用户生成数据和问卷调查数据统计得出的游客实际游览的景点，共计 68 个。需要说明的是，其中西安大雁塔—大唐芙蓉园景区在游客到访的景点中实际上是作为两个景点呈现，但是为了保持和 A 级旅游景点的命名一致，在统计中进行了合并。用户生成数据来自 2018 年 6 月 30 日—2019 年 6 月 30 日去哪儿网和携程旅行网网络游记攻略，从中统计游客游览的景点并保留游览次数 5 次以上的景点，共 68 个，原因是 5 次及5 次以下的景点比较偏且游客选择的可能性小。问卷调查数据采集于2019 年11 月 20 日—2019 年 11 月 30 日，选择在回民街、钟楼、陕西历史博物馆、西安大雁塔 4 个景点开展问卷调查，从实地调查的有效问卷中统计分析得出游客游览的景点达 59 个，全部包含在网络游记攻略景点之内。景点类型包括历史古迹、山水风光、特色街区、文化教育、主题公园、宗教寺庙、休闲娱乐等，详见表 3－3。

表 3－3　西安市 A 级旅游景点和游客实际到访景点汇总表(2019 年)

| 序号 | 名称 | 位置 | 级别 | 序号 | 名称 | 位置 | 级别 |
|---|---|---|---|---|---|---|---|
| 1 | 秦始皇帝陵博物院 | 临潼区 | 5A | 17 | 西安汉城湖景区 | 未央区 | |
| 2 | 华清池 | 临潼区 | 5A | 18 | 西安浐灞国家湿地公园 | 未央区 | 4A |
| 3 | 西安大雁塔—大唐芙蓉园景区 | 雁塔区 | 5A | 19 | 骊山国家森林公园 | 临潼区 | 4A |
| 4 | 西安碑林博物馆 | 碑林区 | 4A | 20 | 陕西太平国家森林公园 | 鄠邑区 | 4A |
| 5 | 西安博物院 | 碑林区 | 4A | 21 | 西安金龙峡风景区 | 鄠邑区 | 4A |
| 6 | 西安城墙景区 | 碑林区/莲湖区 | 4A | 22 | 朱雀国家森林公园 | 鄠邑区 | 4A |
| 7 | 陕西历史博物馆 | 雁塔区 | 4A | 23 | 西安沣东现代都市农业博览园 | 西咸新区 | 4A |
| 8 | 曲江海洋极地公园 | 雁塔区 | 4A | 24 | 西安大兴善寺 | 雁塔区 | 3A |
| 9 | 陕西自然博物馆 | 雁塔区 | 4A | 25 | 西安青龙寺遗址景区 | 雁塔区 | 3A |
| 10 | 西安大唐西市文化景区 | 莲湖区 | 4A | 26 | 西安大汉上林苑(杜陵)生态景区 | 雁塔区 | 3A |
| 11 | 西安秦岭野生动物园 | 长安区 | 4A | 27 | 西安石羊农庄生态休闲观光园 | 雁塔区 | 3A |
| 12 | 陕西翠华山国家地质公园 | 长安区 | 4A | 28 | 八路军西安办事处纪念馆 | 新城区 | 3A |
| 13 | 西安关中民俗艺术博物院 | 长安区 | 4A | 29 | 西安广仁寺 | 莲湖区 | 3A |
| 14 | 西安半坡博物馆 | 灞桥区 | 4A | 30 | 西安阎良航空科技馆 | 阎良区 | 3A |
| 15 | 西安世博园 | 灞桥区 | 4A | 31 | 西安常宁宫休闲山庄 | 长安区 | 3A |
| 16 | 大明宫国家遗址公园 | 未央区 | 4A | 32 | 杨虎城将军陵园 | 长安区 | 3A |

续表

| 序号 | 名称 | 位置 | 级别 | 序号 | 名称 | 位置 | 级别 |
|---|---|---|---|---|---|---|---|
| 33 | 长安万华山景区 | 长安区 | 3A | 52 | 西安连珠潭风景区 | 长安区 | 2A |
| 34 | 西安广新园民族村 | 长安区 | 3A | 53 | 净业寺龙潭戏水景区 | 长安区 | 2A |
| 35 | 西安祥峪森林公园 | 长安区 | 3A | 54 | 西安绿叶庄园 | 雁塔区 | 2A |
| 36 | 陕西秦岭大坝沟景区 | 长安区 | 3A | 55 | 伊利集团西安工业园 | 临潼区 | 2A |
| 37 | 西安大秦温泉景区 | 未央区 | 3A | 56 | 九华山阿姑泉牡丹苑风景区 | 鄠邑区 | 2A |
| 38 | 万花山朝阳景区 | 鄠邑区 | 3A | 57 | *书院门* | 碑林区 | |
| 39 | 草堂寺 | 鄠邑区 | 3A | 58 | *高培支旧居* | 碑林区 | |
| 40 | 重阳宫 | 鄠邑区 | 3A | 59 | *湘子庙* | 碑林区 | |
| 41 | 钟馗故里民俗文化旅游景区 | 鄠邑区 | 3A | 60 | *西安交通大学* | 碑林区 | |
| 42 | **西安白鹿原葡萄主题公园** | 灞桥区 | 3A | 61 | *兴庆宫公园* | 碑林区 | |
| 43 | 西安华南城景区 | 灞桥区 | 3A | 62 | *唐乐宫剧院* | 碑林区 | |
| 44 | 西安桃花潭景区 | 灞桥区 | 3A | 63 | *万寿八仙宫* | 碑林区 | |
| 45 | 灞桥生态湿地公园 | 灞桥区 | 3A | 64 | *环城公园* | 碑林区 | |
| 46 | 西安高陵奇石博物馆 | 高陵区 | 3A | 65 | *粉巷* | 碑林区 | |
| 47 | 西安高陵场畔农耕文化生态观光产业园 | 高陵区 | 3A | 66 | *西北大学* | 碑林区 | |
| 48 | 临潼区博物馆 | 临潼区 | 3A | 67 | *骡马市步行街* | 碑林区 | |
| 49 | 西安贾平凹文化艺术馆 | 临潼区 | 3A | 68 | *长乐公园* | 碑林区 | |
| 50 | 西咸沣东沣河生态景区 | 西咸新区 | 3A | 69 | *钟楼* | 碑林区 | |
| 51 | **秦岭九龙潭景区** | 长安区 | 2A | 70 | *西安清真大寺* | 碑林区 | |

续表

| 序号 | 名称 | 位置 | 级别 | 序号 | 名称 | 位置 | 级别 |
|---|---|---|---|---|---|---|---|
| 71 | *卧龙寺* | 碑林区 | | 86 | *王家大院* | 临潼区 | |
| 72 | *西安事变纪念馆* | 碑林区 | | 87 | *蛟峪二郎山风景区* | 长安区 | |
| 73 | *曲江池遗址公园* | 雁塔区 | | 88 | *香积寺* | 长安区 | |
| 74 | *长安大学* | 雁塔区 | | 89 | *华严寺* | 长安区 | |
| 75 | *大唐不夜城* | 雁塔区 | | 90 | *小五台* | 长安区 | |
| 76 | *曲江寒窑遗址公园* | 雁塔区 | | 91 | *南五台* | 长安区 | |
| 77 | *唐城墙遗址公园* | 雁塔区 | | 92 | *古观音禅寺* | 长安区 | |
| 78 | *陕西师范大学* | 雁塔区 | | 93 | *兴教寺* | 长安区 | |
| 79 | *西安电子科技大学* | 雁塔区 | | 94 | *永兴坊* | 新城区 | |
| 80 | *莲湖公园* | 莲湖区 | | 95 | *大华 1935* | 新城区 | |
| 81 | *清真西寺* | 莲湖区 | | 96 | *东城清真寺* | 新城区 | |
| 82 | *都城隍庙* | 莲湖区 | | 97 | *秦皇大剧院* | 临潼区 | |
| 83 | *五星街教堂* | 莲湖区 | | 98 | *汉阳陵* | 西咸新区 | |
| 84 | *回民街* | 莲湖区 | | 99 | *半坡国际艺术区* | 灞桥区 | |
| 85 | *鼓楼* | 莲湖区 | | 100 | *栎阳城遗址* | 阎良区 | |

注：粗体文字表示A级旅游景点与游客到访景点中重合的景点，共24个；正常字体表示A级旅游景点与游客到访景点中不重合的景点，共32个；斜体文字表示游客到访景点与A级旅游景点中不重合的景点，共44个。

### (二)数据测度方法

1.标准差椭圆法

标准差椭圆法(SDE)的主要作用是体现节点在空间上呈现的整体轮廓和分布方向，它能够较为精确地反映各类地理要素在空间上的分布特征(汪秋菊 等，2017)。分别利用ArcGIS(地理信息系统)软件的平均中心、标准距离及方向分布(标准差椭圆)模块，分析西安市A级旅游景点和游客实际到访景点的平均中心位置及景点的分布方向。

平均中心是研究区域中所有要素的平均 $x$ 坐标、$y$ 坐标和 $z$ 坐标（如果可用），适用于追踪分布变化以及比较不同类型要素的分布。平均中心的计算公式如下：

$$\bar{X}=\frac{\sum_{i=1}^{n} x_i}{n}, \bar{Y}=\frac{\sum_{i=1}^{n} y_i}{n} \tag{1}$$

式中，$\bar{X}$和$\bar{Y}$表示要素的平均中心；$x_i$和 $y_i$是要素 $i$ 的坐标；$n$ 为要素总数。

标准距离可提供有关中心周围要素分布的单一汇总度量值，类似于通过标准差测量统计平均值周围数值的分布，ArcGIS 的标准距离工具可为每个案例创建包含以平均值为中心的圆面的新要素类，在绘制每个圆面时使用的半径表示标准距离，这个半径表示标准值的圆面或球体反映的一组要素的紧密度。标准距离的计算方法如下：

$$S=\sqrt{\frac{\sum_{i=1}^{n}\left(x_i-\bar{X}\right)^2}{n}+\frac{\sum_{i=1}^{n}\left(y_i-\bar{Y}\right)^2}{n}+\frac{\sum_{i=1}^{n}\left(z_i-\bar{Z}\right)^2}{n}} \tag{2}$$

式中，$S$ 表示标准距离；$x_i$、$y_i$、$z_i$为要素 $i$ 的坐标；$\bar{X}$、$\bar{Y}$、$\bar{Z}$ 表示要素的平均中心；$n$ 为要素总数。

方向分布可用标准差椭圆或椭圆体来汇总地理要素的空间特征，它可以识别一组点数据的方向及分布趋势。测量一组点或区域趋势的一种常用方法是分别计算 $x$ 和 $y$ 方向上的标准距离，这两个测量值可用于定义一个包含所有要素分布的椭圆的轴线。由于该方法是以平均中心作为起点对 $x$ 坐标和 $y$ 坐标的标准差进行计算，从而定义椭圆的轴，因此该椭圆被称为标准差椭圆。利用该椭圆可以查看要素的分布是否是狭长的，并因此具有特定方向。标准差椭圆的计算公式如下：

$$E_x=\sqrt{\frac{\sum_{i=1}^{n}\left(x_i-\bar{X}\right)^2}{n}}, E_y=\sqrt{\frac{\sum_{i=1}^{n}\left(y_i-\bar{Y}\right)^2}{n}} \tag{3}$$

式中，$E_x$和$E_y$表示 $x$ 坐标和 $y$ 坐标的标准差；$x_i$和 $y_i$是要素 $i$ 的坐标；$\bar{X}$ 和$\bar{Y}$表示要素的平均中心；$n$ 为要素总数。

2. 最近邻指数

最近邻指数可以刻画要素分布的集聚、随机或分散的状态(廖嘉妍 等,2020),是一种表示点状地理要素在空间上相互邻近程度的地理指标(景壮壮 等,2021)。其计算公式如下:

$$R=\frac{d_0}{d}, \quad d=\frac{1}{2}\sqrt{\frac{A}{n}} \tag{4}$$

式中,$R$ 为最近邻指数,反映点状事物的空间分布状况,$R=1$ 时表示点状事物呈随机分布,$R>1$ 时表示点状事物呈均匀分布,$R<1$ 时表示点状事物呈集聚分布;$d_0$ 为点状事物之间的平均距离,即每一点与其最近点之间的距离相加后除以 $n$ 的值;$d$ 为理论最近距离;$A$ 为研究区域的面积;$n$ 为点状事物的个数。

3. 洛伦兹曲线

引入洛伦兹曲线测度西安市 A 级景点和游客实际到访景点的集中分布情况,通过洛伦兹曲线的弯曲程度分析两者的均衡情况,即洛伦兹曲线越接近均匀分布线,该地理要素在研究区域中分布越均匀(赵乐 等,2010)。假设曲线下方面积为 $A_1$,三角形面积为 $R_1$,正方形面积为 $M$,则构造集中化指数 $I$ 如下:

$$I=\frac{A_1-R_1}{M-R_1} \tag{5}$$

式中,$I$ 的取值区间为$[0, 1]$,$I$ 值越大,就说明数据分布的集中化程度越高;反之,$I$ 值越小,说明数据分布的集中化程度越低。

4. 核密度估计

核密度估计(kernel density estimation, KDE)的基本原理是以样点为中心,通过核函数计算出样点在指定半径范围内对栅格单元中心点密度的贡献值。从概念上来说,每个点上方均覆盖着一个平滑曲面,在点所在位置处表面值最高,随着与点的距离的增大表面值逐渐减小,在与点的距离等于搜索半径的距离时表面值为零,搜索半径参数值越大,生成的密度栅格越平滑且概化程度越高;值越小,生成的密度栅格所显示的信息越详细。公式(6)定义如何计算点的核密度以及在核密度公式中如何确定默认搜索半径。$(x, y)$位置的预测密度也由公式(6)确定。

$$D=\frac{1}{r^2}\sum_{i=1}^{n}\left[\frac{3}{\pi}\times p_i\times\left(1-\left(\frac{d_i}{r}\right)^2\right)^2\right]$$
$$\text{for}(d_i<r) \tag{6}$$

式中，$D$ 是预测密度；$i=1,2,\cdots\cdots$；$n$ 是输入点，如果它们位于$(x, y)$位置的半径$(r)$距离内，则仅包括总和中的点；$p_i$是 $i$ 点的总体字段值，它是一个可选参数；$d_i$是点 $i$ 和$(x, y)$位置之间的距离。

用于确定默认搜索半径（也称为宽带）的算法如下所示：

$$R_2 = 0.9 \times \min\left(S, \sqrt{\frac{1}{\ln(2)}} \times D_m\right) \times n^{-0.2} \tag{7}$$

式中，$R_2$ 是默认搜索半径；$D_m$是平均中心的中值距离；$n$ 是没有使用总体字段的点数，如果提供了总体字段，则 $n$ 是总体字段值的综合；$S$ 是标准距离。

## 二、景点的城区分布结构

### （一）A 级旅游景点的城区分布结构

西安市旅游景点等级表现为“少—多—少”交错排列的格局，5A 级和 2A 级旅游景点的数量较少，4A 级和 3A 级旅游景点的数量较多。其中 5A 级景点 3 个，4A 级景点 20 个，3A 级景点 27 个，2A 级景点 6 个。56 个A 级景点分布在新城、碑林、莲湖、雁塔、未央、灞桥、阎良、临潼、长安、高陵、鄠邑等11 个区以及西咸新区。从城区分布上来看，各等级景点分布较分散，高等级（5A）和低等级（2A）景点分布的区域少，中等级（4A 和 3A）景点分布的区域多。具体而言，长安区 A 级景点数量最多，共 12 个，其他依次为雁塔区 9 个，鄠邑区 8 个，灞桥区和临潼区各 6 个，未央区 4 个，碑林区、高陵区、莲湖区、西咸新区各 2 个，新城区、阎良区、碑林区/莲湖区各 1 个，其中西安城墙景区坐落在碑林区/莲湖区，为了空间定位和避免重复统计，在统计分析A 级景点空间分布时归于碑林区。由此可知，长安区、雁塔区和鄠邑区的A 级旅游景点的数量较多，3 个区的 A 级景点数量之和占西安市 A 级景点总数的 50％以上，灞桥区、临潼区、未央区的 A 级旅游景点数量居中，其余城区的 A 级旅游景点数量较少。从 A 级景点的等级分布来看，5A 级景点仅仅分布在临潼区（2 个）和雁塔区（1 个），4A 级景点除了新城区、阎良区、高陵区 3 个城区以外，在其他9 个区均有分布，其中，碑林区、雁塔区、长安区、未央区、鄠邑区各3 个，灞桥区2 个，莲湖区、临潼区、西咸新区各 1 个。

3A 级景点除了碑林区以外，其他11 个城区均有分布，其中，长安区 6 个，雁塔区、灞桥区、鄠邑区均为4 个，临潼区和高陵区均为 2 个，莲湖区、新城区、未央区、阎良区、西咸新区均为1 个。2A 级景点仅分布在长安区、雁塔区、临潼区、鄠邑区，其中，长安区3 个，其他 3 个城区各 1 个。基于政府导向的 A 级景点供给角度，从城区分布和等级分布来看，景点资源丰富且质量高的是雁塔区、临潼区；其次是长安区、鄠邑区；第三是灞桥区、未央区、碑林区；第四是莲湖区、西咸新区、高陵区。而新城区、阎良区无论在景点数量还是在质量等级上都处于最劣势。西安市 A 级景点的城区分布在资源丰富度和质量等级上总体呈现空间不均衡分布的态势。

### (二)游客到访景点的城区分布结构

外地游客实际到访西安市区的景点共 68 个，除了高陵区以外，新城、碑林、莲湖、雁塔、未央、灞桥、阎良、临潼、长安、鄠邑及西咸新区 11 个区均有分布。游客实际到访景点属于 A 级景点的为 24 个，剩余的 44 个到访景点均不属于 A 级景点，所有 5A 级景点和绝大部分 4A 级景点以及少部分 3A 级、2A 级景点是游客选择的到访景点，游客选择的 A 级景点覆盖度与城区的区位关联性不大，与景点等级关联性较大，即等级越高的景点，游客到访的可能性越大。在城区分布上，碑林区 19 个，雁塔区 14 个，长安区 10 个，莲湖区8 个，临潼区 5 个，灞桥区 4 个，新城区 3 个，未央区 2 个，阎良区、鄠邑区及西咸新区各 1 个。碑林区、雁塔区、长安区 3 个城区的景点数量之和接近游客总到访景点数量的 2/3，游客到访景点数量相对较多。莲湖区、临潼区、灞桥区 3 个城区的景点数量居中，其他各区景点数量较少。

总体来看，游客到访的景点主要位于或靠近市中心的雁塔区和碑林区，其他外围城区如阎良区、鄠邑区等游客到访的景点数量较少，在空间分布上总体显现出中心密集、外围分散的趋势。

### (三)城区分布统计比较

西安市各城区 A 级景点和游客实际到访景点数量对比详见图 3－1。

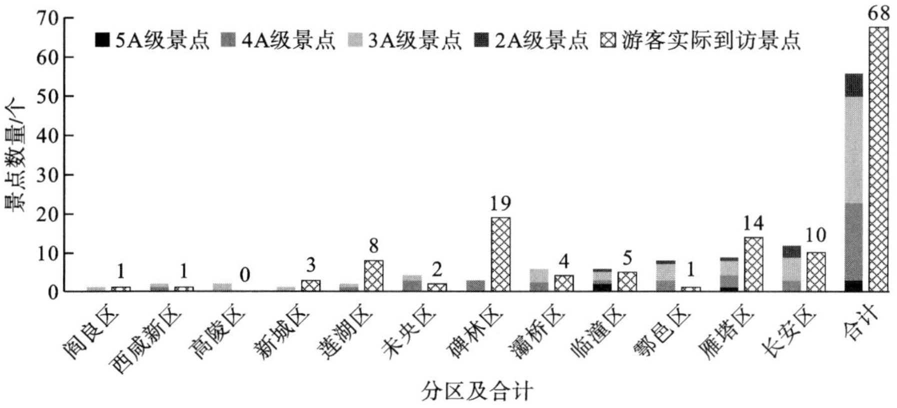


**图 3-1　西安市各城区 A 级景点和游客实际到访景点数量对比**

从图 3-1 得知，新城区、莲湖区、碑林区、雁塔区这 4 个中心区游客实际到访的景点数量均大于 A 级景点分布数量，尤其是碑林区、莲湖区、雁塔区的游客到访的景点数量远远超过 A 级景点分布数量，其中，游客除了到访碑林区的 3 个 4A级景点以外，还到访了另外 16 个非 A 级景点。莲湖区的 2 个 A 级景点是游客到访的目的地，游客还到访了另外 6 个非 A 级景点。而在雁塔区，游客到访了 9 个 A 级景点中的 7 个景点，且越高等级的景点游客越有可能到访，还到访了 7 个非 A 级景点。新城区的唯一 1 个 3A 级景点游客没有到访，而是选择了另外3 个非 A 级景点作为实际到访的目的地。换言之，游客在中心城区实际到访的景点涵盖了大部分 A 级景点，但远不止于 A 级景点。相反，在除阎良区外的其他城区，游客实际到访的景点数量小于 A 级景点的数量。

通过以上对比发现，不论是在中心城区还是外围城区，A 级景点的数量和游客到访的景点数量之间均有差异，这直接反映出景点供需之间存在空间错位。尤其是在碑林区，游客到访的景点数量明显大于 A 级景点数量，说明 A 级景点和游客到访景点在数量和空间上均存在严重的不匹配。在新城区表现出游客到访 A 级景点的数量为零，而选择了其他非 A 级景点的结果，这也凸显出供需之间的矛盾。

## 三、平均中心、标准距离及方向分布特征

根据本节公式(1)—(4)测算发现：西安市 A 级景点和游客实际到访景点的平均中心均位于雁塔区，相对而言，A 级景点的平均中心与游客实际到访

景点的平均中心相比偏南偏西；A级景点标准距离的直径和面积均大于游客实际到访景点，A级景点标准距离的直径约为50千米，标准距离的面积约为1 917平方千米，游客实际到访景点标准距离的直径约为30千米，标准距离的面积约为714平方千米，A级景点的分布范围更广；A级景点和游客实际到访景点的分布方向均为“东北—西南”方向，A级景点分布的标准差椭圆更大，A级景点标准差椭圆的长轴约为62千米，短轴约为28千米，标准差椭圆面积约为1 309平方千米，而游客实际到访景点标准差椭圆的长轴约为40千米，短轴约为19千米，标准差椭圆面积约为560平方千米，A级景点标准差椭圆的扁率大于游客实际到访景点，说明A级景点“东北—西南”分布的方向性更明显，同时，A级景点的短轴明显大于游客实际到访景点的短轴，说明A级景点空间分布的离散程度大于游客实际到访景点。

由此可见：A级景点和游客实际到访景点的空间中心位置均位于雁塔区；尽管A级景点的数量少于游客实际到访景点的数量，但A级景点的空间分布范围更广、更发散，游客实际到访景点的空间分布更集中；A级景点和游客实际到访景点在空间分布方向上均呈“东北—西南”的格局，A级景点的“东北—西南”分布的方向性更为显著，但A级景点空间分布的离散程度大于游客实际到访景点。

## 四、景点空间分布集中程度

西安市A级景点和游客实际到访的景点在宏观上呈现点状分布的格局，可采用最近邻指数衡量西安市景点集聚程度，利用ArcGIS软件的平均最近邻指数分析模块，分别计算出西安市A级景点和游客实际到访景点的最近邻指数（最近邻比率），发现西安市A级景点的最近邻指数$R$为0.879，$z$（标准差）为$-1.738$，$p$值（概率）为0.082，游客实际到访景点的最近邻指数$R$为0.703，$z$为$-4.786$，$p$值为0.000，A级景点和游客实际到访景点的最近邻指数$R$均小于1，说明西安市A级景点和游客实际到访景点在空间分布上均呈现集聚的状态，二者的分布均为集聚型（见图3-2）。最近邻指数$R$越小，则集聚程度越大，说明游客实际到访景点的集聚程度高于A级景点。

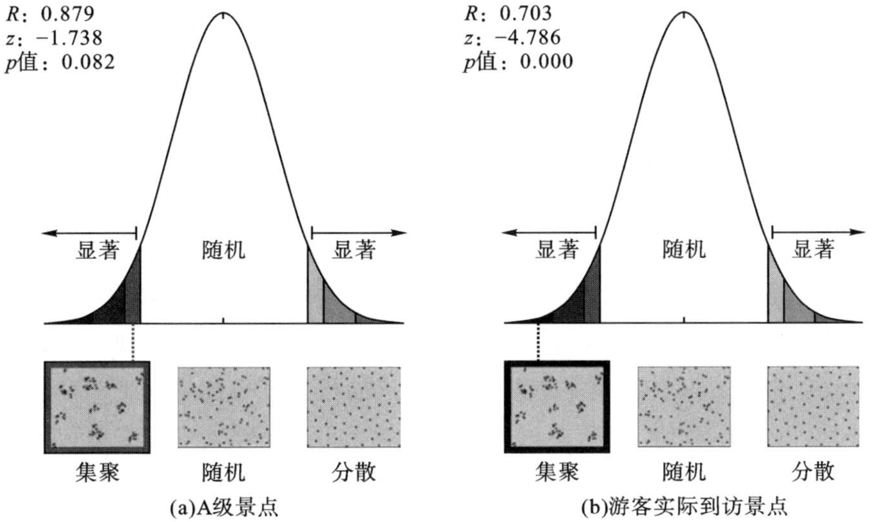


**图 3-2　西安市 A 级景点与游客实际到访景点最近邻指数**

根据本节公式(5)计算得出，西安市 A 级景点分布的集中化指数为 0.435，西安市游客实际到访景点分布的集中化指数为 0.611。可见，西安市游客实际到访景点分布的集中化程度明显高于 A 级景点分布的集中化程度(见图 3-3)。换言之，在空间布局上西安市 A 级景点分布比游客实际到访景点分布更趋于分散化。

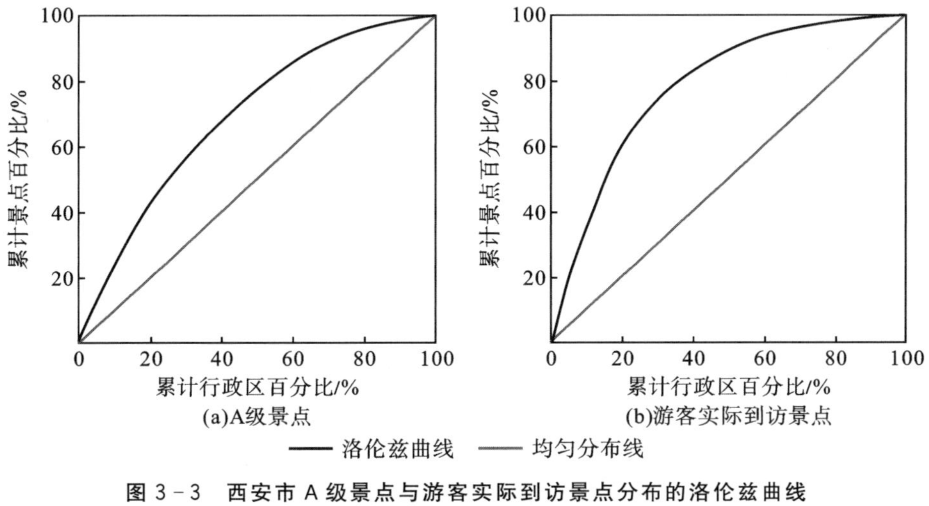


**图 3-3　西安市 A 级景点与游客实际到访景点分布的洛伦兹曲线**

## 五、景点核密度分布特征

根据核密度分析原理[本节公式(6),公式(7)],利用 ArcGIS 核密度分析模块,分别以 A 级景点和游客实际到访景点为输入点,不选择任何 $p$ 字段,以 100 米为输出像元大小,以 5000 米为搜索半径,分析得到西安市 A 级景点和游客实际到访景点的核密度图。

在 12 个城区范围内,A 级景点和游客实际到访景点均形成层次分明的核密度集聚区,但整体上均不连续,即形成若干个不同层次、相互独立的核密度集聚区。但二者又有明显的差异,A 级景点的核密度大体形成了三个层次的集聚区:以雁塔区、莲湖区、新城区及碑林区为中心,形成核密度集聚的最高点;分别在临潼区、长安区、灞桥区形成了核密度集聚的较高点;分别在西咸新区、鄠邑区、高陵区、阎良区及未央区形成了核密度集聚的较低点。而游客实际到访景点除了高陵区没有形成景点核密度外,其他区大体形成了两个层次的集聚区:以雁塔区、莲湖区、新城区及碑林区为中心,形成了核密度集聚的较高点,其余 7 个区形成了核密度集聚的较低点。总而言之,A 级景点在空间分布上呈现明显的景点强集聚中心,并伴有不同规模的景点弱集聚区的结构特征,而游客实际到访的景点在空间分布上则形成景点强集聚中心突出,其他景点集聚区明显弱化的结构特征。

基于上述分析,得出如下结论。

(1)2000—2018 年期间,西安市国内旅游收入、国际旅游外汇收入、旅游总收入、国内旅游人数、接待入境旅游人数等均有较大幅度增长,西安市旅游业取得较大进步,且发展势头良好。与此同时,西安市 GDP、人均 GDP、城市出租车数、城市每万人拥有公共交通车辆数、轨道交通长度、公路客运量、铁路客运量、民用航空客运量、旅行社从业人员数、星级饭店个数等均有不同程度的增长,为西安市旅游业的发展提供了良好的保障条件。但是这些保障条件与游客需求增长并不同步,相对滞后,旅游支撑设施的改进和建设有待进一步完善。

(2)作为政府导向的 A 级旅游景点空间分布范围广泛,遍布 11 个城区和西咸新区。高等级(5A)和低等级(2A)景点数量少且分布的区域少,而中等级(4A 和 3A)景点数量多且分布的区域多。在数量分布方面,A 级景点的空间分布最中心位置位于雁塔区，总体属于集聚型分布，以雁塔区、莲湖区、新城区和碑林区为集聚中心。A级景点在空间分布方向上呈“东北—西南”的格局。综合数量和质量来看，景点资源丰富且质量等级高的是雁塔区、临潼区，而新城区、阎良区处于最劣势，其余城区居中。

(3)游客实际到访景点的空间分布范围也比较广泛，除了高陵区外，遍布10个城区和西咸新区。游客一般会选择到访高等级景点，但容易忽略低等级景点。与A级景点一致的是，游客实际到访景点的空间分布最中心位置仍位于雁塔区，呈现集聚型分布，且以雁塔区、莲湖区、新城区及碑林区为集聚中心，在空间分布方向上也呈“东北—西南”的格局。

(4)游客实际到访景点与政府导向的A级景点之间存在错位现象，即供需并不完全匹配。游客实际到访的景点数量超过政府导向的A级景点数量，但在空间分布上，A级景点空间分布的离散程度反而大于游客实际到访景点，游客实际到访景点空间分布的集中化程度相比A级景点空间分布的集中化程度更为明显，主要体现在A级景点的4个集聚中心：雁塔区、莲湖区、新城区及碑林区，游客实际到访景点数量明显大于A级景点数量。

# 第四章 西安市景点交通可达性空间特征

可达性有助于了解景点的影响区域，是景点空间特征的一个重要方面(Uchiyama et al.,2016)，同时也是衡量交通便利程度和支撑游客出行的关键指标。景点交通可达性不仅影响游客的资源评估和目的地选择，也影响游客在目的地的空间流动路径。已有研究基本都是基于路网的空间距离和拓扑距离来测度旅游景点交通可达性，而缺失对于构成交通体系的另一重要因素——基于时间的不同交通方式下景点交通可达性差异的研究。相较于空间距离，基于时间距离的不同交通方式的可达性差异对人们的基本交通选择行为具有重要影响(Burns et al.,1976)，探讨城市内部不同交通方式景点交通可达性对于优化旅游交通、提升旅游出行满意度和旅游发展水平具有重要理论与实践价值。本章以西安市区外地游客实际到访的69个旅游景点为研究对象，基于百度智能出行服务大数据，综合运用GIS空间分析技术、可达性指数、景点出行方式可达性差异指数，系统分析采用常规公交、常规公交/地铁、小汽车三种不同交通方式出行的景点交通可达性及其方式和景点之间的差异，以期为旅游交通空间格局和方式优化提供理论依据。需要说明的是，5A级西安大雁塔-大唐芙蓉园景区的地理坐标为大雁塔、大唐芙蓉园两个不相邻的景点，因此游客到访景点在空间可达性分析中以69个景点为准。

## 第一节 基于百度实时出行的景点交通可达性测度

### 一、百度实时出行研究数据

本书所采用的矢量数据包括街道行政边界、西安市道路网络。其中道路网络数据采集自Open Street Map 2015年全球数据库，其余矢量数据均来自西安市规划局。为精确获取到达景点的通行时间，将每个景点作为起点(O)，其余68个景点作为终点(D)，基于百度地图自动匹配起点和终点的空间区位，通过百度地图API应用程序接口及其路径识别功能，自动获取起点至终点4 692条OD对的常规公交、常规公交/地铁和小汽车三种交通方式的各自出行时间，具体数据获取思路如图4-1所示。并以该方式连续抓取一周的数据，其中，工作日分别在早晚高峰和平峰各抓取一次，周末在8:00～18:00之间抓取一次，最终取平均值。4 692条OD对包括任意两个景点之间不同方式的往返出行时间，通过比对后发现往返所用时间略有不同，这也恰恰反映了相比利用路网计算通行时间的常规方法，百度地图API实时出行功能能够将道路通行速率、道路拥堵状况、道路障碍、步行时间等考虑进来，所获得的出行时间数据更为精确。考虑到西安市目前地铁线路覆盖景点的范围有限，不同交通方式的景点交通可达性测度中未考虑纯粹的地铁出行方式。

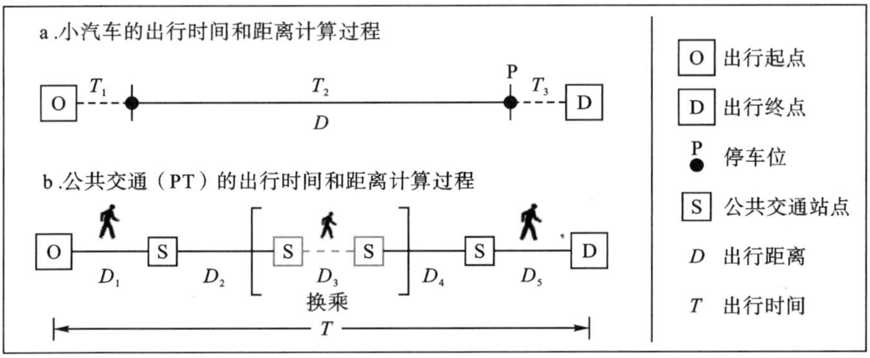


**图4-1　景点交通可达性数据获取思路**

## 二、可达性测度指标

### (一)基于不同交通方式的任意两个景点之间可达性

任意两个景点之间的可达性主要表征的是一个景点到达其他各景点的可达性，具体的计算公式分别为：

$$A_{ij}^{c} = \mathrm{Min}(M_{ij}\ T_{ij}^{c}) \tag{1}$$

$$A_{ij}^{p} = \mathrm{Min}(M_{ij}\ T_{ij}^{p}) \tag{2}$$

$$A_{ij}^{pm} = \mathrm{Min}(M_{ij}\ T_{ij}^{pm}) \tag{3}$$

式(1)、(2)、(3)中：$T_{ij}^{c}$、$T_{ij}^{p}$、$T_{ij}^{pm}$ 分别为区域内任意一景点 $i$ 使用小汽车、常

规公交、常规公交/地铁到除了 $i$ 景点以外的任意一景点 $j$ 的时间；$M_{ij}$ 是 $i$、$j$ 两个景点作用的权重，由于只研究旅游景点的可达性，可将权重统一设置为1；$A_{ij}^{c}$、$A_{ij}^{p}$、$A_{ij}^{pm}$ 分别为基于小汽车、常规公交、常规公交/地铁的 $i$、$j$ 任意两个景点交通可达性，取出行时间最小值。

### (二)基于不同交通方式的景点交通可达性

景点交通可达性主要表征的是任意一景点 $i$ 到达其他所有景点的可达性总和的平均值，具体的计算公式分别为：

$$A_{i}^{c}=\sum_{1}^{n}A_{ij}^{c}/n \tag{4}$$

$$A_{i}^{p}=\sum_{1}^{n}A_{ij}^{p}/n \tag{5}$$

$$A_{i}^{pm}=\sum_{1}^{n}A_{ij}^{pm}/n \tag{6}$$

式(4)、(5)、(6)中：$n$ 为除了 $i$ 点以外其他景点的数量，在本书中 $n=68$；$A_{ij}^{c}$、$A_{ij}^{p}$、$A_{ij}^{pm}$ 含义同上；$A_{i}^{c}$、$A_{i}^{p}$、$A_{i}^{pm}$ 分别为基于小汽车、常规公交、常规公交/地铁的 $i$ 景点交通可达性。

### (三)景点不同交通方式可达性差异

$$T_{G_{ij}^{pc}}=\frac{T_{ij}^{p}-T_{ij}^{c}}{T_{ij}^{p}+T_{ij}^{c}} \tag{7}$$

式中，$T_{G_{ij}^{pc}}$ 表示的是通过常规公交和小汽车从任意一景点 $i$ 出行到景点 $j$ 的时间差异，取值范围为从−1到1。若 $T_{G_{ij}^{pc}}=0$，表示常规公交出行时间和小汽车出行时间相等；若 $-1<T_{G_{ij}^{pc}}<0$，表示常规公交出行时间小于小汽车出行时间，常规公交出行更可达；若 $0<T_{G_{ij}^{pc}}<1$，表示常规公交出行时间大于小汽车出行时间，小汽车出行更可达。

$$M_{G_{ij}^{pc}}=\frac{\sum_{j=1}^{n}T_{G_{ij}^{pc}}}{n} \tag{8}$$

式中，$M_{G_{ij}^{pc}}$ 表示的是研究区域内出发景点 $i$ 的常规公交和小汽车出行方式可达性差异，取 $i$、$j$ 任意两个景点常规公交和小汽车可达性差异之和的平均值，取值范围也为从−1到1。

$$T_{G_{ij}^{pmc}}=\frac{T_{ij}^{pm}-T_{ij}^{c}}{T_{ij}^{pm}+T_{ij}^{c}} \tag{9}$$

式中，$T_{G_{ij}}^{pmc}$ 表示的是通过常规公交/地铁和小汽车从任意一景点 $i$ 出行到景点 $j$ 的时间差异，取值范围为从－1 到 1。若 $T_{G_{ij}}^{pmc}=0$，表示常规公交/地铁出行时间和小汽车出行时间相等；若 $-1<T_{G_{ij}}^{pmc}<0$，表示常规公交/地铁出行时间小于小汽车出行时间，常规公交/地铁出行更可达；若 $0<T_{G_{ij}}^{pmc}<1$，表示常规公交/地铁出行时间大于小汽车出行时间，小汽车出行更可达。

$$M_{G_{ij}}^{pmc}=\frac{\sum_{j=1}^{n}T_{G_{ij}}^{pmc}}{n} \tag{10}$$

式中，$M_{G_{ij}}^{pmc}$ 表示的是研究区域内出发景点 $i$ 的常规公交/地铁和小汽车出行方式可达性差异，取 $i$、$j$ 任意两个景点常规公交/地铁和小汽车可达性差异之和的平均值，取值范围也为从－1 到 1。

$$T_{G_{ij}}^{ppm}=\frac{T_{ij}^{p}-T_{ij}^{pm}}{T_{ij}^{p}+T_{ij}^{pm}} \tag{11}$$

式中，$T_{G_{ij}}^{ppm}$ 表示的是通过常规公交和常规公交/地铁从任意一景点 $i$ 出行到景点 $j$ 的时间差异，取值范围为从－1 到 1。若 $T_{G_{ij}}^{ppm}=0$，表示常规公交出行时间和常规公交/地铁出行时间相等；若 $-1<T_{G_{ij}}^{ppm}<0$，表示常规公交出行时间小于常规公交/地铁出行时间，常规公交出行更可达；若 $0<T_{G_{ij}}^{ppm}<1$，表示常规公交出行时间大于常规公交/地铁出行时间，常规公交/地铁出行更可达。

$$M_{G_{ij}}^{ppm}=\frac{\sum_{j=1}^{n}T_{G_{ij}}^{ppm}}{n} \tag{12}$$

式中，$M_{G_{ij}}^{ppm}$ 表示的是研究区域内出发景点 $i$ 的常规公交和常规公交/地铁出行方式可达性差异，取 $i$、$j$ 任意两个景点常规公交和常规公交/地铁可达性差异之和的平均值，取值范围也为从－1 到 1。

## 第二节　西安市景点不同交通方式可达性空间分布特征

### 一、景点小汽车出行可达性分布特征

景点小汽车出行可达时间分布在 28.74～105.41 分钟，30 分钟以内的可达性形成一个等级，30 分钟以上的按照 15 分钟的时间间隔，总共划分为 7 个

等级的时间段，分别计算这 7 个时间段中景点的分布频率和累计频率，结果如图4－2所示。

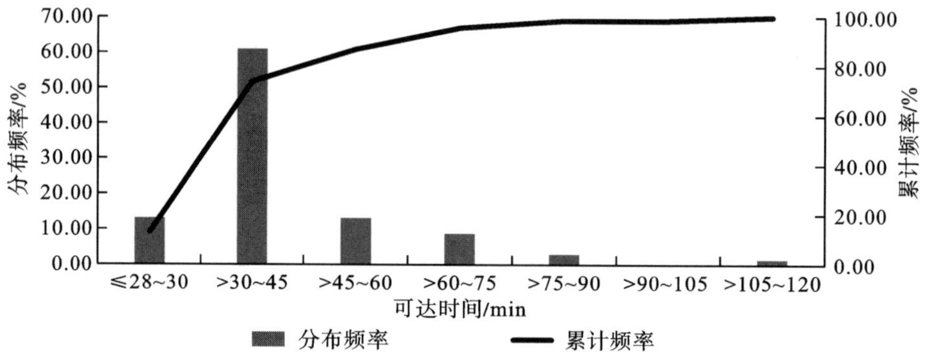


**图 4－2　旅游景点小汽车可达性分析图**

分布频率呈现倒 U 形的分布结构，随时间的增长先上升再下降。小汽车出行可达时间在 28.74～30.00、30.01～45.00、45.01～60.00、60.01～75.00、75.01～90.00、90.01～105.00、105.01～120.00 分钟 7 个时间段的景点数量分别为 9 个、42 个、9 个、6 个、2 个、0 个、1 个，占比分别为 13.04％、60.87％、13.04％、8.70％、2.90％、0％、1.45％。从各个时间段中景点的分布频率来看，以 30.01～45.00 分钟时间段的景点分布数量最广泛，占景点总数量的 60.87％，远远超过其他时间段的景点数量；其次为 45.01～60.00 和 28.74～30.00 分钟时间段的，均占景点总数量的 13.04％，这两个时间段的景点数量相同；景点小汽车出行可达性相对差的景点分布较少，可达时间 105 分钟以上的景点所占的比例仅有1.45％，而 90.01～105.00 分钟时间段的景点比例为 0；60.01～75.00 和75.01～90.00 分钟时间段的景点占比相对较小。

在累计频率中，小汽车出行可达时间 90 分钟以内的景点数量先呈现上升趋势，之后趋于水平，说明小汽车出行可达时间基本在 90 分钟以内，即从研究区域内任意一景点到其他景点的平均时间基本在 90 分钟以内。88.41％的景点的小汽车出行可达时间在 60 分钟以内，小汽车出行可达时间在 60 分钟以内的景点数量累计频率急剧上升，60 分钟之后缓慢上升。

景点的小汽车出行可达性分布存在差异，小汽车平均可达时间总体呈现明显的由中心景点向外围景点渐长的圈层结构。从小汽车出行可达性的城区分布来看,可达时间在 28.74～30.00 分钟的有 9 个景点,6 个位于碑林区,3 个位于雁塔区;可达时间在 30.01～45.00 分钟的景点有 42 个,14 个位于碑林区,13 个位于雁塔区,7 个位于莲湖区,新城区、灞桥区、长安区、未央区各有 2 个;可达时间在 45.01～60.00 分钟的景点有 9 个,3 个位于长安区,2 个位于灞桥区,3 个位于临潼区,1 个位于西咸新区;可达时间在 60.01～75.00 分钟的景点有 6 个,4 个位于长安区,2 个位于临潼区;可达时间在75.01～90.00分钟的景点有 2 个,1 个位于长安区,1 个位于阎良区;可达时间 105.01～120.00 分钟的景点有 1 个,位于鄠邑区。小汽车可达性最好的景点有唐乐宫剧院、环城公园、兴庆宫公园、曲江海洋极地公园、钟楼、西安交通大学、长乐公园、曲江寒窑遗址公园、陕西历史博物馆,小汽车可达性明显较差的景点是太平国家森林公园、栎阳城遗址、秦岭九龙潭。从城区来看景点小汽车可达性的变化,碑林区、雁塔区、新城区、莲湖区、未央区、灞桥区、西咸新区、长安区、临潼区、阎良区和鄠邑区 11 个城区的景点小汽车可达时间平均值由低到高分别为 31.3765、32.8441、34.1780、35.8073、42.1516、44.9466、58.0680、58.7814、60.9229、89.4223、105.4146分钟,景点小汽车出行可达性总体较好的城区包括碑林区、雁塔区、新城区、莲湖区,可达性水平总体较差的位于鄠邑区、阎良区,而未央区、灞桥区、西咸新区、长安区、临潼区的景点交通可达性水平居中。由以上可以看出,一方面,小汽车短时可达的景点居多,主要是和景点的位置及其聚集分布以及路网布局紧密相关;另一方面,中心地区的路网布局集中、密度大,景点数量较多,景点的小汽车可达性相对较好,而边远地区的路网稀疏、景点分布稀少,景点的小汽车可达性则相对较差。

## 二、景点常规公交出行可达性分布特征

景点常规公交出行可达时间分布在 60.40～261.29 分钟,按照 15 分钟的时间间隔,且 150 分钟以上的形成一个可达性等级,景点常规公交出行可达性共划分为 7 个等级的时间段,分别计算这 7 个时间段中景点的分布频率和累计频率,结果如图 4-3 所示。

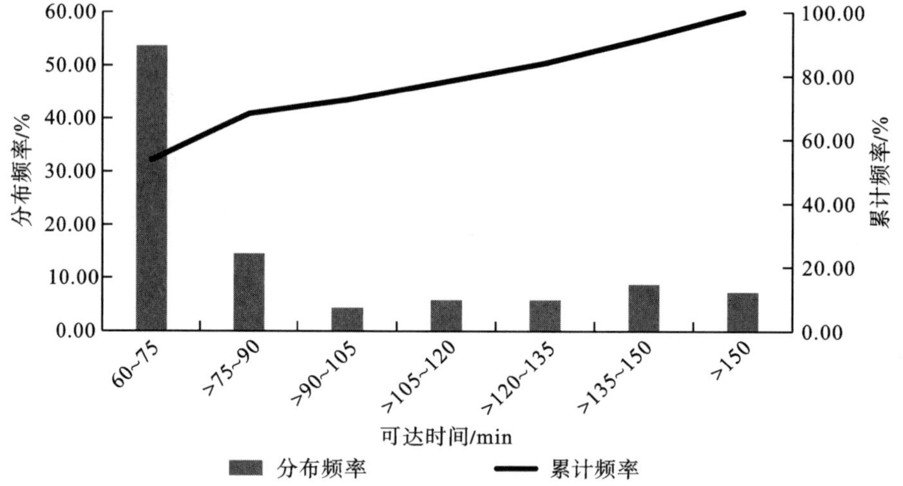


**图 4-3　旅游景点常规公交可达性分析图**

常规公交出行可达时间在 60.40～75.00、75.01～90.00、90.01～105.00、105.01～120.00、120.01～135.00、135.01～150.00、150.01～261.29分钟 7 个时段的景点数量分别为 37 个、10 个、3 个、4 个、4 个、6 个、5 个，占比分别为 53.62%、14.49%、4.35%、5.80%、5.80%、8.70%、7.25%。从各个时间段中景点的分布频率来看，以 60.40～75.00 分钟时间段的景点分布最多，首位度比较明显，占总景点数量的 53.62%，远远超过其他时间段的景点数量；其次为 75.01～90.00 分钟间时段的，占总景点数量的 14.49%；90.01～105.00 分钟时间段景点最少，占总景点数量的 4.35%。分布频率总体呈现急剧下降后小幅平缓上升的趋势，下降幅度大于上升幅度。从累计频率来看，常规公交出行可达时间在 90 分钟以内的景点数量累计频率上升幅度大于 90 分钟以上。

从景点常规公交出行可达性的城区分布来看，60.40～75.00 分钟的有 37 个景点，20 个位于碑林区，10 个位于雁塔区，6 个位于莲湖区，1 个位于新城区；可达时间在 75.01～90.00 分钟的景点有 10 个，灞桥区、莲湖区和新城区各 1 个，2 个位于未央区，5 个位于雁塔区；可达时间在 90.01～105.00 分钟的景点有3 个，灞桥区、雁塔区、长安区各 1 个；可达时间在 105.01～120.00 分钟的景点有 4 个，长安区和灞桥区各 2 个；可达时间在 120.01～135.00 分钟的景点有 4 个，1 个位于临潼区，3 个位于长安区；可达时间在 135.01～

150.00分钟的景点有6个,4个位于临潼区,阎良区和长安区各1个;可达时间在150.01～261.29分钟的景点有5个,3个位于长安区,西咸新区和鄠邑区各1个。常规公交可达性较好的景点有唐乐宫剧院、大雁塔、钟楼、西安博物院、陕西历史博物馆、回民街、城墙、兴庆宫公园、粉巷、长安大学、骡马市步行街、环城公园、湘子庙、五星街教堂、西安事变纪念馆、鼓楼、西安清真大寺、卧龙寺、西安交通大学、西北大学、高培支旧居、永兴坊、陕西师范大学、书院门、大兴善寺、都城隍庙、青龙寺、大唐不夜城、陕西自然博物馆、碑林、清真西寺、大唐西市、东城清真寺、大唐芙蓉园、西安电子科技大学、长乐公园、万寿八仙宫,可达时间在75分钟以内。常规公交可达性较差的景点是太平国家森林公园、南五台,可达时间在200分钟以上,翠华山、汉阳陵、小五台的可达性明显较差,可达时间在150～200分钟之间。

从城区景点常规公交出行可达性分布变化来看,碑林区、莲湖区、雁塔区、新城区、未央区、灞桥区、长安区、临潼区、阎良区、西咸新区和鄠邑区11个城区的景点常规公交可达时间平均值由低到高分别为66.8550、69.5038、74.0971、74.4873、86.3641、105.1842、132.6882、139.5570、140.4190、172.3019、231.1354分钟。碑林区、莲湖区、雁塔区、新城区的景点公交可达性总体水平相对较好,公交平均可达时间在75分钟以内。鄠邑区、西咸新区的景点公交可达性平均值较高,在150分钟以上,可达性水平相对较差。而阎良区、临潼区、长安区、灞桥区、未央区的公交可达性居于二者之间,各城区可达性平均值的差距,边缘区比核心区更为明显。

从景点常规公交出行可达性可以看出,一方面,可达性接近且较好的景点较多,公交可达景点的分布格局具有明显的交通指向性,公交线路分布越密集的地区,景点的公交可达性越好,反之则越差。此外,可达性与景点的密集分布以及区位相关,景点密集的地方其可达性接近,反之可达性差距较大。这也正好解释了中心城区的景点交通可达性比较好且差距小的原因。另一方面,常规公交可达性分布和小汽车可达性分布一样,总体呈现由中心景点向外围景点减弱的圈层结构,常规公交出行时间由中心向边缘依次渐增。

## 三、景点常规公交/地铁出行可达性分布特征

景点常规公交/地铁出行可达性在空间上总体呈现越偏离中心趋向边缘

的城区，景点常规公交/地铁出行可达性越差的特征。景点常规公交/地铁出行可达性的分布和公交线路与轨道交通分布及景点的密集程度密切相关，公交线路和轨道交通越密集的地方，景点越密集，景点的常规公交/地铁出行可达性越好，反之，景点的常规公交/地铁出行可达性越差。

景点常规公交/地铁出行可达时间分布在 53.50～246.99 分钟，按照 15 分钟的时间间隔，且 60 分钟以内和 150 分钟以上各形成一个可达性等级，景点常规公交/地铁出行可达性共划分为 8 个等级的时间段，分别计算这 8 个时间段中景点的分布频率和累计频率，结果如图 4－4 所示。

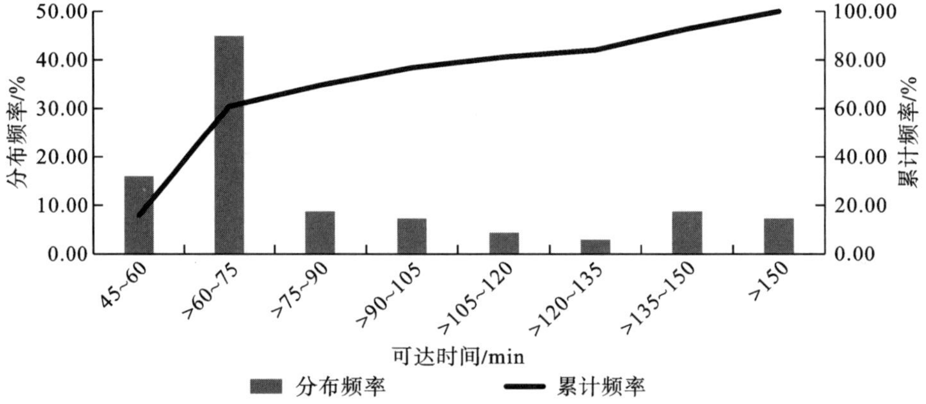


图 4－4　旅游景点常规公交/地铁可达性分析图

常规公交/地铁出行可达时间在 53.50～60.00、60.01～75.00、75.01～90.00、90.01～105.00、105.01～120.00、120.01～135.00、135.01～150.00、150.01～246.99 分钟 8 个时段的景点数量分别为 11 个、31 个、6 个、5 个、3 个、2 个、6 个、5 个，占比分别为 15.94％、44.93％、8.70％、7.25％、4.35％、2.90％、8.70％、7.25％。从各个时间段中景点的分布频率来看，以 60.01～75.00 分钟时间段的景点分布数量最多，占总景点数量的 44.93％；其次为 53.50～60.00分钟时间段的，占总景点数量的 15.94％；以 120.01～135.00 分钟时间段的景点分布数量最少，占总景点数量的 2.90％，其他时间段的景点分布数量较少。从图 4－4 来看，分布频率呈现倒 U 形趋势，随时间的增长先上升再下降，上升幅度小于下降幅度，下降过程中有小幅上升波动。从累计频率来看，常规公交/地铁出行可达时间在 75 分钟以内的景点数量占 60.87％，75 分钟以内的呈现急剧上升，之后趋于平稳缓慢上升。

从景点常规公交/地铁出行可达性的城区分布来看，可达时间在 53.50～60.00 分钟的景点有 11 个，5 个位于碑林区，4 个位于雁塔区，2 个位于莲湖区；可达时间在 60.01～75.00 分钟的景点有 31 个，15 个位于碑林区，8 个位于雁塔区，5 个位于莲湖区，2 个位于新城区，1 个位于灞桥区；可达时间在 75.01～90.00分钟的景点有 6 个，3 个位于雁塔区，2 个位于未央区，1 个位于长安区；可达时间在 90.01～105.00 分钟的景点有 5 个，2 个各位于灞桥区、长安区，1 个位于雁塔区；可达时间在105.01～120.00分钟的景点有 3 个，灞桥区、长安区、临潼区各 1 个；可达时间在120.01～135.00 分钟的景点有2 个，位于长安区；可达时间在 135.01～150.00 分钟的景点有 6 个，4 个位于临潼区，阎良区和长安区各 1 个；可达时间在 150.01～246.99 分钟的景点有 5 个，长安区 3 个，鄠邑区和西咸新区各 1 个。常规公交/地铁出行可达性较好的景点有大雁塔、钟楼、长安大学、唐乐宫剧院、回民街、西安博物院、城墙、西安交通大学、陕西历史博物馆、鼓楼、大兴善寺，可达时间均在60 分钟以内，反映出中心城区的这些景点周边的常规公交/地铁的交通配置相对比较完善，常规公交/地铁出行比较方便。常规公交/地铁可达性较差的景点是南五台、太平国家森林公园，可达时间在 200 分钟以上，翠华山、小五台、汉阳陵的可达性明显较差。

从城区景点常规公交/地铁出行可达性分布变化来看，碑林区、莲湖区、新城区、雁塔区、未央区、灞桥区、长安区、临潼区、阎良区、西咸新区和鄠邑区 11 个城区的景点常规公交/地铁可达时间平均值由低到高分别为 62.0698、64.4008、66.7748、67.1126、76.3674、92.5267、137.3901、137.8951、140.4190、152.9831、225.9499 分钟，碑林区、莲湖区、新城区、雁塔区的景点常规公交/地铁出行可达性水平较好，常规公交/地铁平均可达时间在 70 分钟以内，鄠邑区和西咸新区的景点常规公交/地铁可达性水平较差，常规公交/地铁平均可达时间在 150 分钟以上，其中，鄠邑区的景点常规公交/地铁可达性尤其差。

# 第三节 西安市景点不同交通方式可达性差异

## 一、常规公交和小汽车可达性差异

从中心城区景点选择常规公交和小汽车出行前往其他景点的可达性差异不大，而在外围和边缘区景点选择常规公交和小汽车出行前往其他景点的可达性差异明显。因此，在中心城区景点可考虑使用公共交通出行，而在外围和边缘区景点倾向使用小汽车出行。从景点分布上来看，中心和边缘城区可达性差异相似的景点，与景点所在区域的路网和公交布局及其密度、景点分布密度密切相关。

如图 4－5 所示，$M_{G_{ij}^{pc}}$ 值在 0 到 1 之间，说明从西安市区任意一个景点去往其他景点的常规公交出行时间均大于小汽车出行时间，小汽车出行更可达。计算景点 $M_{G_{ij}^{pc}}$ 值在空间上的分布频率和累计频率，从各 $M_{G_{ij}^{pc}}$ 值在空间上的分布频率来看，以＞0.35～0.40 数值区间分布最广泛，占总景点的 47.17%。其次为＞0.30～0.35，占总景点的 20.00%。小汽车和常规公交可达性差异偏大和偏小的景点所占比例较小，最大差异＞0.55～0.60 以及＞0.50～0.55 数值区间的景点所占的比例均为 1.43%，最小差异＞0.20～0.25数值区间的景点所占的比例为 4.29%。97.14%的景点 $M_{G_{ij}^{pc}}$ 值在 0.5 以内，小汽车和常规公交可达性差异较为显著的景点数量较多，而可达性差异显著和不太显著的景点数量较少。从图 4－5 来看，分布频率呈现倒 U 形，随可达性差值的增大先上升再下降，上升幅度小于下降幅度。$M_{G_{ij}^{pc}}$ 值在空间上的分布存在明显的差异，呈现中心城区景点的 $M_{G_{ij}^{pc}}$ 值普遍较小，分布在莲湖区、新城区、碑林区、雁塔区、未央区，而边缘区的 $M_{G_{ij}^{pc}}$ 值较大，分布在鄠邑区、长安区、灞桥区、临潼区以及西咸新区，西安市区的东南部景点 $M_{G_{ij}^{pc}}$ 相对较大。

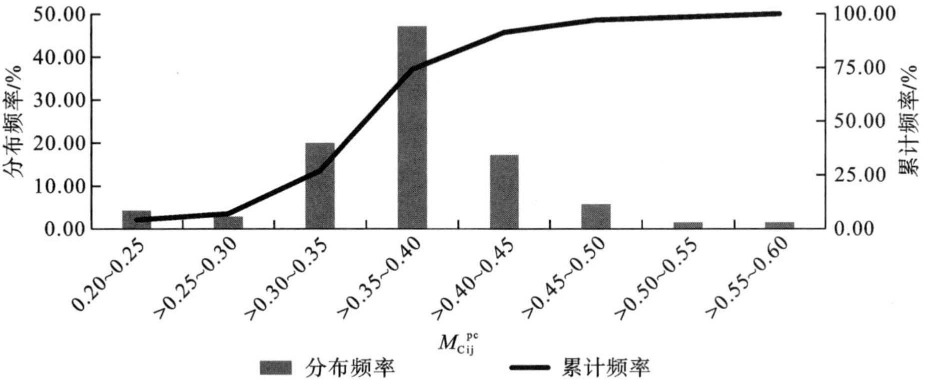


图 4-5 旅游景点常规公交和小汽车可达性差异分析图

## 二、常规公交/地铁和小汽车可达性差异

在中心城区景点选择常规公交/地铁和小汽车出行前往其他景点的可达性差异不明显，而在外围和边缘区景点选择常规公交/地铁和小汽车出行前往其他景点的可达性差异明显。因此，在中心城区景点除了考虑上述的常规公交出行以外，还可考虑使用常规公交/地铁出行，而在外围和边缘区景点倾向使用更为便利的小汽车出行。

如图 4-6 所示，$M_{G_{ij}}^{pmc}$ 值在 0 到 1 之间，说明从西安市区任意一个景点去往其他景点的常规公交/地铁出行时间均大于小汽车出行时间，小汽车出行更可达。计算景点 $M_{G_{ij}}^{pmc}$ 值在空间上的分布频率和累计频率，从各 $M_{G_{ij}}^{pmc}$ 值在空间上的分布频率来看，以＞0.30～0.35 数值区间分布最广泛，占总景点的 44.29%。其次为＞0.35～0.40，占总景点的 15.71%。小汽车和常规公交/地铁可达性差异偏大和偏小的景点所占比例较小，最大差异＞0.55～0.56数值区间的景点所占的比例为 1.43%，最小差异＞0.17～0.20 数值区间的景点所占的比例为2.86%。95.71%的景点 $M_{G_{ij}}^{pmc}$ 值在 0.45 以内，小汽车和常规公交/地铁可达性差异较为显著的景点分布较广，而位于两极的差异大和差异小的景点分布较少。从图 4-6 来看，分布频率呈现倒 U 形，随可达性差值的增大先上升再下降。和 $M_{G_{ij}}^{pc}$ 值的空间分布非常相似，$M_{G_{ij}}^{pmc}$ 值在空间上的分布存在明显的差异，基本呈现中心城区景点的 $M_{G_{ij}}^{pmc}$ 值较小，常规公交/地铁和小汽车可达性差异相对较小，主要分布在莲湖区、新城区、碑林区、雁塔区、未央区，而边缘区的 $M_{G_{ij}}^{pmc}$ 值较大，常规公交/地铁和小汽车可达性差异相对较大，分布在鄠邑区、长安区、灞桥区、临潼区以及西咸新区，且东南部景点 $M_{G_{ij}}^{pmc}$ 值总体差异比较显著。

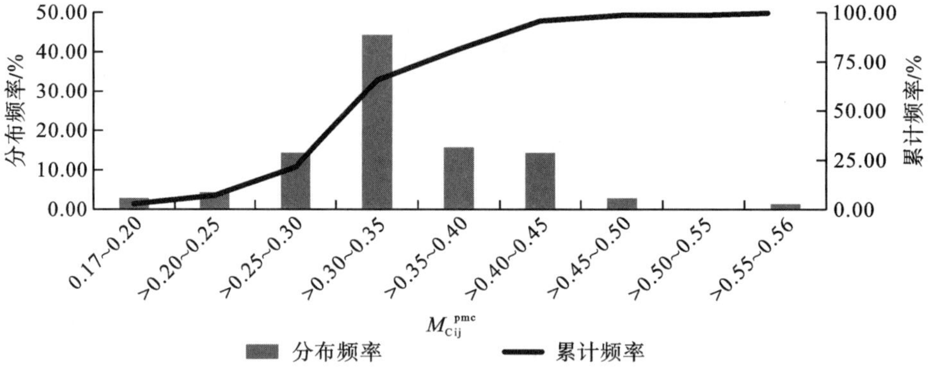


图 4-6　旅游景点常规公交/地铁和小汽车可达性差异分析图

## 三、常规公交/地铁和常规公交可达性差异

从城区的任何景点选择常规公交和常规公交/地铁出行前往其他景点的可达性差异不大，这与西安市区的公交线路布局及其密度，以及地铁建设发展水平密切相关。

景点常规公交和常规公交/地铁出行时间均是中心区域小于边缘区域。景点常规公交/地铁出行的最小时间(53.50 分钟)和最大时间(246.99 分钟)略小于常规公交出行的最小时间(60.40 分钟)和最大时间(261.29 分钟)，说明景点常规公交/地铁出行可达性稍好于景点常规公交出行可达性，但总体比较接近，相差不大。景点常规公交/地铁出行时间和景点常规公交出行时间的层级分布数量以及时间间隔基本等同，说明中心—边缘的景点常规公交可达性和景点常规公交/地铁可达性的空间差异变化规律相似，两者差异不大，但是景点常规公交/地铁出行时间相比景点常规公交出行时间，可达时间出现 45～60 分钟时间段，说明在景点周围地铁建设比较完善的地区，常规公交/地铁出行可达性优于常规公交出行可达性。

如图 4-7 所示，$M_{G_{ij}}^{ppm}$ 值在 0 到 1 之间，说明从西安市区任意一个景点去往其他景点的常规公交出行时间均大于或等于常规公交/地铁出行时间，总的来说，常规公交/地铁出行更可达，但个别景点如栎阳城遗址和秦岭九龙潭的常规公交可达性等同于常规公交/地铁可达性，原因是栎阳城遗址和秦岭九龙潭与其他景点的常规公交可达时间和常规公交/地铁可达时间大部分为空值，只与一处景点通过公共交通相连接，具有相同的常规公交可达时间和常规公交/地铁可达时间。计算景点 $M_{G_{ij}}^{ppm}$ 值在空间上的分布频率和累计频率，从各 $M_{G_{ij}}^{ppm}$ 值在空间上的分布频率来看，以>0.025～0.050 数值区间分布最广泛，占总景点的 35.71%；其次为 0.025 以下的，占总景点的 31.43%；再次为>0.050～0.075 数值区间，占总景点的 22.86%。常规公交/地铁和常规公交可达性差异略大的景点所占比例反而较小，最大差异数值 0.125 以上的景点所占的比例为 1.43%。97.14%的景点 $M_{G_{ij}}^{ppm}$ 值在 0.1 以内，说明景点常规公交/地铁和常规公交可达性差异总体不够显著，二者出行时间接近。分布频率基本呈现下降趋势，随可达性差值的增大下降，同样说明了差异越小、可达性越接近的景点数量越多。$M_{G_{ij}}^{ppm}$ 值在空间上的分布无论中心区还是外围区，差异均不明显，常规公交/地铁和常规公交可达性差异最大的景点是西安世博园，其次是半坡国际艺术区。

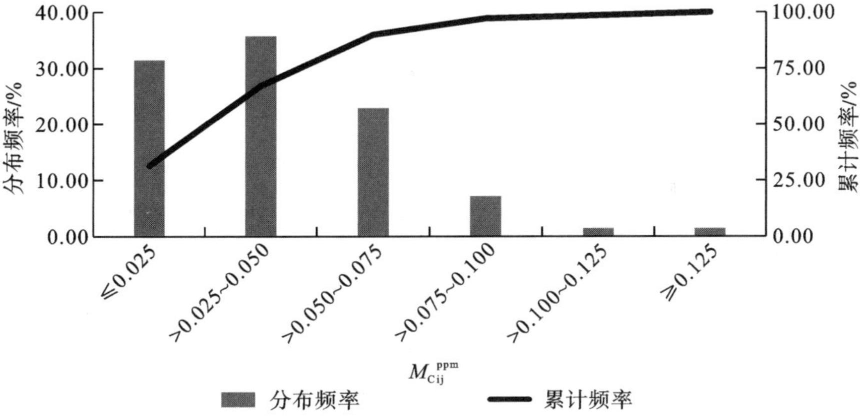


图 4-7 旅游景点常规公交/地铁和常规公交可达性差异分析图

探索城市内部不同交通方式景点交通可达性对于优化城市旅游交通及其旅游线路、提升旅游出行满意度和旅游发展水平具有重要意义。本章基于百度地图 API 实时出行功能，系统分析了小汽车、常规公交、常规公交/地铁三种方式下的景点交通可达性和差异，得出如下结论。

(1)景点小汽车出行可达性、常规公交出行可达性、常规公交/地铁出行可达性均呈现中心—边缘出行时间递增的空间格局，即三种交通方式景点交通可达性的空间格局均呈现自中心向外围逐渐递减的规律。可达性最好的景点位于碑林区和雁塔区,可达性最差的景点位于鄠邑区与长安区。此外,莲湖区具有公交可达性最好的景点,阎良区具有小汽车可达性最差的景点,西咸新区具有公交可达性最差的景点。具体来看,位于碑林区的唐乐宫剧院、钟楼及雁塔区的陕西历史博物馆的三种交通方式可达性水平最优;小汽车可达性较优的景点有位于碑林区的环城公园、兴庆宫公园、西安交通大学、长乐公园、西安事变纪念馆,以及位于雁塔区的曲江海洋极地公园、曲江寒窑遗址公园;公交可达性较优的景点包括雁塔区长安大学、大雁塔,碑林区的西安博物院、城墙,以及莲湖区的回民街、鼓楼。三种交通方式可达性水平最低的景点是鄠邑区的太平国家森林公园与长安区的南五台,公交可达性差的景点还有长安区的翠华山、小五台以及西咸新区的汉阳陵。

(2)从三种方式的差异来看,小汽车和常规公交以及常规公交/地铁相比,呈现出显著的时空压缩效应。所有景点的常规公交出行时间和常规公交/地铁出行时间均大于小汽车出行时间,而常规公交/地铁和常规公交相比,可达性略好一点但总体上基本相似。具体来看,78.26%的景点小汽车可达时间51.11分钟以内,所有景点的公交可达时间均大于51.11分钟。98.55%的景点小汽车可达时间在90分钟以内,常规公交可达时间在90分钟以内的仅占了68.11%的景点,常规公交/地铁可达时间在90分钟以内的仅点了69.57%景点。88.41%的景点小汽车可达时间在60分钟以内,15.94%的景点常规公交/地铁可达时间在60分钟以内,而没有一个常规公交可达时间在60分钟以内的景点。

(3)从不同交通方式可达性空间分布来看,中心城区景点小汽车可达性的优势并不明显,而从中心向边缘,景点小汽车可达性的优势越来越突出。小汽车与常规公交、小汽车与常规公交/地铁、常规公交/地铁与常规公交等的出行可达性的差值均大于0。小汽车与公交可达性表现出较为明显的空间异质性,中心城区景点交通可达性差值低,边缘城区景点交通可达性差值高,在空间分布上基本呈现中心—边缘递增的格局且西安市区东南部的景点小汽车和公交可达性差异大于其他地方。常规公交/地铁出行可达性与常规公交出行可达性的空间分布比较相似,差异不大。

总之,针对不同交通方式的可达性研究对于准确判断景点交通可达性以及提高旅游出行效率具有重要作用。西安市可达性空间分布表现出从中心向边缘公交可达性优势逐渐降低，小汽车可达性优势越来越突出的结果，说明提升外部区域公共交通覆盖率和优化中心城区公共交通线路建设，成为西安市区未来提升公共交通旅游出行效率的基础性工作。

# 第五章 西安市游客流动网络结构特征及其差异

人类城市旅游活动业已成为城市发展、变迁的系统动力之一，游客流动发展亦成为影响城市内部地域空间结构变化越来越重要的因素（杨兴柱，2013）。时间体现了物质的运动、变化的持续性和顺序性，闲暇时间是游客实现出游的必要条件之一，也是当今快节奏生活中珍贵稀缺的资源。在时间约束下，游客在目的地城市的景点选择、出游路径、出游频率，以及出游方式等，都具有显著差异，即时间异质性。从“流空间”视角研究在不同出游时间约束下游客流动网络结构及其差异，对城市旅游业的发展实践、旅游规划、主题游线设计、交通规划及发展均具有重要意义。近年来随着大数据获取技术与分析方法的发展，基于海量游客流动数据的分析，为理解游客行为提供了一种新的方式（Yang et al.，2015）。旅游流形成的前提是具有一定的出行规模，目前有一部分研究基于大数据中的用户生成数据（user generated data，UGD），采集相关信息数据为研究提供支撑，为揭示隐藏的流动模式提供了机会，近年来其被引入旅游研究领域（Jin et al.，2018）。据此，本章在前述对城市景点交通可达性进行分析的基础上，通过对网络游记的用户生成数据的建模分析，探讨基于不同出游时间的旅游流网络结构及其差异。

## 第一节　游客流动网络结构数据与模型

### 一、数据获取

景点间游客流动出行数据主要基于网络游记攻略爬取获得。网络游记攻略作为用户生成数据的一种，一方面供他人阅读欣赏，另一方面为他人旅游提供参考，它是游客在旅游后以回忆的方式表达真实的旅游体验和感知的数据，由于其是带有地理位置信息的无干扰性资料，客观上为获取游客出游空间移动路径提供了有效途径。网络游记攻略数据采集于 2019 年 7 月，为保证样本的数量及质量，本书同时调取携程网和去哪儿网 API，爬取了游客于 2018 年 6 月 30 日—2019 年 6 月 30 日期间完成的西安市区旅游景点出行轨迹。携程网与去哪儿网分别创立于 1999 年和 2005 年，目前携程网是我国用户量较大的在线旅游网站之一，也是旅游者在线搜索度假产品信息的主要网站（CNNIC，2015），去哪儿网是全球较大的中文在线旅行网站之一，是中国领先的旅游搜索引擎（李春雷，2018）。在分析时段的选取上，由于旅游流网络空间结构特征的季度和月度变化较为明显，而旅游流网络结构规律特征的跨年度变化相对稳定（阮文奇 等，2018），因此，选择前后一个整年作为研究的时间尺度。

我们通过在攻略主页以及攻略详情页获取标题、用户名、出发日期、逗留天数、游客出行景点轨迹等信息，经过对同一作者重复发布的攻略去重，并通过用户信息去除本地游客攻略、研究区域以外的景点攻略及逗留时间和景点游览个数匹配不合理的攻略，对数据进行严格的过滤清洗和有效甄别，最终保留 1 608 个有效样本，提取 1 608 条游客在实际旅游过程中的旅游景点空间流动轨迹，并对其进行时段分类（见图 5－1）。其中，一日游轨迹 316 条，二日游轨迹 209 条，三日游及以上轨迹 1 083 条。从攻略数据上可以看出，三日游及以上是游客选择最多的时间长度类型，其次是一日游，最后是二日游。

| | A | B | C | D | E | F | G | H | I | J | K |
|---|---|---|---|---|---|---|---|---|---|---|---|
| 1 | id | title | url | username | start_date | role | play_type | 重计算天数 | 景点个数 | 轨迹 | |
| 2 | qunaer_75 | 游走在十 | https://trav | 走四方诶 | 2018\10\3 | 三五好友 | 自驾 蜜月 | 2 | 4 | 回民街->大雁塔->骊山->华清池 | |
| 3 | qunaer_31 | #浪不完的 | https://trav | 紫荆zijing | 2018\7\31 | 三五好友 | 摄影 夏季 | 2 | 3 | 华清池->秦始皇兵马俑博物馆->回民街 | |
| 4 | xiechen_8 | 梦回长安 \| | https://you | 子非鱼啊- | 2018\9\28 | 一个人 | 自由行， | 2 | 2 | 秦始皇兵马俑博物馆->骊山 | |
| 5 | xiechen_7 | 冲天香阵透 | https://you | 朱颜辞镜 | 2019\3\9 | 和朋友 | 自由行， | 2 | 6 | 大雁塔->秦始皇兵马俑博物馆->陕西历史博物馆->湘子庙->西安碑林博物馆->卧龙寺 | |
| 6 | qunaer_59 | 放逐江湖， | https://trav | 周游BH1K | 2018\9\6 | 情侣 | 古镇 自驾 | 2 | 6 | 回民街->秦始皇兵马俑博物馆->华清池->骊山->陕西历史博物馆->曲江池遗址公园 | |
| 7 | xiechen_5 | 行走在隐 | https://you | 知行-影士 | 2019\3\10 | 一个人 | 自由行， | 2 | 3 | 翠华山->南五台->骊山 | |
| 8 | qunaer_99 | 长安 长安 | https://trav | 这碗牛肉 | 2019\2\9 | 闺蜜 | 美食 | 2 | 3 | 回民街->鼓楼->永兴坊 | |
| 9 | xiechen_5 | 小长假的 | https://you | 长耳朵骑士 | 2019\4\16 | 和朋友 | 自由行 | 2 | 3 | 秦始皇兵马俑博物馆->华清池->回民街 | |
| 10 | qunaer_15 | 烟雨重庆 | https://trav | 张公子- | 2019\4\23 | 三五好友 | | 2 | 3 | 钟楼->碑林->华清池 | |
| 11 | xiechen_1 | 带着孩子 | https://you | 泽泽315 | 2018\7\4 | 亲子 | 美食，半 | 2 | 3 | 书院门->城墙->回民街 | |
| 12 | xiechen_1 | 带着孩子 | https://you | 泽泽315 | 2018/7/5 | 亲子 | | 2 | 3 | 城墙->回民街->大雁塔 | |
| 13 | qunaer_13 | 游千年华 | https://trav | 在路上的 | 2019\1\1 | 三五好友 | 短途周末 | 2 | 2 | 华清池->骊山 | |
| 14 | xiechen_3 | 极限挑战 | https://you | 掉头转向 | 2018\8\16 | 和朋友 | 自由行， | 2 | 3 | 秦始皇兵马俑博物馆->回民街->城墙 | |
| 15 | xiechen_3 | 大美西北， | https://you | 沉沉威武 | 2018\7\29 | 和父母 | 自由行， | 2 | 3 | 回民街->陕西历史博物馆->华清池 | |
| 16 | xiechen_6 | 千年的召 | https://you | 羽佳兄 | 2018\9\12 | 夫妻 | | 2 | 2 | 回民街->华清池 | |
| 17 | xiechen_7 | 古都西安 | https://you | 游游悠悠 | 2018\10\25 | | 自由行 | 2 | 3 | 华清池->回民街->秦始皇兵马俑博物馆 | |
| 18 | xiechen_2 | 梦里梦外 | https://you | 樱桃妈 | 2018\8\22 | 夫妻 | 自由行， | 2 | 2 | 回民街->城墙 | |
| 19 | qunaer_84 | 陕西之行 | https://trav | 樱殇之恋 | 2019\3\2 | 独自一人 | 人文 美食 | 2 | 2 | 大雁塔->秦始皇兵马俑博物馆 | |
| 20 | qunaer_70 | 遇见不可 | https://trav | 一页D | 2018\9\1 | 独自一人 | 美食 | 2 | 4 | 秦始皇兵马俑博物馆->回民街->鼓楼->大雁塔 | |
| 21 | qunaer_47 | 西安2日游 | https://trav | 一般的你 | 2019\6\4 | 闺蜜 | 短途周末 | 2 | 6 | 钟楼->鼓楼->回民街->大唐芙蓉园->华清池>秦始皇兵马俑博物馆 | |
| 22 | xiechen_8 | 春节·西安· | https://you | 夜凌云201 | 2019\3\5 | 亲子 | 自由行， | 2 | 3 | 回民街->城墙->陕西历史博物馆 | |

图 5－1 出游信息爬取示意图

## 二、游客流动网络建模

以游客流动中出现的景点为流动节点，以两个节点之间游客流动联系为关联边,每条边上产生的游客流动规模,包括流入和流出次数,即流量。在此基础上,基于多个流动节点和多条关联边构建游客景点间流动OD网络,数据处理的总体思路如下。

第一步,将游客在景点之间的流动轨迹数据进行拆分。例如,将景点A→景点B→景点C→景点D的旅游轨迹拆分为A→B、B→C、C→D三组。若存在景点流动轨迹涉及研究范围之外的景点,则将与其前后相邻景点的连接路径设为无效路径,保留其余拆分的景点路径,而并非忽略整个旅游景点轨迹。

第二步,统计各条景点拆分路径中出现的游客人次,即统计景点间OD的流动规模。

第三步,统计流动轨迹中出现的景点个数。通过Python编程设置数据筛选代码,统计路径次数和景点个数。生成的游客流动网络基本统计情况如表5-1所示。

表5-1 游客流动数据基本统计

| 时间类型 | 景点/个 | 路径/条 | 总流量/次 |
|---|---|---|---|
| 一日 | 46 | 139 | 287 |
| 二日 | 43 | 176 | 463 |
| 三日及以上 | 69 | 900 | 6 714 |
| 合计 | 69 | 969 | 7 464 |

注:三日游及以上景点均包含一日游和二日游景点,故景点合计为69个;不同时间类型的路径有重叠,故合计为969条;游客到访69个景点,其中西安大雁塔-大唐芙蓉园5A景区的地理坐标为大雁塔、大唐芙蓉园两个不相邻的景点,故在游客流动中作为2个景点出现。

基于上述节点、路径和流量数据,进行西安市区不同出游时间类型的景点间游客流动结构及其差异的分析。

## 三、分析指标及模型

根据本章研究目的,基于已有文献研究基础(靳诚 等,2014;李欣存,2016;王静,2018;吴林芝,2018),从旅游景点结构特征和整体流动网络结构特征两个方面构建城市内部景点间游客流动网络结构评价指标体系,如图5-2所示。

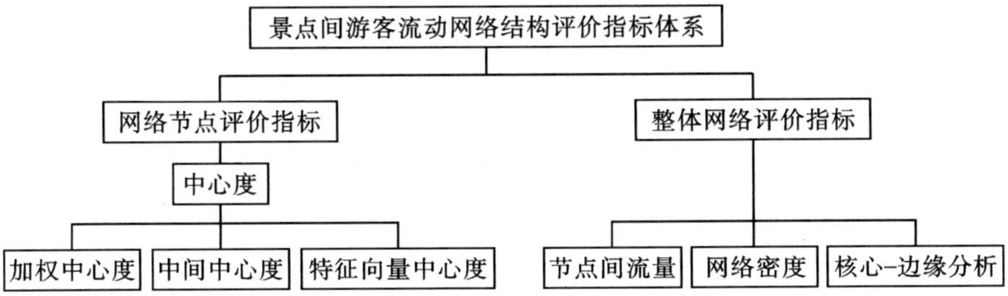


图 5－2　游客流动网络结构评价指标体系

## (一)加权中心度

加权中心度是衡量各景点在游客流动网络中的地位和重要程度的指标，由节点流入度和流出度共同构成。节点中心度越大，反映节点在整体网络中的重要性越高，越处于核心地位，也反映节点对旅游市场的吸引力和控制力越强，计算公式如下：

$$C_{1,i}=C_{\mathrm{in},i}+C_{\mathrm{out},i} \tag{1}$$

$$C_{\mathrm{in},i}=\sum_{j=1}^{n} I_{ji} \tag{2}$$

$$C_{\mathrm{out},i}=\sum_{j=1}^{n} I_{ij} \tag{3}$$

式中，$C_{1,i}$表示 $i$ 景点的加权中心度；$C_{\mathrm{in},i}$表示 $i$ 景点的流入度，即从其他关联景点流入 $i$ 景点的游客人次；$C_{\mathrm{out},i}$表示 $i$ 景点的流出度，即从 $i$ 景点流向其他关联景点的游客人次；$j$ 表示除了 $i$ 景点以外的任一景点，$I_{ji}$ 表示从 $i$ 景点以外的任一连接景点流向 $i$ 景点的旅游人次，$I_{ij}$ 表示从 $i$ 景点流向 $i$ 景点以外的任一连接景点的旅游人次，$n$ 为景点数量。

## (二)中间中心度

中间中心度是衡量景点在游客流动网络中对其他景点的控制和依赖程度的指数。通过测度某节点出现在另外两个节点之间次数的多少来表示其重要程度，等同于旅游流“中介桥梁”的作用。中间中心度的计算公式为：

$$C_{2,i}=\sum_{j=1}^{1}\sum_{k=1}^{1}\frac{n_{jik}}{g_{jk}}\quad (j\neq k\neq i) \tag{4}$$

式中，$C_{2,i}$表示 $i$ 景点的中间中心度；$g_{jk}$ 表示景点 $j$ 到景点 $k$ 的最短路径数；$n_{jik}$是从景点 $j$ 到景点 $k$ 的最短路径中经过 $i$ 景点的数量。$C_i$越大，即 $i$ 景点出现次数越多，中间中心度越大，则对游客流动控制力越大，在节点网络结构中具有的优势越多，其他节点对其依赖程度越高。

### （三）特征向量中心度

特征向量中心度表示节点的重要性，既取决于其直接关联节点的数量，也取决于所关联景点的重要性，综合考虑了景点数量与景点等级，具体计算公式如下：

$$C_{3,i}=c\sum_{j=1}^{n} I_{ij}X_j \tag{5}$$

式中，$C_{3,i}$是 $i$ 景点的特征向量中心度，$C_i$越大，说明 $i$ 景点的重要程度越大；$X_j$表示与 $i$ 景点相连接景点 $j$ 的中心度；$I_{ij}$为 $j$ 景点对 $i$ 景点重要性的贡献量；$c$ 为比例常数。

### （四）节点间流量

节点间流量是节点与节点之间在研究时段内的游客流动量，反映两个节点之间联系的紧密程度。本书所构造的游客景点流动网络为有向网络，分别考虑景点的流入与流出规模，通过统计游客访问次数获得，具体计算公式如下：

$$F=F_{ij}+F_{ji} \tag{6}$$

式中，$F$ 是 $i$ 景点与 $j$ 景点之间的流量；$F_{ij}$ 是 $i$ 景点流向 $j$ 景点的游客人次；$F_{ji}$是 $j$ 景点流向 $i$ 景点的游客人次。

### （五）网络密度

网络密度是指在游客流动网络中各个节点之间实际存在的连接关系数值与理论上可能存在的连接关系数值之比，用于反映节点之间游客流动的频繁程度，衡量游客空间流动网络的整体紧密程度及完整程度，网络密度可表示为：

$$D=m/n(n-1) \tag{7}$$

式中，$D$ 为网络密度；$m$ 为各个景点之间实际存在的连接关系数量；$n$ 为所有景点数量，$n(n-1)$为所有景点与其他景点均有连接关系的理论数量。$D$ 数值越大，则网络密度越高，说明游客流动网络中各个景点之间连接的关系越广泛；相反，$D$ 值越小，则网络密度越低，说明游客流动网络中各个景点之间关系松散甚至不存在连接关系。

### (六)核心-边缘分析

采用 Ucinet 6.6 软件中的核心-边缘分析模块(core-periphery model),判断和甄别各个节点在整个游客流动网络中的核心或边缘位置,以厘清它们之间的空间关系。或者通过估算出节点的"核心度",量化节点所处的位置,以便确定整个游客流动网络中不同位置节点的贡献率的变化。

## 第二节　景点等级结构特征

### 一、一日游景点生成与等级结构

#### (一)高等级景点呈现出与知名度匹配的"大集聚、小分散"特征

一日游游客的流动节点涉及 46 个景点,节点各中心度的测算结果见表5－2。

表 5－2　一日游旅游节点中心度指标值

| 景点 | 流入度 | 流出度 | 加权中心度 | 中间中心度 | 特征向量中心度 |
|---|---|---|---|---|---|
| 回民街 | 50 | 63 | 113 | 518.479 | 1.000 |
| 华清池 | 30 | 35 | 65 | 75.189 | 0.689 |
| 秦始皇帝陵博物院 | 33 | 23 | 56 | 181.070 | 0.768 |
| 城墙 | 19 | 28 | 47 | 274.557 | 0.851 |
| 大唐芙蓉园 | 22 | 14 | 36 | 181.115 | 0.823 |
| 大雁塔 | 15 | 21 | 36 | 313.627 | 0.700 |
| 骊山 | 18 | 16 | 34 | 0.000 | 0.374 |
| 陕西历史博物馆 | 17 | 13 | 30 | 116.150 | 0.610 |
| 鼓楼 | 8 | 7 | 15 | 34.000 | 0.333 |
| 大唐不夜城 | 8 | 6 | 14 | 99.281 | 0.192 |

续表

| 景点 | 流入度 | 流出度 | 加权中心度 | 中间中心度 | 特征向量中心度 |
|---|---|---|---|---|---|
| 钟楼 | 5 | 9 | 14 | 107.425 | 0.333 |
| 碑林 | 6 | 5 | 11 | 111.892 | 0.421 |
| 西安清真大寺 | 7 | 4 | 11 | 82.200 | 0.246 |
| 都城隍庙 | 5 | 4 | 9 | 91.523 | 0.209 |
| 大明宫国家遗址公园 | 2 | 5 | 7 | 0.000 | 0.153 |
| 大兴善寺 | 3 | 3 | 6 | 11.587 | 0.326 |
| 湘子庙 | 3 | 3 | 6 | 44.116 | 0.210 |
| 翠华山 | 4 | 1 | 5 | 9.686 | 0.144 |
| 粉巷 | 3 | 1 | 4 | 2.257 | 0.315 |
| 广仁寺 | 2 | 2 | 4 | 15.183 | 0.113 |
| 南五台 | 1 | 3 | 4 | 4.343 | 0.107 |
| 青龙寺 | 2 | 2 | 4 | 3.591 | 0.187 |
| 书院门 | 2 | 2 | 4 | 41.833 | 0.202 |
| 永兴坊 | 2 | 2 | 4 | 0.000 | 0.153 |
| 长安大学 | 1 | 2 | 3 | 35.893 | 0.051 |
| 西安博物院 | 2 | 1 | 3 | 7.000 | 0.157 |
| 西安交通大学 | 1 | 2 | 3 | 33.000 | 0.107 |
| 大唐西市 | 1 | 1 | 2 | 0.000 | 0.018 |
| 汉城湖景区 | 0 | 2 | 2 | 0.000 | 0.000 |
| 兴教寺 | 1 | 1 | 2 | 0.000 | 0.107 |
| 清真西寺 | 1 | 1 | 2 | 0.000 | 0.040 |
| 曲江池遗址公园 | 1 | 1 | 2 | 0.000 | 0.107 |
| 万寿八仙宫 | 1 | 1 | 2 | 1.500 | 0.107 |
| 五星街教堂 | 1 | 1 | 2 | 0.500 | 0.129 |

续表

| 景点 | 流入度 | 流出度 | 加权中心度 | 中间中心度 | 特征向量中心度 |
|---|---|---|---|---|---|
| 华严寺 | 1 | 0 | 1 | 0.000 | 0.051 |
| 莲湖公园 | 1 | 0 | 1 | 0.000 | 0.125 |
| 秦岭九龙潭 | 1 | 0 | 1 | 0.000 | 0.153 |
| 秦岭野生动物园 | 1 | 0 | 1 | 0.000 | 0.009 |
| 陕西师范大学 | 1 | 0 | 1 | 0.000 | 0.002 |
| 陕西自然博物馆 | 1 | 0 | 1 | 0.000 | 0.093 |
| 唐乐宫剧院 | 0 | 1 | 1 | 0.000 | 0.000 |
| 王家大院 | 1 | 0 | 1 | 0.000 | 0.129 |
| 西安世博园 | 1 | 0 | 1 | 0.000 | 0.129 |
| 西北大学 | 0 | 1 | 1 | 0.000 | 0.000 |
| 香积寺 | 1 | 0 | 1 | 0.000 | 0.051 |
| 栎阳城遗址 | 1 | 0 | 1 | 0.000 | 0.117 |

比较加权中心度排名前10位景点的加权中心度、中间中心度以及特征向量中心度三项指标，可以发现，在一日游时间尺度(约束)下，游客出行行为表现出显著的趋于高知名度景点的特征，在空间上呈现出了“大集聚、小分散”特征。具体来看，回民街的三类中心度远远高于其他景点，说明回民街在一日游游客流动网络中具有无可替代的优势，对游客空间流动控制力最大，起到最为重要的桥梁作用，是最多游客选择的景点轨迹中的必经之地。大雁塔、城墙、大唐芙蓉园、秦始皇帝陵博物院、陕西历史博物馆、碑林、钟楼、华清池等的中间中心度和特征向量中心度较高，这些景点在一日游游客流动网络中的重要程度较大，具有比较明显的优势，其他旅游节点对这些节点的依赖程度较高。总体而言，节点的中间中心度、特征向量中心度和加权中心度的变化趋势具有相似性。

### (二)基于中间中心度的等级结构差异显著,高等级景点承担网络枢纽功能

我们计算了加权中心度、中间中心度与特征向量中心度的变异系数,三个指标的变异系数分别为1.73、1.94和1.05。相较于加权中心度与特征向量中心度,基于中间中心度的景点等级差异最大。进一步观察表5-2发现,中间中心度前10位的景点由高到低依次为回民街、大雁塔、城墙、大唐芙蓉园、秦始皇帝陵博物院、陕西历史博物馆、碑林、钟楼、大唐不夜城、都城隍庙,其余景点的值与前10位相差较大,表明高等级景点在整个游客流动网络中承担了枢纽功能。加权中心度等级差异也较大,究其原因,这与时间约束以及景点吸引力直接相关,直接表征了一日游流动网络中景点吸引力的差异。此外,特征向量中心度差异最小,特征向量中心度前10位的景点由高到低依次是回民街、城墙、大唐芙蓉园、秦始皇帝陵博物院、大雁塔、华清池、陕西历史博物馆、碑林、骊山、钟楼。

### (三)一日游景点等级分类

按照聚类的自然断点法,将西安市区游客一日游景点划分为5个等级:①核心节点仅有回民街1个。回民街的加权中心度为113,同时其流入度和流出度也最高,说明回民街在一日游游客流动网络中占据最核心地位,是西安市区内部游客流动的集散中心,具有最强的市场竞争优势。②重要节点主要包括华清池、秦始皇帝陵博物院、城墙、大唐芙蓉园、大雁塔、骊山、陕西历史博物馆等7个景点,这些景点的加权中心度较高,数值在16～65,流入度和流出度也较高,在一日游游客流动网络中有较强的市场竞争优势。③一般节点包括鼓楼、大唐不夜城、钟楼、碑林、西安清真大寺、都城隍庙等6个景点,这些景点的加权中心度数值在8～15,在数值等级划分中属于中间层,在一日游游客流动网络中呈现出一般的吸引力,游客访问量一般。④劣势节点10个,包括大明宫国家遗址公园、大兴善寺、湘子庙、翠华山、粉巷、广仁寺、南五台、青龙寺、书院门、永兴坊,这些景点的加权中心度数值在4～7,游客访问量比较低,竞争力在一日游游客流动网络中处于相对劣势地位。⑤边缘节点22个,包括长安大学、西安博物院、西安交通大学、大唐西市、汉城湖景区、兴教寺、清真西寺、曲江池遗址公园、万寿八仙宫、五星街教堂、华严寺、莲湖公园、秦岭九龙潭、秦岭野生动物园、陕西师范大学、陕西自然博物馆、康乐宫剧院、王家大院、西安世博园、西北大学、香积寺、栎阳城遗址,这些景点的加权中心度数值在1～3,游客访问量最低,和其他景点相比,不具有市场竞争优势。

## 二、二日游景点生成与等级结构

### (一)出游格局基本保持一致,但景点规模呈现出显著的时间异质性

二日游游客的流动节点涉及43个景点,节点各中心度的测算结果见表5-3。

表5-3　二日游旅游节点中心度指标值

| 景点 | 流入度 | 流出度 | 加权中心度 | 中间中心度 | 特征向量中心度 |
|---|---|---|---|---|---|
| 回民街 | 65 | 93 | 158 | 435.284 | 1.000 |
| 华清池 | 67 | 75 | 142 | 142.411 | 0.836 |
| 秦始皇帝陵博物院 | 56 | 51 | 107 | 121.564 | 0.830 |
| 陕西历史博物馆 | 33 | 38 | 71 | 193.361 | 0.930 |
| 城墙 | 34 | 31 | 65 | 102.725 | 0.771 |
| 大唐芙蓉园 | 35 | 23 | 58 | 55.735 | 0.804 |
| 骊山 | 29 | 29 | 58 | 125.170 | 0.349 |
| 大雁塔 | 28 | 26 | 54 | 155.282 | 0.685 |
| 鼓楼 | 18 | 17 | 35 | 36.575 | 0.514 |
| 钟楼 | 16 | 16 | 32 | 77.177 | 0.756 |
| 碑林 | 10 | 7 | 17 | 109.962 | 0.588 |
| 大唐不夜城 | 9 | 7 | 16 | 20.298 | 0.554 |
| 翠华山 | 5 | 4 | 9 | 47.583 | 0.213 |
| 粉巷 | 4 | 5 | 9 | 9.058 | 0.246 |
| 西安博物院 | 5 | 4 | 9 | 73.333 | 0.312 |
| 大明宫国家遗址公园 | 5 | 3 | 8 | 101.000 | 0.404 |
| 永兴坊 | 5 | 3 | 8 | 1.125 | 0.450 |
| 湘子庙 | 3 | 3 | 6 | 1.874 | 0.295 |
| 西安半坡博物馆 | 2 | 3 | 5 | 0.000 | 0.219 |
| 大兴善寺 | 3 | 2 | 5 | 55.200 | 0.165 |

续表

| 景点 | 流入度 | 流出度 | 加权中心度 | 中间中心度 | 特征向量中心度 |
|---|---|---|---|---|---|
| 都城隍庙 | 3 | 1 | 4 | 0.000 | 0.313 |
| 华严寺 | 3 | 1 | 4 | 36.000 | 0.067 |
| 曲江池遗址公园 | 2 | 2 | 4 | 2.208 | 0.110 |
| 西安清真大寺 | 2 | 2 | 4 | 32.000 | 0.230 |
| 兴庆宫公园 | 2 | 2 | 4 | 42.974 | 0.114 |
| 汉城湖景区 | 1 | 2 | 3 | 4.333 | 0.048 |
| 兴教寺 | 1 | 2 | 3 | 6.167 | 0.048 |
| 青龙寺 | 2 | 1 | 3 | 4.167 | 0.148 |
| 书院门 | 1 | 2 | 3 | 0.000 | 0.069 |
| 古观音禅寺 | 1 | 1 | 2 | 0.000 | 0.038 |
| 广仁寺 | 1 | 1 | 2 | 0.000 | 0.110 |
| 南五台 | 1 | 1 | 2 | 0.000 | 0.027 |
| 万寿八仙宫 | 1 | 1 | 2 | 0.000 | 0.021 |
| 卧龙寺 | 2 | 0 | 2 | 0.000 | 0.159 |
| 西安世博园 | 2 | 0 | 2 | 0.000 | 0.219 |
| 长安大学 | 1 | 1 | 2 | 3.000 | 0.028 |
| 长乐公园 | 1 | 1 | 2 | 2.433 | 0.038 |
| 栎阳城遗址 | 0 | 1 | 1 | 0.000 | 0.000 |
| 秦岭野生动物园 | 1 | 0 | 1 | 0.000 | 0.043 |
| 曲江寒窑遗址公园 | 1 | 0 | 1 | 0.000 | 0.081 |
| 西安事变纪念馆 | 1 | 0 | 1 | 0.000 | 0.069 |
| 香积寺 | 1 | 0 | 1 | 0.000 | 0.010 |
| 小五台 | 0 | 1 | 1 | 0.000 | 0.000 |

如前所述，在不同出游时间约束下，游客出游行为在目的地选择、出游频率等方面将会呈现显著的时间异质性特征。与一日游游客相比，二日游游客出游格局基本保持一致，但在景点出游规模方面呈现出显著差异。具体来说，加权中心度均值从一日游的12.48提升到二日游的21.53，中间中心度均值与特征向量中心度均值变化不大，分别从一日游的52.11、0.24变为二日游的46.47、0.30，重合景点方面一日游占二日游景点总数的89.32%。同时，高等级景点与一日游基本一致。这表明，随着出游时间的增加，游客出行时间异质性主要体现在出游频率方面，出游总体格局基本保持一致。

**(二)随着出游时间与出游频率的增加，高等级景点集聚功能进一步加强，但中间中心度与特征向量中心度的差异逐渐降低**

我们分别计算了加权中心度、中间中心度及特征向量中心度的变异系数，三个指标的变异系数分别为1.74、1.72和0.99。与一日游显著不同的是，二日游的加权中心度变异系数微弱增加，表明高等级景点的集聚功能进一步凸显。中间中心度与特征向量中心度的变异系数显著降低，直接表明随着出游时间与出游频率的增加，景点中心性等级差异显著降低，中间中心度变异系数仍然较高，与前述一致，在整体出游空间结构上基本保持了一致。进一步观察表5-3，中间中心度排名由高到低的前10位景点分别是回民街、陕西历史博物馆、大雁塔、华清池、骊山、秦始皇帝陵博物院、碑林、城墙、大明宫国家遗址公园、钟楼。以上这些景点在二日游游客流动景点轨迹中起到重要的中介作用，与其他景点的联系紧密，对其他景点的影响和支配较大。

**(三)二日游景点等级分类**

按照聚类的自然断点法，将西安市区游客二日游景点划分为5个等级：①核心节点包括回民街、华清池、秦始皇帝陵博物院等3个景点，这些景点的加权中心度数值在72～158，流入度和流出度最高，说明回民街、华清池、秦始皇帝陵博物院在二日游游客流动网络中对游客的吸引力最大，集散功能的优势最明显，在所有二日游节点中具有最强的竞争力。②重要节点包括陕西历史博物馆、城墙、大唐芙蓉园、骊山、大雁塔等5个景点，其加权中心度数值在36～71，流入度和流出度较高，在二日游游客流动网络中，游客流动量相对较大，竞争优势比较明显。③一般节点包括鼓楼、钟楼等2个景点，其加权中心度数值在18～35，在二日游游客流动网络中吸引力和竞争力居中。④劣势节点包括碑林、大唐不夜城、翠华山、粉巷、西安博物院、大明宫国家遗址公园、永兴坊等7个景点,其加权中心度数值在7～17,游客流动量比较低,在二日游游客流动网络中与其他景点相比,竞争力处于相对劣势地位。⑤边缘节点包括湘子庙、西安半坡博物馆、大兴善寺、都城隍庙、华严寺、曲江池遗址公园、西安清真大寺、兴庆宫公园、汉城湖景区、兴教寺、青龙寺、书院门、古观音禅寺、广仁寺、南五台、万寿八仙宫、卧龙寺、西安世博园、长安大学、长乐公园、栎阳城遗址、秦岭野生动物园、曲江寒窑遗址公园、西安事变纪念馆、香积寺、小五台等26个景点,其加权中心度数值在0～6,不具有竞争力,游客的景点选择性最小。

## 三、三日游及以上景点生成与等级结构

### (一)游客旅游出行在出游规模与范围方面表现出了显著的时间异质性

三日游及以上游客的流动节点涉及69个景点,根据对节点各中心度的测算,相较于一日游和二日游,随着出行时间的增加,进一步提高了游客旅游出行的频率,景点从原有的43个增加到69个,出现了外围地区的白鹿原、太平国家森林公园等景点,出游范围明显扩大。同时,加权中心度的平均值从一日游、二日游的12.48、21.53大幅度增加到了三日游及以上的191.83,出游频率与规模进一步增加,见表5-4。

表5-4 三日游及以上旅游节点中心度指标值

| 景点 | 流入度 | 流出度 | 加权中心度 | 中间中心度 | 特征向量中心度 |
|---|---|---|---|---|---|
| 回民街 | 756 | 887 | 1643 | 792.295 | 0.966 |
| 秦始皇帝陵博物院 | 693 | 719 | 1412 | 355.919 | 0.868 |
| 华清池 | 675 | 694 | 1369 | 215.151 | 0.812 |
| 大雁塔 | 647 | 587 | 1234 | 368.403 | 0.930 |
| 城墙 | 595 | 591 | 1186 | 724.718 | 1.000 |
| 陕西历史博物馆 | 513 | 521 | 1034 | 377.335 | 0.925 |
| 大唐芙蓉园 | 410 | 382 | 792 | 298.884 | 0.759 |

续表

| 景点 | 流入度 | 流出度 | 加权中心度 | 中间中心度 | 特征向量中心度 |
|---|---|---|---|---|---|
| 骊山 | 383 | 351 | 734 | 126.061 | 0.707 |
| 钟楼 | 307 | 347 | 654 | 141.627 | 0.778 |
| 鼓楼 | 264 | 263 | 527 | 67.516 | 0.655 |
| 西安博物院 | 205 | 198 | 403 | 152.870 | 0.759 |
| 碑林 | 144 | 138 | 282 | 80.906 | 0.671 |
| 大唐不夜城 | 138 | 129 | 267 | 26.863 | 0.570 |
| 永兴坊 | 107 | 91 | 198 | 37.667 | 0.594 |
| 大明宫国家遗址公园 | 88 | 70 | 158 | 38.011 | 0.597 |
| 书院门 | 79 | 75 | 154 | 60.646 | 0.549 |
| 曲江池遗址公园 | 62 | 52 | 114 | 31.290 | 0.569 |
| 西安清真大寺 | 58 | 53 | 111 | 17.448 | 0.448 |
| 青龙寺 | 36 | 39 | 75 | 65.107 | 0.499 |
| 西安半坡博物馆 | 34 | 31 | 65 | 56.474 | 0.473 |
| 粉巷 | 33 | 30 | 63 | 15.644 | 0.487 |
| 汉城湖景区 | 25 | 29 | 54 | 9.155 | 0.298 |
| 大兴善寺 | 27 | 25 | 52 | 7.638 | 0.481 |
| 湘子庙 | 26 | 25 | 51 | 18.090 | 0.482 |
| 都城隍庙 | 23 | 19 | 42 | 28.198 | 0.347 |
| 广仁寺 | 21 | 19 | 40 | 14.513 | 0.462 |
| 西安交通大学 | 18 | 22 | 40 | 6.463 | 0.448 |
| 秦岭野生动物园 | 22 | 17 | 39 | 7.855 | 0.214 |
| 长安大学 | 23 | 16 | 39 | 3.386 | 0.354 |
| 高培支旧居 | 18 | 20 | 38 | 2.359 | 0.232 |
| 西安世博园 | 17 | 16 | 33 | 6.451 | 0.345 |

续表

| 景点 | 流入度 | 流出度 | 加权中心度 | 中间中心度 | 特征向量中心度 |
|---|---|---|---|---|---|
| 兴庆宫公园 | 16 | 17 | 33 | 15.769 | 0.323 |
| 翠华山 | 14 | 16 | 30 | 42.605 | 0.264 |
| 大唐西市 | 19 | 11 | 30 | 37.481 | 0.345 |
| 曲江寒窑遗址公园 | 15 | 15 | 30 | 0.724 | 0.176 |
| 唐城墙遗址公园 | 14 | 16 | 30 | 3.420 | 0.176 |
| 兴教寺 | 13 | 12 | 25 | 11.136 | 0.178 |
| 曲江海洋极地公园 | 11 | 12 | 23 | 2.053 | 0.269 |
| 莲湖公园 | 13 | 9 | 22 | 4.294 | 0.294 |
| 秦皇大剧院 | 10 | 8 | 18 | 0.222 | 0.179 |
| 五星街教堂 | 9 | 9 | 18 | 25.170 | 0.224 |
| 东城清真寺 | 8 | 8 | 16 | 16.120 | 0.277 |
| 汉阳陵 | 8 | 7 | 15 | 0.400 | 0.226 |
| 唐乐宫剧院 | 7 | 8 | 15 | 0.562 | 0.178 |
| 西安事变纪念馆 | 8 | 7 | 15 | 0.572 | 0.257 |
| 栎阳城遗址 | 8 | 6 | 14 | 27.318 | 0.179 |
| 王家大院 | 7 | 7 | 14 | 0.091 | 0.230 |
| 骡马市步行街 | 6 | 6 | 12 | 0.067 | 0.242 |
| 半坡国际艺术区 | 6 | 5 | 11 | 1.787 | 0.113 |
| 大华 1935 | 5 | 6 | 11 | 0.327 | 0.117 |
| 环城公园 | 5 | 6 | 11 | 2.617 | 0.114 |
| 陕西师范大学 | 5 | 6 | 11 | 2.157 | 0.156 |
| 华严寺 | 4 | 6 | 10 | 0.091 | 0.080 |
| 蛟峪二郎山风景区 | 5 | 5 | 10 | 0.332 | 0.174 |
| 南五台 | 4 | 5 | 9 | 15.200 | 0.037 |

续表

| 景点 | 流入度 | 流出度 | 加权中心度 | 中间中心度 | 特征向量中心度 |
|---|---|---|---|---|---|
| 陕西自然博物馆 | 4 | 5 | 9 | 0.789 | 0.110 |
| 秦岭九龙潭 | 5 | 3 | 8 | 0.000 | 0.211 |
| 清真西寺 | 5 | 3 | 8 | 2.028 | 0.141 |
| 长乐公园 | 5 | 3 | 8 | 0.000 | 0.172 |
| 古观音禅寺 | 4 | 3 | 7 | 0.000 | 0.130 |
| 卧龙寺 | 3 | 4 | 7 | 0.171 | 0.105 |
| 杜陵遗址公园 | 4 | 2 | 6 | 0.000 | 0.168 |
| 万寿八仙宫 | 3 | 3 | 6 | 0.236 | 0.101 |
| 西安电子科技大学 | 3 | 3 | 6 | 0.000 | 0.107 |
| 西北大学 | 3 | 3 | 6 | 0.417 | 0.095 |
| 香积寺 | 3 | 3 | 6 | 2.901 | 0.044 |
| 太平国家森林公园 | 2 | 3 | 5 | 0.000 | 0.071 |
| 小五台 | 2 | 1 | 3 | 0.000 | 0.045 |
| 白鹿原 | 1 | 1 | 2 | 0.000 | 0.045 |

### (二)中心度差异扩大，高等级景点集聚功能显著提升

我们分别计算了加权中心度、中间中心度及特征向量中心度的变异系数，三个指标的变异系数分别为2.02、2.37和2.75。三个指标的变异系数均有大幅度提升，基于中心度的景点等级差异显著扩大，高等级景点集聚功能显著提升。需要注意的是，加权中心度在高等级节点间的差异缩小，表明游客流动规模在高等级景点间的分布呈现出趋于均衡的态势。可以发现，中间中心度变异系数排名由高到低的前10位景点分别是回民街、城墙、陕西历史博物馆、大雁塔、秦始皇帝陵博物院、大唐芙蓉园、华清池、西安博物院、钟楼、骊山。此与前述一致，这些景点在西安游客流动网络中始终发挥着枢纽功能。

**(三)游客流动网络呈现以高等级景点为枢纽的“强强”关联特征**

进一步观察表5-4,在三日游及以上旅游节点中,特征向量中心度排名前10位的景点由高到低分别是城墙、回民街、大雁塔、陕西历史博物馆、秦始皇帝陵博物院、华清池、钟楼、西安博物院、大唐芙蓉园、骊山。这进一步凸显了这些景点的重要性,也凸显了与这些景点关系密切的景点的重要性,反映了景点间的密切关系,一定程度上表明游客在景点线路选择上偏好“强强”组合。实际上,结合前述分析可以发现,目的地游客出行整体上呈现出比较稳定且显著的“强强”关联特征。三日游及以上旅游节点的中间中心度和特征向量中心度排名前10位的景点完全相同,表明这些景点不但在三日游及以上游客流动网络中的连接强度大,具备竞争性强的区位优势,而且与这些景点相连接的景点也很重要,这进一步反映了这些景点有较突出的资源优势。

**(四)三日游及以上游客旅游节点等级分类**

按照聚类的自然断点法,将西安市区三日游及以上游客旅游节点划分为5个等级:①核心节点包括回民街、秦始皇帝陵博物院、华清池、大雁塔、城墙、陕西历史博物馆等6个景点,这些景点的加权中心度数值在1034～1643,加权流入度和加权流出度最高,说明在三日游及以上游客流动网络中,回民街、秦始皇帝陵博物院、华清池、大雁塔、城墙、陕西历史博物馆这6个景点的地位最重要,对游客的吸引力和控制力最强,集散功能最突出。其中,回民街的扩散功能明显大于集聚功能,大雁塔的集聚功能大于扩散功能,其他4个景点的集聚和扩散功能基本平衡。②重要节点包括大唐芙蓉园、骊山、钟楼、鼓楼、西安博物院等5个景点,其加权中心度数值在403～792,加权流入度和加权流出度较高,在三日游及以上游客流动网络中市场竞争优势比较明显。③一般节点包括碑林、大唐不夜城等2个景点,其加权中心度数值在267～282,在三日游及以上游客流动网络中对游客的控制力和吸引力一般。④劣势节点包括永兴坊、大明宫国家遗址公园、书院门、曲江池遗址公园、西安清真大寺等5个景点,其加权中心度数值在111～198,在三日游及以上游客流动网络中,这5个景点对游客的控制力和吸引力较小,处于劣势地位。⑤边缘节点包括青龙寺、西安半坡博物馆、粉巷、汉城湖景区、大兴善寺、湘子庙、都城隍庙、广仁寺、西安交通大学、秦岭野生动物园、长安大学、高培支旧居、西安世博园、兴庆宫公园、翠华山、大唐西市、曲江寒窑遗址公园、唐城墙遗址公园、兴教寺、曲江海洋极地公园、莲湖公园、秦皇大剧院、五星街教堂、东城清真寺、汉阳陵、唐乐宫剧院、西安事变纪念馆、栎阳城遗址、王家大院、骡马市步行街、半坡国际艺术区、大华 1935、环城公园、陕西师范大学、华严寺、蛟峪二郎山风景区、南五台、陕西自然博物馆、秦岭九龙潭、清真西寺、长乐公园、古观音禅寺、卧龙寺、杜陵遗址公园、万寿八仙宫、西安电子科技大学、西北大学、香积寺、太平国家森林公园、小五台、白鹿原等 51 个景点，这 51 个景点在三日游及以上游客流动网络中的地位最低，不具有竞争力。

综合一日游、二日游、三日游及以上游客旅游节点的中心度分析，按照聚类的自然断点法，确定了西安市旅游吸引物的节点等级结构。核心节点 6 个，包括回民街、华清池、秦始皇帝陵博物院、大雁塔、城墙、陕西历史博物馆；重要节点7 个，包括大唐芙蓉园、骊山、钟楼、鼓楼、西安博物院、碑林、大唐不夜城；一般节点 5 个，包括永兴坊、大明宫国家遗址公园、书院门、西安清真大寺、曲江池遗址公园；劣势节点 7 个，包括青龙寺、粉巷、西安半坡博物馆、大兴善寺、湘子庙、汉城湖景区、都城隍庙；边缘节点 44 个，包括广仁寺、翠华山、长安大学、西安交通大学、秦岭野生动物园、高培支旧居、兴庆宫公园、西安世博园、大唐西市、曲江寒窑遗址公园、兴教寺、唐城墙遗址公园、莲湖公园、曲江海洋极地公园、五星街教堂、秦皇大剧院、东城清真寺、栎阳城遗址、唐乐宫剧院、西安事变纪念馆、汉阳陵、华严寺、南五台、王家大院、骡马市步行街、陕西师范大学、半坡国际艺术区、大华 1935、环城公园、蛟峪二郎山风景区、清真西寺、陕西自然博物馆、万寿八仙宫、长乐公园、古观音禅寺、秦岭九龙潭、卧龙寺、香积寺、西北大学、杜陵遗址公园、西安电子科技大学、太平国家森林公园、小五台、白鹿原。

对不同出游时间类型游客旅游节点的中心度指标进行位序-规模拟合（见图 5 - 3），各出游时间类型游客旅游节点的中心度指标与其位序的拟合优度均在 0.8 以上，符合位序-规模分布特征。

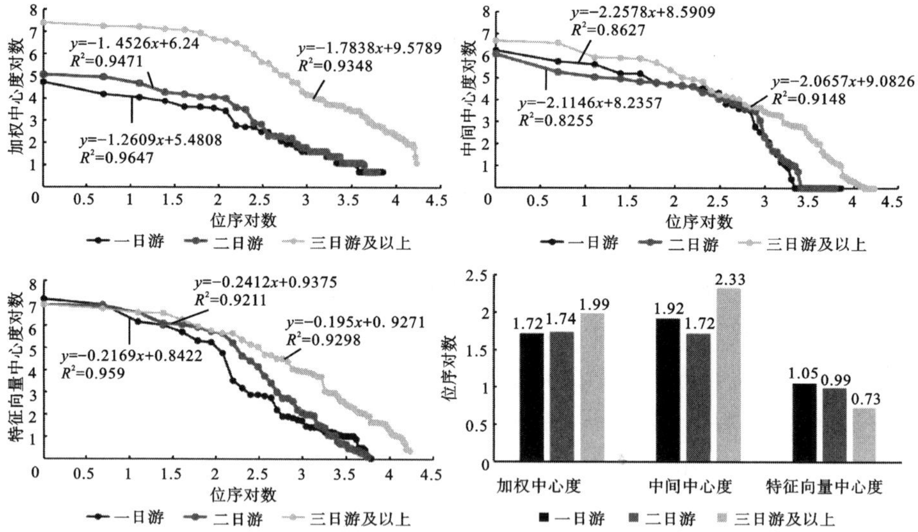


**图 5-3 不同出游时间类型游客旅游节点中心度指标位序-规模拟合**

从齐夫(Zipf)参数 $q$ 值来看(见表 5-5),除特征向量中心度外,其余各类型中的指标 $q$ 值均大于 1,表明基于中心度指标的旅游节点等级规模结构遵循帕累托分布模式;加权中心度 $q$ 值方面,三日游及以上>二日游>一日游,表明在出游时间较长、旅游规模和频率较大的类型中,旅游流在主要景点的集聚特征更加突出;中间中心度 $q$ 值方面,一日游>二日游>三日游及以上,体现出在一日游中高等级节点对旅游流的控制作用最强;特征向量中心度 $q$ 值方面,二日游>一日游>三日游及以上,反映了在综合考虑景点数量与等级的前提下,二日游的景点等级差异分布最为明显。

**表 5-5 不同出游时间游客流动网络结构指标统计**

| 类型 | 中心度指标 | Zipf 参数 ($q$) | 拟合优度 ($R^2$) | 指标均值 | 指标最大值 | 指标最小值 | 标准差 |
|---|---|---|---|---|---|---|---|
| 一日游 | 加权中心度 | 1.2609 | 0.9647 | 12.4783 | 113 | 1 | 21.4037 |
| | 中间中心度 | 2.2578 | 0.8627 | 52.1086 | 518.479 | 0 | 99.9151 |
| | 特征向量中心度 | 0.2169 | 0.9590 | 0.2422 | 1 | 0 | 0.2519 |

续表

| 类型 | 中心度指标 | Zipf 参数（$q$） | 拟合优度（$R^2$） | 指标均值 | 指标最大值 | 指标最小值 | 标准差 |
|---|---|---|---|---|---|---|---|
| 二日游 | 加权中心度 | 1.4526 | 0.9471 | 21.5349 | 158 | 1 | 37.0263 |
| | 中间中心度 | 2.1146 | 0.8255 | 46.4651 | 435.284 | 0 | 78.8811 |
| | 特征向量中心度 | 0.2412 | 0.9211 | 0.3003 | 1 | 0 | 0.2950 |
| 三日游及以上 | 加权中心度 | 1.7838 | 0.9348 | 194.5362 | 1643 | 2 | 386.2654 |
| | 中间中心度 | 2.0657 | 0.9148 | 63.3623 | 792.295 | 0 | 147.9393 |
| | 特征向量中心度 | 0.0195 | 0.9298 | 0.3570 | 1 | 0.037 | 0.2614 |

## 第三节　游客流动网络结构

### 一、一日游节点间游客流动网络结构特征

#### (一)一日游节点间流量分析

一日游游客涉及139条路径。一日游节点间游客流动规模表现出了帕累托分布特征，即规模等级从高到低、路径数量由少到多的特征。总体而言，受欢迎的节点路径和四级及以上游客流动规模分布的节点路径主要位于临潼区、莲湖区、碑林区、雁塔区，受欢迎的节点路径涉及7个景点，即回民街、华清池、骊山、秦始皇帝陵博物院、城墙、大唐芙蓉园、陕西历史博物馆，说明这些城区和景点在一日游游客流动网络结构中的连接作用是至关重要的。

通过对节点之间路径的游客流量分析，得出一日游节点间游客流动规模的数值。根据聚类的自然断点法，将一日游节点间游客流动规模划分为5个等级：①一级流动联系有2条，即城墙→回民街、华清池→骊山，是一日游游客选择的热门节点路径；②二级流动联系有7条，即华清池→秦始皇帝陵博物院、骊山→华清池、回民街→华清池、回民街→大唐芙蓉园、回民街→陕西历史博物馆、华清池→回民街、骊山→秦始皇帝陵博物院，是较受一日游游客欢迎的节点路径；③三级流动联系有7条，即回民街→秦始皇帝陵博物院、回民街→鼓楼、秦始皇帝陵博物院→华清

池、秦始皇帝陵博物院→回民街、大雁塔→回民街、大雁塔→大唐不夜城、回民街→城墙;④四级流动联系有13条,即大唐芙蓉园→回民街、华清池→大唐芙蓉园、回民街→西安清真大寺、回民街→骊山、秦始皇帝陵博物院→骊山、城墙→秦始皇帝陵博物院、大唐芙蓉园→华清池、大唐芙蓉园→大雁塔、鼓楼→回民街、华清池→大雁塔、回民街→钟楼、陕西历史博物馆→回民街、陕西历史博物馆→秦始皇帝陵博物院;⑤五级流动联系有110条,限于篇幅,略。一日游游客选择旅游景点路线组合在热门和知名景点上的凝聚性较强,而其他景点的凝聚性较弱。原因可能是一日游游客的出游时间非常有限,绝大部分游客在景点路径的选择上目标性强,有一定的集聚性,还有一部分游客选择的景点和路线比较小众。

### (二)一日游核心-边缘节点分析

运用UNINET6.6软件的core-periphery模型算法,得出一日游核心区和边缘区的旅游节点分布及密度矩阵,见表5-6。

表5-6 一日游核心-边缘节点及其密度矩阵

| 分区 | 旅游节点 | 核心区联系密度 | 边缘区联系密度 |
|---|---|---|---|
| 核心区 | 碑林、城墙、翠华山、大明宫国家遗址公园、大唐不夜城、大唐芙蓉园、大唐西市、大兴善寺、大雁塔、都城隍庙、粉巷、鼓楼、华清池、回民街、骊山、秦岭九龙潭、秦始皇帝陵博物院、青龙寺、陕西历史博物馆、书院门、西安交通大学、西安清真大寺、湘子庙、永兴坊、钟楼 | 0.42 | 0.034 |
| 边缘区 | 广仁寺、汉城湖景区、兴教寺、华严寺、栎阳城遗址、莲湖公园、南五台、秦岭野生动物园、清真西寺、曲江池遗址公园、陕西师范大学、陕西自然博物馆、唐乐宫剧院、万寿八仙宫、王家大院、五星街教堂、西安博物院、西安世博园、西北大学、香积寺、长安大学 | 0.029 | 0.005 |

25个旅游节点构成核心区,21个旅游节点构成边缘区,在一日游中核心区的节点个数大于边缘区的节点个数,核心区节点基本为2A～5A级景点以及热门景点。核心区与核心区节点之间的联系密度最大,为0.42,边缘区与边缘区节点之间的联系密度最小,为0.005。无论是核心区节点与边缘区节点,还是边缘区节点与核心区节点,其联系密度均小于一日游整体联系密度。

密度矩阵说明在一日游中节点之间的联系多集中在核心区，核心区和边缘区以及边缘区和核心区节点之间的联系程度较低，边缘区节点的内部联系程度最低，一日游游客流动网络结构存在明显的核心-边缘结构分层。

## 二、二日游节点间游客流动网络结构特征

### （一）二日游节点间流量分析

二日游游客涉及 176 条路径。通过对节点之间路径的游客流量分析，根据聚类的自然断点法，将二日游节点间游客流动规模划分为 5 个等级：①一级流动联系有 4 条，即华清池→秦始皇帝陵博物院、华清池→骊山、回民街→华清池、骊山→华清池，是二日游游客选择的热门节点路径；②二级流动联系有 5 条，即城墙→回民街、回民街→秦始皇帝陵博物院、回民街→城墙、回民街→陕西历史博物馆、华清池→大唐芙蓉园，是较受二日游游客欢迎的节点路径；③三级流动联系有 13 条，即华清池→回民街、回民街→大唐芙蓉园、秦始皇帝陵博物院→回民街、陕西历史博物馆→华清池、大唐芙蓉园→回民街、秦始皇帝陵博物院→华清池、大唐芙蓉园→华清池、鼓楼→回民街、回民街→鼓楼、秦始皇帝陵博物院→城墙、陕西历史博物馆→大雁塔、陕西历史博物馆→秦始皇帝陵博物院、秦始皇帝陵博物院→大雁塔；④四级流动联系有 21 条，即城墙→陕西历史博物馆、大雁塔→秦始皇帝陵博物院、回民街→大雁塔、回民街→骊山、回民街→钟楼、骊山→秦始皇帝陵博物院、秦始皇帝陵博物院→骊山、大雁塔→大唐芙蓉园、华清池→城墙、华清池→大雁塔、华清池→陕西历史博物馆、秦始皇帝陵博物院→大唐芙蓉园、陕西历史博物馆→回民街、钟楼→鼓楼、城墙→华清池、大雁塔→大唐不夜城、大雁塔→华清池、粉巷→城墙、回民街→碑林、骊山→回民街、秦始皇帝陵博物院→鼓楼；⑤五级流动联系有 133 条，限于篇幅，略。二日游节点间游客流动规模呈现“金字塔”形，等级越高数量越少，等级越低数量越多。综上分析，受欢迎的节点路径和四级及以上的游客流动规模分布的节点路径主要位于临潼区、莲湖区、碑林区、雁塔区，受欢迎的节点路径涉及 7 个景点：回民街、华清池、骊山、秦始皇帝陵博物院、城墙、大唐芙蓉园、陕西历史博物馆。表明这 4 个区和7 个景点是构成二日游游客流动网络结构的重要节点及区位。游客在知名度高及地理区位较好的景点路径选择上具有趋同性。

### (二)二日游核心-边缘节点分析

二日游核心区和边缘区的旅游节点分布及密度矩阵见表5-7。

表5-7 二日游核心-边缘节点及其密度矩阵

| 分区 | 旅游节点 | 核心区联系密度 | 边缘区联系密度 |
|---|---|---|---|
| 核心区 | 西安半坡博物馆、碑林、城墙、翠华山、大明宫国家遗址公园、大唐不夜城、大唐芙蓉园、大雁塔、都城隍庙、粉巷、鼓楼、华清池、回民街、骊山、秦始皇帝陵博物院、陕西历史博物馆、西安博物院、永兴坊、钟楼 | 1.205 | 0.059 |
| 边缘区 | 大兴善寺、古观音禅寺、广仁寺、汉城湖景区、兴教寺、华严寺、栎阳城遗址、南五台、秦岭野生动物园、青龙寺、曲江池遗址公园、曲江寒窑遗址公园、书院门、万寿八仙宫、卧龙寺、西安清真大寺、西安世博园、西安事变纪念馆、香积寺、湘子庙、小五台、兴庆宫公园、长安大学、长乐公园 | 0.044 | 0.013 |

19个旅游节点构成核心区,24个旅游节点构成边缘区,核心区节点个数略少于边缘区节点个数,核心区节点为5A级和4A级景点,以及热门景点、“网红”景点和传统景点。核心区与核心区节点之间的联系密度为1.205,远远高于核心区和边缘区节点之间的联系密度0.059、边缘区和核心区节点之间的联系密度0.044,以及边缘区与边缘区节点之间的联系密度0.013。这说明二日游游客流动网络结构存在明显的核心-边缘结构分层,在二日游中核心区节点的内部联系程度最为强烈,边缘区节点的内部联系程度最弱,其余表现较弱。

## 三、三日游及以上节点间游客流动网络结构特征

### (一)三日游及以上节点间流量分析

三日游及以上游客涉及900条路径。通过对节点之间路径的游客流量分析,根据聚类的自然断点法,将三日游及以上节点间游客流动规模划分为5个等级:①一级流动联系有4条,即华清池→秦始皇帝陵博物院、华清池→骊山、

秦始皇帝陵博物院→华清池、陕西历史博物馆→大雁塔，是最受三日游及以上游客欢迎的节点路径；②二级流动联系有12条，即回民街→华清池、回民街→陕西历史博物馆、城墙→回民街、骊山→秦始皇帝陵博物院、鼓楼→回民街、回民街→秦始皇帝陵博物院、回民街→城墙、钟楼→鼓楼、骊山→华清池、秦始皇帝陵博物院→回民街、钟楼→回民街、大雁塔→大唐芙蓉园，是较受三日游及以上游客欢迎的节点路径；③三级流动联系有29条，即秦始皇帝陵博物院→大雁塔、回民街→鼓楼、秦始皇帝陵博物院→城墙、大雁塔→城墙、回民街→大雁塔、秦始皇帝陵博物院→骊山、秦始皇帝陵博物院→陕西历史博物馆、大唐芙蓉园→华清池、大雁塔→回民街、陕西历史博物馆→大唐芙蓉园、城墙→秦始皇帝陵博物院、大雁塔→陕西历史博物馆、回民街→鼓楼、华清池→大唐芙蓉园、大雁塔→秦始皇帝陵博物院、陕西历史博物馆→回民街、城墙→大雁塔、大唐芙蓉园→大雁塔、城墙→华清池、大雁塔→华清池、城墙→钟楼、回民街→大唐芙蓉园、华清池→陕西历史博物馆、华清池→回民街、鼓楼→钟楼、华清池→大雁塔、大唐芙蓉园→秦始皇帝陵博物院、大唐芙蓉园→城墙、西安博物院→大雁塔；④四级流动联系有75条，限于篇幅，略；⑤五级流动联系有780条，限于篇幅，略。三日游及以上节点间游客流动规模呈现“金字塔”形，等级越高数量越少，等级越低数量越多。受欢迎的节点路径位于临潼区、雁塔区、莲湖区，四级及以上的游客流动规模分布的节点路径主要位于临潼区、莲湖区、碑林区、雁塔区、未央区。受欢迎的节点路径涉及10个景点：回民街、华清池、秦始皇帝陵博物院、骊山、城墙、陕西历史博物馆、大雁塔、钟楼、鼓楼、大唐芙蓉园。表明这5个区和10个景点是构成三日游及以上游客流动网络结构的重要节点及区位。三日游及以上游客选择的旅游景点众多，出游时间相对宽松，除了有一部分景点出现区位邻近、知名度相似等特点外，游客选择旅游景点路线组合呈现出一定程度的分散性，不具有核心组团的强凝聚性。

### (二)三日游及以上核心-边缘节点分析

三日游及以上核心区和边缘区的旅游节点分布及密度矩阵见表5-8。

表 5-8　三日游及以上核心-边缘节点及其密度矩阵

| 分区 | 旅游节点 | 核心区联系密度 | 边缘区联系密度 |
|---|---|---|---|
| 核心区 | 西安半坡博物馆、城墙、大唐芙蓉园、大雁塔、鼓楼、华清池、回民街、骊山、秦始皇帝陵博物院、陕西历史博物馆 | 40.833 | 2.082 |
| 边缘区 | 白鹿原、半坡国际艺术区、碑林、秦皇大剧院、翠华山、大华 1935、大明宫国家遗址公园、大唐不夜城、大唐西市、大兴善寺、东城清真寺、都城隍庙、杜陵遗址公园、粉巷、高培支旧居、古观音禅寺、广仁寺、汉城湖景区、汉阳陵、兴教寺、华严寺、环城公园、蛟峪二郎山风景区、栎阳城遗址、莲湖公园、骡马市步行街、南五台、秦岭九龙潭、秦岭野生动物园、青龙寺、清真西寺、曲江池遗址公园、曲江海洋极地公园、曲江寒窑遗址公园、陕西师范大学、陕西自然博物馆、书院门、太平国家森林公园、唐城墙遗址公园、唐乐宫剧院、万寿八仙宫、王家大院、卧龙寺、五星街教堂、西安博物院、西安电子科技大学、西安交通大学、西安清真大寺、西安世博园、西安事变纪念馆、西北大学、香积寺、湘子庙、小五台、兴庆宫公园、永兴坊、长安大学、长乐公园、钟楼 | 1.983 | 0.139 |

10 个旅游节点构成核心区，59 个旅游节点构成边缘区，核心区的节点个数远远少于边缘区的节点个数，表现为较强的核心区集聚性，核心区节点为 5A 级景点（大雁塔-大唐芙蓉园、华清池、秦始皇帝陵博物院）、4A 级景点（西安半坡博物馆、城墙、骊山），以及热门景点（鼓楼、回民街），核心区与核心区节点之间的联系密度为 40.833，远远高于核心区与边缘区节点之间的联系密度2.082，以及边缘区与核心区节点之间的联系密度 1.983，它们均远远高于边缘区与边缘区节点之间的联系密度 0.139。三日游及以上游客流动网络结构的核心-边缘分层异常明显，核心区节点的内部联系程度最为强烈，核心区和边缘区以及边缘区和核心区节点之间的联系程度较强，边缘区节点的内部联系程度最弱，边缘区节点的联系程度对整体联系密度产生了负面影响。

# 第四节　游客流动结构差异

## 一、不同出游时间游客到访旅游景点数量比较分析

通过对不同出游时间类型的游客流动节点的总体统计分析，在一日游中，游客游玩的景点个数最多的为 6 个，116 个游客选择 1 个景点，156 个游客选择 2 个景点，31 个游客选择 3 个景点，选择 3 个以上景点的游客寥寥无几，可以看出绝大部分一日游游客的游玩景点个数为 1～2 个景点，一日游游客平均游览景点 1.6 个；在二日游中，游客游玩的景点个数最多的为 8 个，选择 3 个景点游玩的游客最多，有 105 人，其次为选择 2 个景点游玩的游客，有 40 人，选择 1 个景点游玩的游客 21 人，选择 4 个景点游玩的游客 17 人，选择 5～8 个景点游玩的游客均不足 10 人，因此二日游有一半游客的游玩景点个数为 3 个，二日游游客平均游览景点 2.7 个；在三日游及以上中，游客游玩的景点个数最多的为 23 个，选择 4～8 个景点游玩的游客人数居多，分别为 144 人、149 人、129 人、115 人、102 人，总人数达到 639 人，占三日游及以上样本量的 59%，而选择游玩极少个数和极多个数景点的游客人数较少，三日游及以上游客平均游览景点 6.4 个，其中三日游游客平均游览景点 4.3 个。从不同时间类型的游客游玩景点个数来看，旅游时间越长，游客平均到访的景点个数越多；从日平均游客游玩景点个数来看，一日游、二日游、三日游及以上的游客日平均游览景点分别为 1.6 个、1.4 个、1.4 个，一日游游客日均游玩景点的个数大于二日游和三日游及以上的，二日游和三日游及以上的基本接近，说明游客一般倾向利用较短的时间游玩更多的景点。

## 二、不同出游时间的旅游节点及其网络结构对比

由于不同出游时间的游客涉及的节点、路径及流量数据量较大且复杂，为了更直观地分析和对比它们的节点及其之间的关系，基于中间中心度和节点间流量数据，采用 DataViz 可视化数据分析软件形成图 5 - 4 三种不同出游时间类型的弦图。

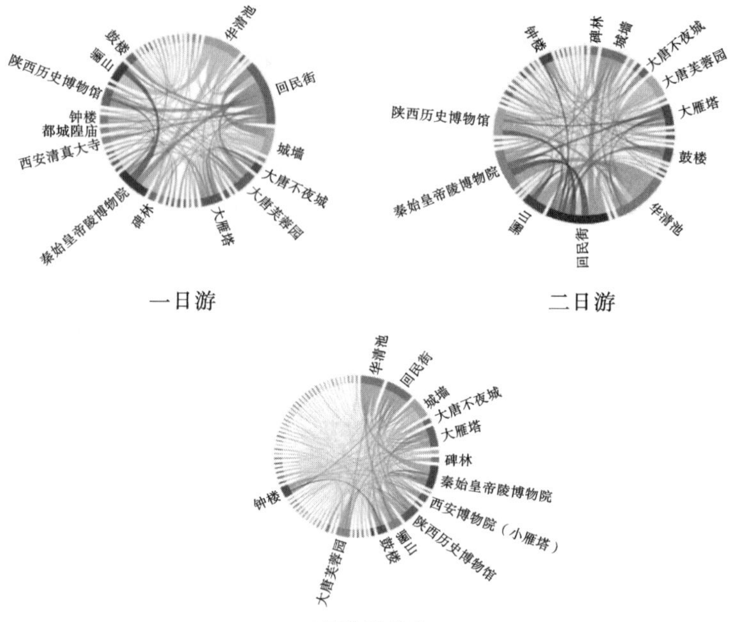


三日游及以上

**图 5－4　不同时间类型游客出游网络结构比较**

圆上任意两节点之间的线段称作弦，弦代表两节点之间的关联关系。节点的弧度长度代表节点的加权中心度大小所占的比例，弧度越长，则比例越大，表明节点在流动网络中的地位越重要，越有市场优势。弦的宽度代表不同景点之间的关联程度和比例，宽度越宽，则关联程度越大、比例越高，表明两个景点之间的游客流动规模越大、联系越紧密。从图 5－4 中可以看出，一般来说，节点的弧度越长，连接节点的弦越宽，换言之，节点的中心度重要性与该节点与其他节点的联系程度呈现一定的正相关。

西安市区不同出游时间的节点网络结构总体呈现大雁塔景点组团（大雁塔、陕西省历史博物馆、大唐芙蓉园）、钟楼景点组团（钟楼、回民街、城墙）、秦始皇帝陵博物院景点组团（秦始皇帝陵博物院、华清池、骊山）的“小集聚、大分散”特征，景点组团内的景点均为 5A 级、4A 级或热门景点，位于中心繁华地段或者知名旅游区，且组团内景点之间距离较近、空间分布集聚、交通出行较为便捷。总体而言，区位邻近、知名度接近与交通便利是促进游客流动形成景点组团的关键因子。一日游和二日游景点的凝聚性强于三日游及以上的，三日游及以上因为时间的充裕性导致游客对景点的选择更加广泛和分散。

一日游、二日游、三日游及以上不同出游时间的核心中间中心度节点基本重合，均是回民街、华清池、秦始皇帝陵博物院、城墙、大唐芙蓉园、大雁塔、骊山、陕西历史博物馆、鼓楼、大唐不夜城、钟楼、碑林，但是排序上略有差异，回民街的核心地位首屈一指，其中一日游和二日游的相似度更高。

不同出游时间的节点联系紧密程度有差异，从弦的数量和宽度来分析，在一日游中，回民街、华清池、秦始皇帝陵博物院、城墙、骊山、陕西历史博物馆、大唐芙蓉园、大雁塔是对外联系较多的节点，城墙—回民街、华清池—骊山是联系最紧密的两条路径；在二日游中，华清池、回民街、秦始皇帝陵博物院、陕西历史博物馆、大唐芙蓉园、骊山、城墙、大雁塔是对外联系较多的节点，华清池—秦始皇帝陵博物院、华清池—骊山是联系最紧密的两条路径；在三日游及以上中，回民街、秦始皇帝陵博物院、华清池、大雁塔、城墙、陕西历史博物馆、大唐芙蓉园、骊山是对外联系较多的节点，华清池—秦始皇帝陵博物院、华清池—骊山、陕西历史博物馆—大雁塔是联系最为紧密的三条路径。一日游、二日游、三日游及以上对外联系较多的节点完全一致，但强联系路径不同。华清池—骊山是三种时间类型下联系最多的路径。

西安市区旅游节点网络结构存在明显的核心-边缘结构，而且随着旅游时间的增长，核心-边缘结构更明显，核心区的节点联系强度更大。一日游核心区节点个数最多，三日游及以上核心区节点个数最少。总的来说，核心区旅游节点的发展势头良好，核心区旅游节点对边缘区的带动辐射作用有限，有待进一步加强，边缘区旅游节点的发展比较落后，亟需改善。

本章基于 2018 年 6 月 30 日至 2019 年 6 月 30 日网络攻略数据的 1 608 个有效样本，提取三种出行时间的景点流动轨迹，通过对中心度、节点间流量、网络密度、凝聚子群、核心-边缘等分析，以及节点和路径的平均指标的测算，在构建游客流动网络的基础上，探讨一日游、二日游、三日游及以上的游客流动节点特征及其景点间整体流动网络结构特征，得出如下结论。

(1)在不同的出游时间约束下，目的地游客旅游出行行为表现出了显著的时间异质性，在出游频率、出游规模及出游范围方面均有所体现。一日游和二日游游客到访的景点数量接近，三日游及以上游客到访的景点数量远多于一日游和二日游的。旅游时间越长，游客平均到访的景点个数越多，一日游1.6个，二日游2.7个，三日游及以上为6.4个(其中三日游4.3个)。从日平均游客游玩景点个数来看，游客一般倾向利用较短的时间游玩更多的景点。一日游游客日平均游览景点1.6个，二日游、三日游及以上的游客日平均游览景点均为1.4个。

(2)随着出游时间的增加，三种出游时间类型的旅游节点等级结构体系呈现出了稳定且显著的、以高等级景点为枢纽的“强强”关联特征，高等级景点的游客集聚功能提升显著。节点的核心性与所在景点的等级及热门程度有关。节点等级在不同出游时间中表现出差异性，通过比较三种时间尺度的特征发现，回民街是占绝对优势的核心节点，其他核心和重要节点分布在临潼区、雁塔区和碑林区，包括华清池、秦始皇帝陵博物院、城墙、大唐芙蓉园、大雁塔、骊山、陕西历史博物馆、鼓楼、大唐不夜城、钟楼、碑林，但节点的核心和重要地位在不同出游时间中有差别。

(3)西安市旅游吸引物的节点等级结构具有显著的等级规模差异特征，由回民街、华清池、秦始皇帝陵博物院、大雁塔、城墙、陕西历史博物馆6个核心节点，大唐芙蓉园、骊山、钟楼、鼓楼、西安博物院、碑林、大唐不夜城7个重要节点，永兴坊、大明宫国家遗址公园、书院门、西安清真大寺、曲江池遗址公园5个一般节点，青龙寺、粉巷、西安半坡博物馆、大兴善寺、湘子庙、汉城湖景区、都城隍庙7个劣势节点，广仁寺、翠华山、长安大学、西安交通大学、秦岭野生动物园、高培支旧居、兴庆宫公园、西安世博园、大唐西市、曲江寒窑遗址公园、兴教寺、唐城墙遗址公园、莲湖公园等44个边缘节点构成。

(4)区位邻近、知名度接近与交通便利是形成景点组团的关键因子，且三种出游时间的景点间大规模流动均表现在景点组团内的流动。一日游是城墙—回民街、华清池—骊山；二日游是华清池—秦始皇帝陵博物院、华清池—骊山；三日游及以上是华清池—秦始皇帝陵博物院、华清池—骊山、陕西历史博物馆—大雁塔，而且随着旅游时间增加，虽然大规模流动的路径在增多，但是从整体路径结构来看，游客选择旅游景点路线组合的凝聚性却在逐渐减弱。

第六章

# 景点交通可达性对游客空间流动的影响及其差异

人的行为既是对环境感知的一种主动反应，也是在各种制约下的必然结果（柴彦威 等，2010）。已有研究证明，早期的研究太过于强调个人的选择行为而忽视了宏观背景对出行产生的影响。游客空间流动的形成因素包括客源地的推力、目的地的拉力、旅游者的内推力，以及旅游阻力等要素。旅游从本质上来讲是指所有的出行，交通的移动性是游客出行和空间位移的基础保障。可达性是衡量交通便利程度和实现游客出行的关键指标，是产生游客流动的重要前提条件。有研究认为，距离和交通便利度是影响游客空间流动的主要因素（保继刚 等，1999；吴晋峰 等，2010；吴必虎，1994）。聚焦于目的地城市游客流动，景点交通可达性作为表征旅游阻力的综合性指标，是目的地城市内部游客流动生成的主要因素。据此，在前述第四章和第五章分别对景点交通可达性与游客空间流动网络特征进行深入研究的基础上，本章进一步探讨景点交通可达性对不同时间类型游客空间流动的影响及方式差异。具体来说，从流动关系视角出发，突破以往属性化分析思路，采用二次指派程序（quadratic assignment procedure，QAP），以景点间流动规模为因变量，以景点间不同方式可达性、景点吸引力为解释变量，集中探讨不同交通方式景点交通可达性对游客流动的影响及其差异。

## 第一节　变量选取、分析模型和研究方法

### 一、变量选取和分析模型

游客空间流动网络是由景点与景点之间的游客流构成的，影响游客流动的各种因素同样对游客空间流动网络结构的形成与演化产生影响。基于网

络游记数据中反映地理空间信息的特点，在对游客景点空间流动影响因素的分析中，更多考虑景点及其空间属性，并根据已有文献研究中具有统计意义的影响因素，整理形成各个解释变量，具体包括以下两个方面。

(1)不同交通方式的景点交通可达性。交通可达性影响游客对旅游目的地的选择，进而影响目的地城市游客流动空间格局的形成(王赟赟 等，2018；李欣存，2016)。出行距离、耗费时间和花费成本是交通可达性常规的测算指标(Medlik，2003)。一般而言，耗费时间随着出行距离的增长而增加，耗费时间越长则出行距离越远，两者具有相关性。已有研究发现，景点之间距离越近则流动频率越高，距离影响景点流动路径的选择与形成(靳诚 等，2014)。Huang 等(2017)在对中国游客的分析中发现，游客流动受到出行时间的显著影响。不同交通方式出行时间所反映的机会成本也是影响游客流动的主要因素之一(Huang et al.，2012)。通过对德国黑塞北部的相关研究显示，游客在目的地的流动性与目的地交通方式选择之间具有高度显著的相关性(Dominik et al.，2017)。据此，本书中的景点交通可达性为不同交通方式景点交通可达性，以常规公交出行时间、常规公交/地铁相结合的公交出行时间，以及小汽车出行时间进行表征，数据来源于百度实时出行的不同交通方式可达性时间。

(2)景点吸引力。已有研究发现，高中心度景点之间流量较大，景点中心性与其等级具有一定的正相关，景点流动路径受景点等级的影响(靳诚 等，2014)。阮文奇等(2018)通过对赴泰中国游客的研究指出，目的地吸引力是旅游流网络结构形成的主要影响因素。景点吸引力是城市景点间游客流动网络形成的影响因素(李欣存，2016)。景点吸引力一般通过景点等级或景点热门程度来体现。本书中采用景点等级来表示吸引力，游客到访景点中包括24 个 A 级景点(2A～5A)，2A、3A、4A、5A 级景点分别赋值为 2、3、4、5，5A 级景点中西安大雁塔—大唐芙蓉园景区在空间位置上表现为 2 个景点，分别赋值为 5。其余 44 个非 A 级景点根据游客到访量来判断景点吸引力，通过比较非 A 级景点游客到访量和 A 级景点不同级别游客平均到访量，根据落入区间判断非 A 级景点的等级进而赋值。基于此，构建景点交通可达性对游客流动的影响模型如下：

$$Y=f(A_i^{p}, A_i^{pm}, A_i^{c}, LOA) \tag{1}$$

式中，$Y$ 代表游客景点空间流动规模矩阵；$A_i^p$ 代表 $i$ 景点的常规公交可达性，$A_i^{pm}$ 代表 $i$ 景点的常规公交/地铁可达性，$A_i^c$ 代表 $i$ 景点的小汽车可达性(数据来源于百度实时出行的不同交通方式可达性时间)，$LOA$ 代表景点吸引力，使用景点等级表示。

## 二、研究方法

常规统计分析方法具有对自变量共线性的严格要求，否则很可能得到的是无效、失真的参数估计值，相应的显著性检验也就失去基本意义(刘军，2007)。本章分析景点交通可达性对游客空间流动的影响，涉及的变量为关系型变量，其数据本身就是关于联系的数据，直接违背避免共线性的原则，不能利用常规统计分析方法对其进行参数估计和统计检验。QAP 分析正是一种基于关系型数据的非参数估计方法，不要求自变量之间相互独立，以重新抽样为基础，通常多频次反复抽样估计出统计量的标准误，参数估计结果更加稳健，和其他常规参数检验方法相比具有明显的优势，能够有效地解决传统计量方法在关系型数据处理上存在的多重共线性及虚假相关等问题(种照辉 等，2017)。这种方法的统计偏差和效率特性被证明是非常合理的，且经过 QAP 非参数置换检验得到的结果具有可解释性(Krackhardtd，1987)。因此，本书采用 QAP 方法进行分析可增强结论的有效性。

QAP 分析包括 QAP 相关分析和回归分析。其中，QAP 相关分析主要用于分析两种“关系矩阵”之间或者属性与关系之间是否显著相关，从而说明一种关系的建立或一个属性对另一种关系实现的影响。通过对两个矩阵或多个矩阵各个元素值的相似性进行比较，得出两个矩阵间的相关系数，同时对系数进行非参数检验。具体的计算过程如下：首先，将矩阵转换为长向量，进行常规的多元回归分析，计算两者的相关系数；其次，随机置换矩阵中行和对应的列，目的是保持原始数据的完整性，计算置换后矩阵与另一矩阵间的相关系数；再次，根据关系矩阵规模的大小，选择重复次数，重复这一计算过程，得到相关系数的分布；最后，比较首次计算结果与其后计算结果的分布情况，观察随机置换之后计算得出的所有相关系数大于或等于首次计算得出的相关系数的比例，确定相关系数在分布中是否落入接受域或拒绝域，以此判断相关系数的显著性。若该比例处于＜1%、1%～5%或＞5%～10%区间的显著性水平内，其统计意义表明所研究的矩阵之间存在强关联关系（刘军，2007；种照辉 等，2017；王俊 等，2018）。

QAP 回归分析主要是考察多个关系矩阵与一个关系矩阵间的回归关系。计算方法类似于 QAP 相关分析。首先，通过将自变量矩阵和因变量矩阵转换为长向量进行常规的多元回归分析；其次，对因变量矩阵中的行与相应的列同时随机置换，进行回归分析，多次重复该过程，从而对系数的显著性以及判定系数进行估计；最后，得到截距项及各个自变量的非标准化回归系数、标准化回归系数等统计性检验结果。

# 第二节　景点交通可达性和游客流动的相关性

## 一、QAP 相关分析

为了确立各解释变量，基于包括常规公交出行时间（$x_1$）、常规公交/地铁出行时间（$x_2$）、小汽车出行时间（$x_3$）等的景点交通可达性变量及景点等级加和矩阵（$x_4$）及差值矩阵（$x_5$）表示的景点吸引力变量，与被解释变量（游客景点空间流动）之间是否存在显著的相关关系，进行两两关系变量矩阵相关性分析，使用 Ucinet 软件，选择 5 000 次随机置换，得到的 QAP 相关分析结果如表6－1 所示。

表 6－1　游客景点空间流动和各影响因素之间的相关性分析结果

| 变量名称 | 相关系数 | 显著性水平 | 标准差 | 最小值 | 最大值 |
| --- | --- | --- | --- | --- | --- |
| 常规公交出行时间（$x_1$） | −0.040 | 0.005 | 0.044 | −0.279 | 0.456 |
| 常规公交/地铁出行时间（$x_2$） | −0.030 | 0.000 | 0.056 | −0.279 | 0.459 |
| 小汽车出行时间（$x_3$） | −0.023 | 0.015 | 0.066 | −0.291 | 0.421 |
| 景点等级加和矩阵（$x_4$） | 0.418 | 0.001 | 0.058 | −0.371 | 0.354 |
| 景点等级差值矩阵（$x_5$） | 0.027 | 0.020 | 0.056 | −0.213 | 0.245 |

相关系数表示各解释变量与被解释变量之间的相关性，显著性水平表示各解释变量与被解释变量之间的相关系数的显著性，最小值、最大值分别表示矩阵随机置换结果中所得到的相关系数最小值和最大值。从表 6－1 中可以看出，

常规公交、常规公交/地铁、小汽车出行时间与游客景点空间流动呈负相关。不难理解，随着景点三种交通方式的出行时间成本增大，游客景点空间流动流量在减小。景点等级加和矩阵、景点等级差值矩阵和游客景点空间流动呈现出行正相关。具体来说，在三种出行方式中，常规公交出行时间的负相关性最大，其次是常规公交/地铁出行时间，最后是小汽车出行时间。景点等级加和矩阵的正相关性大于景点等级差值矩阵的，可能表明游客在同级别景点间的流动规模较大，景点之间的等级差值越大，游客景点空间流动流量也越大，但景点等级加和矩阵与游客景点空间流动的相关性更大，这与第五章游客在高等级景点间流动规模较高的结论相呼应。从显著性水平来看，各解释变量和游客景点空间流动都具有显著的相关性。其中，常规公交出行时间、常规公交/地铁出行时间、景点等级加和矩阵与游客景点空间流动在1%水平上显著，小汽车出行时间、景点等级差值矩阵与游客景点空间流动在5%水平上显著。总体上说明出行时间成本、同级景点集聚性与差异性均是影响游客流动规模的重要因素。

## 二、QAP 回归分析

在进行上述各影响因素和游客景点空间流动的相关性分析之后，得出这五个解释变量都可进行 QAP 回归分析，然后选择 5 000 次随机置换，对常规公交出行时间、常规公交/地铁出行时间、小汽车出行时间等的景点交通可达性变量，景点等级加和矩阵及差值矩阵的景点吸引力变量，被解释变量（游客景点空间流动）进行 QAP 回归分析，结果如表 6－2 所示。

表 6－2　游客景点空间流动影响因素的 QAP 回归分析结果

| 变量名称 | 非标准化回归系数 | 标准化回归系数 | 显著性概率 | 概率 1 | 概率 2 |
| --- | --- | --- | --- | --- | --- |
| 截距值 | −41.1350 | 0 | | | |
| 常规公交出行时间 | −0.0032 | −0.5113 | 0*** | 1 | 0 |
| 常规公交/地铁出行时间 | −0.0029 | −0.4510 | 0*** | 1 | 0 |
| 小汽车出行时间 | −0.0006 | −0.0429 | 0.027** | 0.973 | 0.027 |
| 景点等级加和矩阵 | 7.1366 | 0.4387 | 0*** | 0 | 1 |
| 景点等级差值矩阵 | 0.0036 | 0.0003 | 0.477 | 0.477 | 0.524 |

注：***、** 分别表示在 1% 和 5% 水平上显著。

标准化回归系数说明了解释变量矩阵关系影响因变量矩阵关系的大小。判定系数值 $R^2$ 的计算结果为0.267,调整后判定系数值 $Adj\ R^2$ 的计算结果为0.324,说明景点不同交通方式可达性和景点吸引力两大类影响因素的差异变化能够解释32%的游客景点空间流动变化,模型在一定程度上解释游客景点空间流动的形成路径与作用程度。$P$ 值为0,在1%的统计水平上显著,验证了构建的模型是可靠的。五个解释变量除了景点等级差值矩阵外,均通过了显著性检验,具体如下。

(1)常规公交出行时间的标准化回归系数为-0.5113,对游客景点空间流动的影响最大,景点常规公交可达时间每提高1%时,在其他条件不变的情况下,游客景点空间流动规模将减少0.511%,直接说明常规公交作为西安市游客出行的主要交通方式,其出行便利性对提升游客出行效率及提升旅游吸引力至关重要。

(2)常规公交/地铁出行时间的标准化回归系数为-0.4510,表明在现有的样本数据前提下,景点的常规公交/地铁可达时间每提高1%,在其他条件不变的情况下,游客景点空间流动规模将下降0.451%。究其原因:一方面,由于集中于城区的高等级景点与西安地铁线路有较高的空间耦合程度,回民街、大雁塔、钟鼓楼等前述高中心度景点都有地铁站点,从而在轨道交通安全性、快速性与舒适性特点下,地铁自然成为游客出行的首选方式;另一方面,远距离景点更倾向选用常规公交/地铁出行,侧面说明单一公交网络在旅游系统中的滞后性,因此,直接形成了上述结果。这也说明了城市轨道交通在西安这类旅游型城市中的重要性。

(3)小汽车出行时间的标准化回归系数为-0.0429,表明当景点的小汽车可达时间每提高1%时,在其他条件不变的情况下,游客景点空间流动流量将下降0.043%,小汽车出行时间的影响程度较小,聚焦于西安,小汽车出行主要用于外围景点,除秦始皇帝陵博物院、华清池等著名景点外,其他外围景点吸引力相对较弱,使得在出行时间增加的前提下,形成了小汽车出行时间对游客流动的负向影响。

(4)景点等级加和矩阵的标准化回归系数为0.4387,表明当景点等级加和矩阵每提高1%时,在其他条件不变的情况下,游客景点空间流动流量将上升0.439%,景点等级加和矩阵的正向影响程度较大,表明同等级景点及高等级景点间的游客流动规模较高。景点等级差值矩阵的标准化回归系数很小，其影响可以忽略。

一日游、二日游、三日游及以上三种出游时间类型下形成的游客景点空间流动结构并不相同，具有差异。为了进一步判定五个解释变量在不同出游时间的约束下对被解释变量的影响程度有无变化，接下来按不同出游时间进行 QAP 回归分析，结果分别如表 6－3、表 6－4、表 6－5 所示。

**表 6－3　一日游景点空间流动影响因素的 QAP 回归分析结果**

| 变量名称 | 非标准化回归系数 | 标准化回归系数 | 显著性概率 | 概率 1 | 概率 2 |
|---|---|---|---|---|---|
| 截距值 | 3.7973 | 0 | | | |
| 常规公交出行时间 | 0 | 0.0414 | 0.057* | 0.057 | 0.943 |
| 常规公交/地铁出行时间 | −0.0002 | −0.2342 | 0*** | 1 | 0 |
| 小汽车出行时间 | 0.0002 | 0.1249 | 0.006*** | 0.006 | 0.994 |
| 景点等级加和矩阵 | 0.2429 | 0.3069 | 0*** | 1 | 0 |
| 景点等级差值矩阵 | −0.1080 | −0.0669 | 0.006** | 0.995 | 0.006 |

注：***、**分别表示在1%和5%水平上显著。

一日游判定系数值 $R^2$ 的计算结果为 0.189，调整后判定系数值 $Adj\ R^2$ 的计算结果为 0.201，$P$ 值为 0，表明景点不同交通方式的可达性和景点吸引力两类影响因素的差异变化能够解释 20.1%的一日游游客景点空间流动变化。一日游中，五个解释变量均通过了一定的显著性检验。常规公交出行时间的标准化回归系数为 0.0414，景点等级差值矩阵的标准化回归系数为 −0.0669，均对游客景点空间流动的影响作用不大。不同于总体层面特征，一日游类型下，常规公交/地铁出行时间的标准化回归系数为−0.2342，表明当景点的常规公交/地铁可达时间每提高 1%时，在其他条件不变的情况下，游客景点空间流动流量将下降 0.234%。小汽车出行时间的标准化回归系数为 0.1249，表明当景点的小汽车可达时间每提高 1%时，在其他条件不变的情况下，游客景点空间流动流量将上升 0.125%。究其原因，这主要与较高的出行时间约束及高频访问景点的交通条件有关。在一日游强时间约束下，游客出游行为呈现出高强度时间约束下短时间尽可能游玩高知名度景点的特征。

结合第五章对景点间游客流动网络结构的分析，一日游高知名度景点主要包括中心城区回民街、大雁塔、钟楼，以及秦始皇帝陵博物院等景点。据此，较高的时间约束及中心城区常规公交/地铁网络的集中分布直接形成了这一关系特征。景点等级加和矩阵的标准化回归系数为 0.3069，表明当景点等级加和矩阵每提高 1%时，在其他条件不变的情况下，游客景点空间流动流量上升 0.307%。一日游时间约束下所呈现出的追求代表性、高知名度景点的游客行为特征使得景点等级加和矩阵对游客景点空间流动的影响超过了常规公交/地铁交通出行时间及小汽车出行时间的影响。

表 6-4 二日游景点空间流动影响因素的 QAP 回归分析结果

| 变量名称 | 非标准化回归系数 | 标准化回归系数 | 显著性概率 | 概率 1 | 概率 2 |
|---|---|---|---|---|---|
| 截距值 | 2.5091 | 0 | | | |
| 常规公交出行时间 | −0.0002 | −0.2042 | 0*** | 1 | 0 |
| 常规公交/地铁出行时间 | −0.0001 | −0.0691 | 0.022** | 0.022 | 0.978 |
| 小汽车出行时间 | −0.0002 | −0.1146 | 0.005*** | 0.005 | 0.995 |
| 景点等级加和矩阵 | 0.0324 | 0.0855 | 0.025** | 0.025 | 0.975 |
| 景点等级差值矩阵 | −0.0429 | −0.0159 | 0.186 | 0.814 | 0.186 |

注：***、** 分别表示在 1%和 5%水平上显著。

二日游判定系数值 $R^2$ 的计算结果为 0.123，调整后判定系数值 $Adj\ R^2$ 的计算结果为 0.169，$P$ 值为 0。二日游景点不同交通方式的可达性和景点吸引力对游客景点空间流动的影响虽然具有显著性，但是解释力度不大。二日游中，常规公交出行时间、常规公交/地铁出行时间、小汽车出行时间、景点等级加和矩阵这四个解释变量均通过了显著性检验，景点等级差值矩阵不具有显著性。具体来看，常规公交/地铁出行时间的标准化回归系数为−0.0691，对游客景点空间流动影响较弱。常规公交出行时间的标准化回归系数为−0.2042，表明在其他条件不变的情况下，当景点的常规公交可达时间每提高 1%时，游客流动规模将下降0.204%。小汽车出行时间的标准化回归系数为−0.1146，表明当景点的小汽车可达时间每提高 1%时，在其他条件不变的情况下，游客景点空间流动规模将下降 0.115%。比较常规公交出行时间和小汽车出行时间的游客流动下降规模，可以反映这与二日游时间约束下游客选择小汽车出行方式到访远距离景点，选择常规公交到访近距离景点有关。景点等级加和矩阵的标准化回归系数为0.0855，表明当景点等级加和矩阵每提高1%时，在其他条件不变的情况下，游客景点空间流动规模将上升0.086%。在二日游中，常规公交出行时间和小汽车出行时间表现出来的景点交通可达性影响高于景点等级加和矩阵的影响。

**表6-5 三日游及以上景点空间流动影响因素的QAP回归分析结果**

| 变量名称 | 非标准化回归系数 | 标准化回归系数 | 显著性概率 | 概率1 | 概率2 |
|---|---|---|---|---|---|
| 截距值 | −29.8228 | 0 | | | |
| 常规公交出行时间 | −0.0027 | −0.5309 | 0*** | 1 | 0 |
| 常规公交/地铁出行时间 | −0.0023 | −0.5309 | 0.001*** | 0.001 | 0.999 |
| 小汽车出行时间 | −0.0005 | −0.2432 | 0.02** | 0.98 | 0.02 |
| 景点等级加和矩阵 | 5.3820 | 0.4112 | 0*** | 0 | 1 |
| 景点等级差值矩阵 | 0.0256 | 0.0025 | 0.377 | 0.377 | 0.623 |

注：***、**分别表示在1%和5%水平上显著。

三日游及以上的判定系数值$R^2$的计算结果为0.299，调整后判定系数值$Adj\ R^2$的计算结果为0.376，$P$值为0。表明五个解释变量的差异变化能够解释37.6%的三日游及以上游客景点空间流动变化，且具有显著性，并优于一日游与二日游的，除了景点等级差值矩阵外，其余四个解释变量较好地解释了游客流动规模的形成。

景点等级差值矩阵的标准化回归系数为0.0025，对游客景点空间流动影响较弱。常规公交出行时间和常规公交/地铁出行时间的标准化回归系数都为−0.5309，表明当景点公共交通可达时间每提高1%时，在其他条件不变的情况下，游客景点空间流动规模将下降0.531%。小汽车出行时间的标准化回归系数为−0.2432，表明当景点的小汽车可达时间每提高1%时，在其他条件不变的情况下，游客景点空间流动规模将下降0.243%。游客空间流动和不同交通方式可达时间呈现负相关，即出行时间越短，游客景点空间流动流量越大。景点等级加和矩阵的标准化回归系数为0.4112，表明当景点等级加和矩阵每提高 1%时,在其他条件不变的情况下,游客景点空间流动流量将上升 0.411%,与前述一致,三日游及以上游客流动网络类型中,游客倾向于在同等级景点以及高等级景点间进行路径选择。总体上,在三日游及以上中,常规公交出行时间和常规公交/地铁出行时间对三日游及以上游客景点空间流动的影响大于景点等级加和矩阵的影响,三种不同交通方式共同表现出来的景点交通可达性影响作用较大。

## 第三节 游客景点间空间流动的影响因素

距离和交通便利度是影响游客空间流动的主要因素(保继刚 等,1999;CNNIC,2015;李春雷,2018)。聚焦目的地城市旅游出行,城市内部交通可达性与景点吸引力是决定游客出游决策及游客空间流动网络形成的关键因素。通过前述基于大样本的线上数据的景点空间属性信息,对游客景点间空间流动影响因素的分析得出,游客出游活动时间约束、不同交通方式可达性、景点等级及其空间分布共同作用于游客景点空间流动的形成。

### 一、游客出游活动时间的约束

旅游的流动性取决于游客可自由支配时间的多少,时间是形成旅游需求及旅游流的重要因素。本章对西安市游客景点空间流动进行了一日游、二日游和三日游及以上的分类型研究,正是考虑到这一因素。研究结果显示,不同出游活动时间约束下,西安市游客流动规模、路径等网络要素具有显著的差异性,直接表明了时间约束对目的地城市游客出行的影响。具体来说,西安市外地游客在不同出游时间约束下,形成了差异性的游客流动结构。一日游游客到访的边缘区景点较少,集中于中心城区高知名度景点,中心区景点的游客流动规模较大,随着时间约束条件的放松,游客到访景点的范围显著扩大、数量显著增加,大规模流动的路径也在增多。不同出游时间的 QAP 回归分析结果显示,游客景点空间流动受出游活动时间的约束,在一日游高强度时间约束前提下,游客景点空间流动受出行效率高的常规公交/地铁出行时间的影响最大;在二日游较宽的时间约束条件下,游客景点空间流动受常规公交出行时间的影响最大;三日游及以上的时间相对充裕,游客景点空间流动受常规公交/地铁出行时间、常规公交出行时间的共同影响，小汽车出行时间对其的影响随着出游时间的增加而下降。总之，游客对出行方式的选择在不同时间约束下具有显著差异。其中，一日游游客以常规公交/地铁、小汽车为主，二日游游客较一日游游客由于时间相对宽松，以常规公交和小汽车为主，三日游及以上游客则对三种交通方式均具有显著依赖。游客到访景点的形式也受时间约束的影响，随着时间约束条件的放松，游客到访景点数量、出游规模及出游距离均呈现逐步增加态势。

## 二、不同交通方式可达性的影响

通过第四章对景点交通可达性的分析发现，对中心区的景点，小汽车可达性的优势并不明显，而从中心区向边缘区的景点，小汽车可达性的优势越来越突出，中心区景点以常规公交和常规公交/地铁的出行比较便利，边缘区则以小汽车出行最为便利。不同交通方式出行效率对游客景点空间流动产生了显著影响，较长距离景点间的游客流动及其规模的形成主要受出行效率高的小汽车的影响，得出小汽车出行时间对游客出游规模具有较大的影响，这在三种类型的游客景点空间流动中均有体现。中心城区常规公交及常规公交/地铁出行效率较高，再加上公交网络布局与中心城区高等级景点之间的衔接匹配程度较好，使得聚集于中心城区的高等级景点间的游客景点空间流动主要还是依赖公共交通完成，得出了常规公交、常规公交/地铁出行时间对游客景点空间流动影响较大。

## 三、景点等级及其空间分布

基于游客景点空间流动的形成因素(包括客源地的推力、目的地的拉力、旅游者的内推力)，以及旅游阻力等要素的理论基础，目的地城市游客景点空间流动的形成除了时间约束、交通可达性外，景点等级反映的景点吸引力及其在空间上的分布对游客景点空间流动也形成了较大影响。游客景点空间流动影响因素的 QAP 回归分析显示，景点等级影响游客景点空间流动的形成，高中心度景点之间游客流量较大，景点中心性与其等级具有一定的正相关，景点流动路径受景点等级的影响。同时，三日游及以上和一日游相比，景点等级的作用愈加明显，这是因为在西安市区的游客景点空间流动中，高等级和知名度高的景点组团主要分布在临潼区、雁塔区、碑林区和莲湖区，使得大规模的游客景点空间流动也集中在这些景点之间。出游时间约束越强，游客景点空间流动的高等级景点路径选择空间越紧凑，以集中分布在城市中心区的高等级景点或者景点组团内的高等级景点为主，出行距离较短，如城墙→回民街、华清池→骊山、华清池→秦始皇帝陵博物院、骊山→华清池等，在游客景点空间流动中占据主要地位。与此相反，宽松出游时间约束下所形成的大规模游客景点空间流动的高等级景点路径，在一定程度上受空间分布和出行距离的限制较小，既有中心区景点和边缘区景点，也有在中心区与边缘区景点组团之间的高等级景点，如华清池→秦始皇帝陵博物院、华清池→骊山、陕西历史博物馆→大雁塔、回民街→华清池、回民街→秦始皇帝陵博物院等。游客景点空间流动的形成受景点等级及其空间分布的双重作用，呈现空间分布下的景点等级正向影响且影响程度随着出游时间约束的减少愈加明显。

本章在前面章节分析的基础上，基于大样本的网络游记攻略数据，通过定量 QAP 分析方法，探讨景点交通可达性与景点吸引力对游客景点空间流动的影响及其时间差异，得出如下结论。

(1)出行时间成本、同级景点集聚性与差异性均是影响游客景点空间流动的重要因素。游客景点空间流动的形成同时受游客出游活动时间、不同交通方式可达性及其出行效率、景点等级结构及其空间分布等三类因素的共同作用。具体来看，随着出游时间约束条件的放松，游客出行方式选择、到访景点数量、出游规模以及出游距离均呈现显著的异质性；长途景点和短途景点的游客景点空间流动形成分别受出行效率不同的小汽车和常规公交的影响；景点等级对游客景点空间流动产生正向影响，其在空间分布的作用下，影响程度随着出游时间的增加愈加明显。

(2)不同交通方式的景点交通可达性对游客景点空间流动的影响及其程度不同。在一日游高强度时间约束前提下，游客景点空间流动受出行效率高的常规公交/地铁出行时间的影响最大；在二日游较宽的时间约束条件下，游客景点空间流动受常规公交出行时间的影响最大；三日游及以上的时间相对充裕，游客景点空间流动受常规公交/地铁出行时间、常规公交出行时间的共同影响，小汽车出行时间对其的影响随着出游时间的增加而下降。中心城区常规公交及常规公交/地铁出行效率显著高于小汽车，再加上公交网络布局与中心城区高等级景点之间的衔接匹配程度较好，使得聚集于中心城区的高等级景点间的游客景点空间流动主要还是依赖公共交通完成，得出常规公交、常规公交/地铁出行时间对游客景点空间流动影响较大。

(3)景点等级影响游客景点空间流动的形成，高中心度景点之间游客流量较大，景点中心性与其等级具有一定的正相关，景点流动路径受景点等级的影响。出游时间约束越强，游客景点空间流动的高等级景点路径选择空间更为紧凑，以集中分布在城市中心区的高等级景点或者景点组团内的高等级景点为主，出行距离较短。与此相反，宽松出游时间约束下所形成的大规模游客景点空间流动的高等级景点路径，在一定程度上受空间分布和出行距离的限制较小，既有中心区景点和边缘区景点，也有在中心区与边缘区景点组团之间的高等级景点。

(4)在景点等级与空间分布保持稳定的前提下，优化现有城市交通路网布局、提升公交出行效率对增加游客访问规模与目的地城市景点竞争力至关重要。同时，现有公共交通对外围景点的游客景点空间流动较弱的解释力直接表明，增加核心区与外围区景点公交路网及提升公交服务水平正当其时。

# 第七章 感知可达性对游客流动路径的影响

前面章节基于大样本的游客攻略数据，探讨了不同出游时间类型的游客在西安市景点之间空间流动的特征及结构，通过获取百度实时出行数据中常规公交、常规公交/地铁、小汽车三种不同交通方式出行时间的景点交通可达性，着重从空间和景点属性数据分析景点交通可达性对不同出游时间类型游客空间流动的影响程度及其差异表现。正如前文指出的，人的行为既是对环境感知的一种主动反应，也是在各种条件制约下的必然结果（李王鸣 等，2012）。大数据中的百度出行和游客攻略数据反映了一定的环境制约条件，但无法体现人的属性特征和空间感知。因此，本章重点从问卷调查数据入手，获取基于个体的自然和社会经济属性及感知数据，使用统计分析方法中的因素分析法和对比分析法，通过对各个因素的分析和比较，解释个体的特征、选择偏好及可达性、环境感知等对游客流动路径的影响，并考虑基于不同出游时间类型的游客感知可达性的差异及其对游客流动路径产生的影响差异。

## 第一节 问卷调查和样本统计特征

调查问卷的编制参考旅游目的地和景点的偏好与选择、旅游行为的影响因素、旅游交通可达性等相关文献（刘大均，2016；许春晓 等，2015；赵现红，2010；Page，2009；Cheng et al.，2015），并结合西安市实际情况进行设计，包括个人基本情况、游客出行情况、旅游景点选择偏好、景点之间总体交通感知可达性、景点移动路径等方面的内容（具体题项见书后附录：西安市游客目的地景点偏好及其感知可达性以及公共交通评价调查问卷）。调查时间为 2019 年 11 月 20 日—30 日，调查对象为到访西安的外地游客，调查方式为现场发放、填写和回收问卷，调研地点为回民街、钟楼、陕西历史博物馆、大雁塔四个景点，陕西历史博物馆和大雁塔位于雁塔区，回民街位于莲湖区，钟楼位于碑林区，其中，大雁塔是国家5A级景区，陕西历史博物馆为国家4A级景区，回民街是西安著名的美食文化街区，钟楼临近回民街，是西安地标性建筑之一。这4个景点既是网络游记数据生成的主要景点，又是西安市热门景点，外地游客较多，便于调研顺利进行。

共发放抽样调查问卷320份，回收有效问卷300份，有效率为93.75%。将问卷按照游客在西安旅行时逗留天数划分为一日游、二日游、三日游及以上三种时间类型进行调查，回收的一日游、二日游、三日游及以上样本量分别为63份、114份、123份，分别占样本总量的21%、38%、41%。从有效问卷中剔除周至金丝猴保护区、乾陵、法门寺、懿德太子墓、黄帝陵、轩辕庙等西安市区以外的景点，以及少部分游客在路径选择中包括的小寨、北大街等非景点地点，游客游览的总景点数量达59个，全部涵盖在网络游记攻略景点之内，且景点类型覆盖全面。整理分析得出一日游游客游览的景点16个，二日游游客游览的景点32个，三日游及以上游客游览的景点41个，在此基础上拆分景点移动路径数据，形成三种时间类型下拆分的OD路径样本数据。一日游、二日游、三日游及以上景点OD路径数据分别为62条、211条、401条，分别约占路径总量的9.2%、31.3%、59.5%。此外，一日游还产生了21个单景点的样本。据此分析不同出游时间类型游客的样本特征和景点路径的构成，以及产生选择不同景点路径的影响因素。进一步对三种出游时间类型下拆分的OD路径进行汇总，选择样本量居多的典型路径进行样本特征分析，找出游客流动典型路径的解释因素，以及表现在三种时间类型下的样本特征差异。典型路径包括钟楼—大雁塔、钟楼—回民街、大雁塔—回民街，样本量分别达到43份、38份、37份。基于前期的分析及样本数据，从出游时间类型、典型路径和高频景点三个方面，进一步解释感知可达性对游客流动路径选择的影响。

## 一、样本的人口统计学特征

对300份有效问卷进行人口统计学特征分析，具体情况如下：西安市的外地游客以女性居多，占比为56.33%；年龄以18～30岁的青年居多，占比为43%；婚姻状况以已婚居多，占比为56.33%；没有孩子的游客居多，占比为47.33%；具有较高学历的游客较多，其中本科学历的数量最多，占比为32.34%，大专学历的占比为19.33%，硕士学历的占比为15%；职业方面以个体经营户、学生和企业员工居多，占比分别为29.33%、26.67%、26.33%；中等收入的游客较多，个人月收入2001～8000元的人数占比为59%；省外游客较多，占比为64.67%；从游客有无驾照来看，有驾照的游客较多，占比为58%，无驾照的游客占比为42%；从游客有无私家车来看，有私家车的游客占比为48%，无私家车的游客占比为52%，有无私家车的游客占比接近；从游客选择的交通方式来看，选择私家车和公共交通的居多，占比分别为35.67%和55%，其他方式略少。调查样本的人口统计学特征详见表7-1。

**表7-1　调查样本的人口统计学特征(N=300)**

| 变量 | 类别 | 数量/个 | 百分比/% |
|---|---|---|---|
| 性别 | 男 | 131 | 43.67 |
| | 女 | 169 | 56.33 |
| 年龄/岁 | <18 | 11 | 3.67 |
| | 18～30 | 129 | 43 |
| | 31～45 | 92 | 30.67 |
| | 46～60 | 62 | 20.66 |
| | >60 | 6 | 2 |
| 婚姻 | 已婚 | 169 | 56.33 |
| | 未婚 | 131 | 43.67 |
| 子女情况 | 没有孩子 | 142 | 47.33 |
| | 学龄前 | 21 | 7 |
| | 上学 | 76 | 25.34 |
| | 工作 | 61 | 20.33 |
| 教育程度 | 高中及以下 | 96 | 32 |
| | 大专 | 58 | 19.33 |
| | 本科 | 97 | 32.34 |
| | 硕士 | 45 | 15 |
| | 博士 | 4 | 1.33 |
| 驾照 | 有 | 174 | 58 |
| | 无 | 126 | 42 |

| 变量 | 类别 | 数量/个 | 百分比/% |
|---|---|---|---|
| 职业 | 公务员或事业单位 | 32 | 10.67 |
| | 企业员工 | 79 | 26.33 |
| | 个体经营户 | 88 | 29.33 |
| | 退休人员 | 16 | 5.33 |
| | 农民 | 5 | 1.67 |
| | 学生 | 80 | 26.67 |
| 收入/元 | 没有收入 | 75 | 25 |
| | ≤2000 | 15 | 5 |
| | 2 001～8 000 | 177 | 59 |
| | 8 001～15 000 | 27 | 9 |
| | 15 001～50 000 | 4 | 1.33 |
| | >50 000 | 2 | 0.67 |
| 居住地 | 陕西省内 | 106 | 35.33 |
| | 陕西省外 | 194 | 64.67 |
| 私家车 | 有 | 144 | 48 |
| | 无 | 156 | 52 |
| 交通方式 | 私家车 | 107 | 35.67 |
| | 公共交通 | 165 | 55 |
| | 步行 | 28 | 9.33 |

## 二、游客出行特征

对 300 份有效问卷进行游客出行特征分析，具体情况如下：初游游客居多，占比为 61%，重游游客占比为 39%；游玩时间以 2 天居多，其次是 3 天和 1 天，占比分别为 38%、29.67%、21%，3 天以上占比较小；基本都是结伴出游，其中与家人和朋友结伴的游客较多，占比分别为 36.67%、28.66%，而单独游的为6.67%；旅游动机以体验游玩和放松休养为主，占比分别为 37%和 35.67%，其他动机的游客相对较少；景点交通方式以乘坐公共交通居多，占比为 90.66%；从游客的旅行期望来看，正常的占比为44.67%，有期待的比没有期待的人数多；从游客的预期来看，和预期一样的占比为 53%，在剩余的游客中，比预期好的人数多于比预期差的人数。调查样本的游客出行特征详见表 7－2。

表 7－2　调查样本的游客出行特征（N＝300）

| 变量 | 类别 | 数量/个 | 百分比/% | 变量 | 类别 | 数量/个 | 百分比/% |
|---|---|---|---|---|---|---|---|
| 停留天数 | 1 天 | 63 | 21 | 旅行期望 | 非常期待 | 108 | 36 |
| | 2 天 | 114 | 38 | | 稍有期待 | 57 | 19 |
| | 3 天 | 89 | 29.67 | | 正常 | 134 | 44.67 |
| | 3 天以上 | 34 | 11.33 | | 没有期待 | 1 | 0.33 |
| 结伴对象 | 家人 | 110 | 36.67 | 预期 | 比预期好很多 | 35 | 11.67 |
| | 同学 | 54 | 18 | | 比预期稍好 | 67 | 22.33 |
| | 同事 | 30 | 10 | | 和预期一样 | 159 | 53 |
| | 朋友 | 86 | 28.66 | | 比预期差 | 37 | 12.33 |
| | 单独 | 20 | 6.67 | | 比预期差很多 | 2 | 0.67 |
| 旅游动机 | 放松休养 | 107 | 35.67 | 游客类型 | 初游 | 183 | 61 |
| | 体验游玩 | 111 | 37 | | 重游 | 117 | 39 |
| | 教育目的 | 42 | 14 | 景点交通方式 | 公共交通 | 272 | 90.66 |
| | 商务活动 | 23 | 7.67 | | 小汽车 | 23 | 7.67 |
| | 宗教朝拜 | 1 | 0.33 | | 公交＋小汽车 | 5 | 1.67 |
| | 其他 | 16 | 5.33 | | | | |

## 三、游客景点选择偏好特征

### (一)游客景点选择偏好以历史古迹、山水风光、特色街区为主

西安市的景点类型划分为历史古迹、山水风光、特色街区、文化教育、主题公园、宗教寺庙、休闲娱乐。景点选择偏好通过景点类型的喜欢程度和重视程度两方面来评价,游客选择旅游景点考虑的影响因素包括景点密度、闲暇时间、个人收入、个人年龄、旅游动机、景点选择偏好、景点知名度、景点美誉度、景点门票、交通成本、景点周边停车设施、小汽车到达便利与否、公共交通到达便利与否、气候季节、景点的人流量、景点周边的环境舒适度、餐饮购物住宿等配套设施的条件、景点周边社会治安状况、邻近景点的吸引力等 19 个方面。喜欢程度划分为非常不喜欢、不喜欢、一般、喜欢和非常喜欢 5 种,重视程度划分为非常不重视、不重视、一般、重视和非常重视 5 种,影响因素的重要程度划分为非常不重要、不重要、一般、重要和非常重要 5 种,运用李克特五点量表法,分别赋值 1、2、3、4、5 分,计算总分值进行比较。游客对西安市景点的喜欢程度、重视程度,以及游客选择旅游景点考虑的影响因素的重要程度统计分析如下。

(1)游客对西安所有景点类型的喜欢程度以喜欢和非常喜欢为主。通过统计分值得出,喜欢程度分值由高到低的排序为历史古迹 4.25 分,山水风光 4.17 分,特色街区 4.10 分,休闲娱乐 4.03 分,主题公园 3.84 分,文化教育 3.83分和宗教寺庙 3.66 分。

(2)游客对西安所有景点类型的重视程度以重视和非常重视为主。通过计算分值得出,重视程度分值由高到低的排序为历史古迹 4.23 分,山水风光 4.06 分,特色街区 3.96 分,文化教育 3.90 分,休闲娱乐 3.81 分,主题公园 3.75 分和宗教寺庙 3.62 分。

(3)从喜欢程度和重视程度两方面综合来看,在游客的景点选择偏好中,历史古迹最受欢迎,游客对宗教寺庙的偏好程度最弱,对文化教育的重视程度高于喜欢程度。

### (二)闲暇时间和个人收入是影响游客选择景点的重要因素,交通因素中公共交通可达性的作用更突出

上述 19 个影响因素的重要程度以非常重要和重要为主,通过计算分值得出,所有因素的重要程度分值由高到低的排序为闲暇时间 4.38 分,个人收

入 4.23 分，景点周边社会治安状况 4.09 分，景点周边的环境舒适度4.03 分，景点密度 4.02 分，景点选择美誉度 4.02 分，景点选择偏好4.00 分，餐饮购物住宿等配套设施的条件 3.99 分，景点知名度3.96 分，旅游动机3.96 分，邻近景点的吸引力 3.95 分，公共交通到达便利与否3.91 分，景点的人流量3.85 分，气候季节 3.82 分，景点门票 3.75 分，个人年龄 3.67 分，交通成本 3.66 分，小汽车到达便利与否 3.45 分和景点周边停车设施 3.38 分。闲暇时间和个人收入是两个重要影响因素，相对不重要的影响因素是景点周边停车设施、小汽车到达便利与否、交通成本、个人年龄、景点门票，而交通因素中公共交通可达性要比小汽车可达性重要得多。

## 四、景点之间总体交通感知可达性特征

### (一)景点之间总体交通感知可达性较好

景点之间总体交通感知可达性从景点之间距离很近、景点之间道路质量好、交通出行信息获取容易、步行到公交站点很方便、公交车服务频次高、公交车等待时间短、公交换乘很方便、乘坐公共交通到达景点很方便、打车方便、出租车数量多、停车方便和景点之间道路畅通等 12 个方面进行评价，将游客对景点之间交通感知可达性程度划分为完全不赞同、不赞同、一般、赞同和完全赞同 5 个等级，运用李克特五点量表法，分别赋值 1～5 分，计算分值进行对比分析。

从游客对西安市景点之间总体交通感知可达性来看，对上述 12 个方面的感知可达性，赞同和完全赞同的比重相对较高，说明从游客感知的视角来看，西安市景点之间的可达性较好。

### (二)不同交通方式的感知可达性存在差异

感知评价分值从高到低的排序依次是交通出行信息获取容易 3.95 分，打车方便 3.90 分，出租车数量多 3.89 分，乘坐公共交通到达景点很方便3.84 分，景点之间道路质量好 3.78 分，步行到公交站点很方便 3.77 分，公交车服务频次高 3.75 分，公交换乘很方便 3.69 分，景点之间道路畅通3.69 分，停车方便 3.66 分，公交车等待时间短 3.63 分和景点之间距离很近3.55 分。游客对交通出行信息获取容易、打车方便、出租车数量多、乘坐公共交通到达景点很方便等的认可度高，游客对景点之间距离很近、公交车等待时间短、停车方便、景点之

间道路通畅、公交换乘很方便等的认可度低，可以判断出游客在景点之间出行时使用出租车比使用公共交通方便，而使用公共交通比使用私家车更方便。

## 第二节　基于不同出游时间类型的游客特征及景点路径

### 一、一日游的样本特征及其景点路径构成

#### （一）样本特征

在一日游63份游客样本中，比较突出的样本特征为18～30岁游客居多，占比为44.44%；已婚游客多于未婚游客，占比分别为58.73%和41.27%；没有孩子的游客居多，占比为44.44%；本科学历者居多，占比为36.51%；游客月收入以2 001～8 000元居多，占比为57.14%；陕西省内游客的占比为55.56%，高于省外游客；从游客有无驾照来看，有驾照和无驾照的占比分别为61.90%和38.10%。

在一日游游客中，无私家车游客较多，人数过半，占比为55.56%；从游客的居住地交通方式来看，公交车和私家车居多，占比分别为33.33%和30.16%；初游游客居多，占比为76.19%；游客基本结伴而行；从旅行动机来看，以体验游玩和放松休闲为主，占比分别为39.68%和30.16%；从到达景点所使用的主要交通工具来看，以公交车/地铁为主，占比为42.86%，其次为地铁，占比为12.70%，小汽车占比为7.94%；从游客的旅行期望来看，期望正常的占比为30.32%，有期待的游客多于没有期待的游客；从游客的预期来看，感觉一样的占比为63.49%，比预期好的游客多于比预期差的游客。

#### （二）路径构成分析

通过对调查问卷分析得出，一日游共计形成20种路径（见图7－1），其中钟楼—大雁塔路径的游客流动次数最多，为10次，其次是钟楼—回民街，为8次，大雁塔—回民街、陕西历史博物馆（陕博）—大雁塔均为5次，其余路径的次数相对较少。从景点的起终点次数来看，钟楼是一日游游客最喜欢的景点，共出现7次，其次为大雁塔，共出现6次，回民街和大唐不夜城均为5次，陕西历史博物馆为

3 次，这几个景点是一日游游客实际到访次数较多的，5A 级景点秦始皇帝陵博物院（秦始皇兵马俑）和华清池在一日游游客的选择中偏少，分别为 2 次和 1 次。

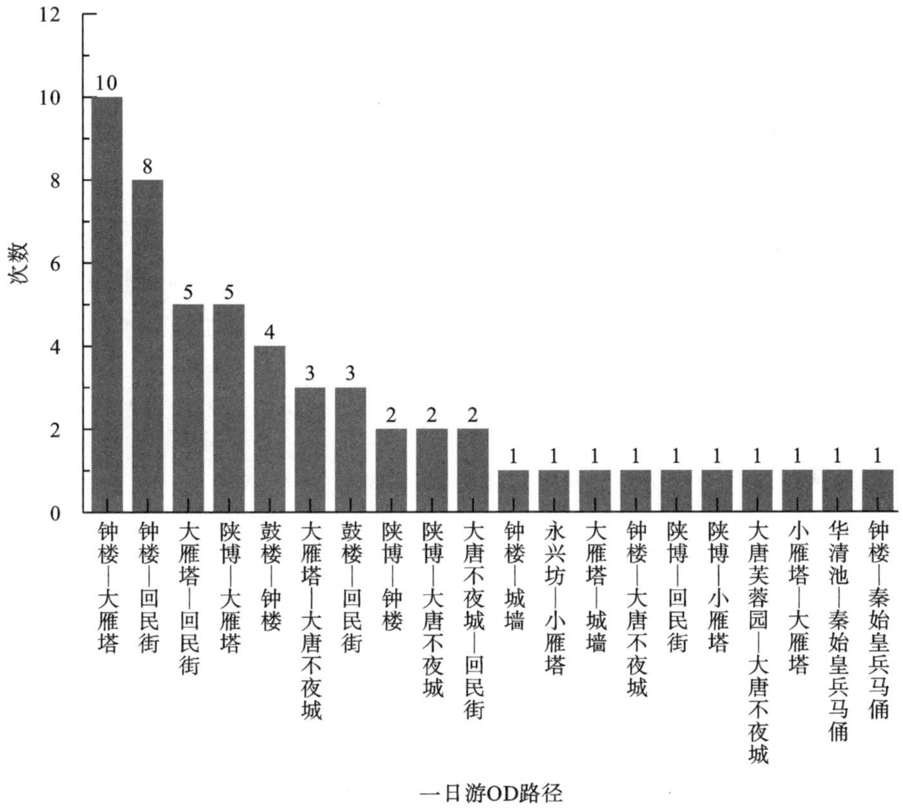


图 7－1　一日游路径分布比较

## 二、二日游的样本特征及其景点路径构成

### （一）样本特征

在二日游 114 份游客样本中，女性游客较多，占比为 58.77％；18～30 岁的游客居多，占比为 49.12％；已婚游客与未婚游客人数接近，占比分别为 49.12％和 50.88％；没有孩子的游客居多，占比为 54.39％；以高学历游客为主，本科学历的占比最大，为 33.33％，大专学历的占比为 23.68％，硕士学历的占比为14.91％；从游客的职业来看，人数较多的是学生，占比为 30.70％，其次为企业员工，占比为21.93％，自由职业者的占比为 16.67％，其余占比较

小；从游客的个人月收入来看，5 001～8 000 元和没有收入的占比较大，均为 29.82%，其次是 2 001～5 000 元的，占比为 25.44%；省外游客较多，占比为 65.79%；有驾照游客和无驾照游客的占比分别为 54.39%和 45.61%。

二日游以无私家车游客为主，占比为 60.53%；游客的居住地交通方式以私家车和公交车的占比较大，分别为 28.07%和 23.68%；初游游客的占比为61.4%，重游游客的占比为 38.6%；游客基本是结伴旅游，结伴对象以朋友和同学居多，占比分别为 30.7%和 21.05%；旅行动机以体验游玩和放松休养为主，占比分别为 36.84%和 34.21%；到达景点的交通方式以公交车/地铁占比最大，为47.37%，小汽车和公交车占比均为 7.89%，地铁占比为 6.14%；游客的旅行期望以正常为主，占比为 47.37%，很期待的游客人数大于没有期待的游客；从游客的预期来看，感觉一样的占比为 62.28%，比预期好的人数多于比预期差的人数。

**(二)路径构成分析**

通过对调查问卷分析得出，二日游共计形成 68 种路径，见图 7－2。

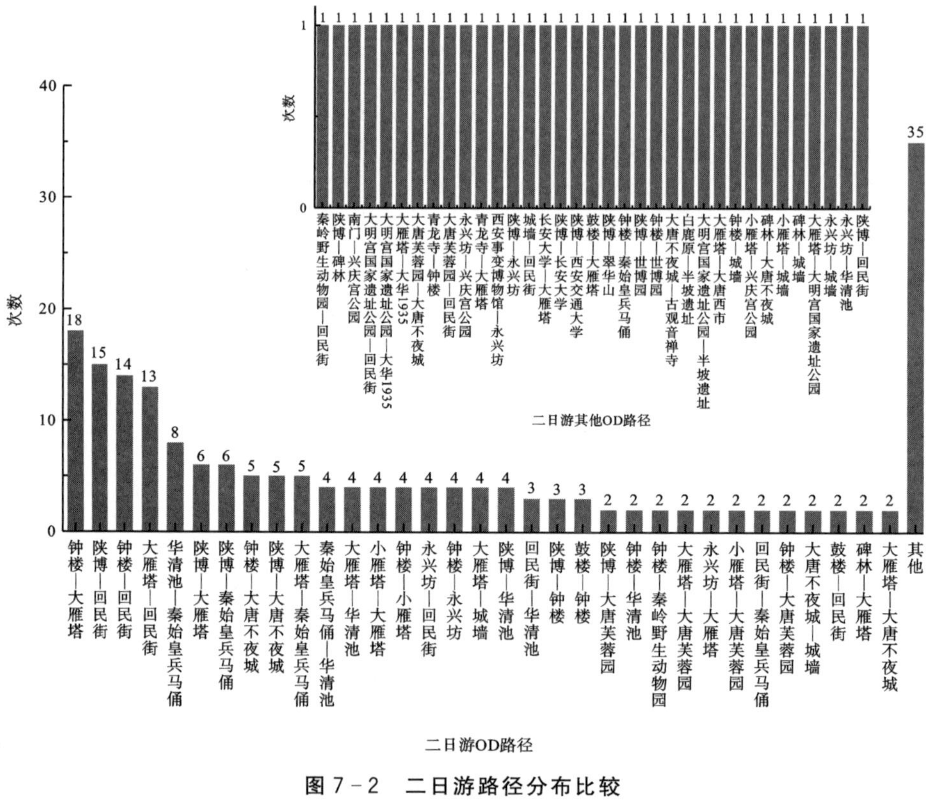


图 7－2　二日游路径分布比较

其中钟楼—大雁塔路径的游客流动次数最多，为 18 次，其次是陕西历史博物馆—回民街，为 15 次，钟楼—回民街和大雁塔—回民街分别为 14 次和 13 次，华清池—秦始皇帝陵博物院为 8 次，陕西历史博物馆—大雁塔和陕西历史博物馆—秦始皇帝陵博物院均为 6 次，钟楼—大唐不夜城、陕西历史博物馆—大唐不夜城和大雁塔—秦始皇帝陵博物院均为 5 次，秦始皇帝陵博物院—华清池、大雁塔—华清池、小雁塔—大雁塔、钟楼—小雁塔、永兴坊—回民街、钟楼—永兴坊、大雁塔—城墙和陕西历史博物馆—华清池均为 4 次，其余路径的次数相对较少。从景点的起终点次数来看，大雁塔是二日游起终点出现频次最高的景点，共出现 17 次，其次为钟楼和陕西历史博物馆，均出现 14 次，回民街为11 次，永兴坊为 8 次，华清池、大唐不夜城和城墙均为 7 次，大唐芙蓉园和秦始皇帝陵博物院均为6 次，小雁塔和大明宫国家遗址公园均为 5 次，西安碑林为 4 次，兴庆宫公园和鼓楼均为 3 次，其余景点出现的次数相对较少。

## 三、三日游及以上的样本特征及其景点路径构成

### (一)样本特征

在三日游及以上 123 份游客样本中，女性游客较多，占比为 56.91%；18～30岁的游客占比较大，为 34.96%；已婚游客居多，占比为 63.41%；没有孩子的游客居多，占比为 40.65%，其次为子女已工作的，占比为 30.08%；从游客的最高学历来看，本科学历的占比为 29.27%，大专和硕士学历的占比分别为14.63%和 13.01%，其余占比较小；游客职业以企业员工占比最大，为 26.02%，其次是学生和自由职业者，占比分别为 21.14%和 15.45%；游客的个人月收入以2 001～5 000元占比最大，为 47.15%，其次为 5 001～8 000 元和没有收入的，占比均为 17.88%；省外游客居多，占比为 75.61%；有驾照游客和无驾照游客的占比分别为 59.35%和 40.65%。

三日游及以上无私家车游客较多，占比为 53.66%；游客在居住地的交通方式以私家车和公交车居多，占比分别为 32.52%和 23.58%；初游游客的占比为 52.85%，重游游客的占比为 47.15%；游客停留 3 天的占比为72.36%，4 天的占比为 23.58%，5 天的占比为 4.07%；在结伴出游的游客中，同伴为朋友和同学的占比较大，分别为 26.02%和 19.51%；旅行动机以放松休养和体

验游玩为主，占比分别为 39.84%和 35.77%；到达景点的交通方式以公交车/地铁居多，占比为 56.91%，其次为地铁，占比为 8.13%，小汽车占比为 7.32%，公交车占比为 4.07%；游客旅行期望以很期待居多，占比为41.46%，没有期待的游客无；从游客的预期来看，感觉一样的占比为39.02%，总体表现出比预期稍好。

### （二）路径构成分析

通过对调查问卷分析得出，三日游及以上共计形成 103 种路径，见图 7-3。

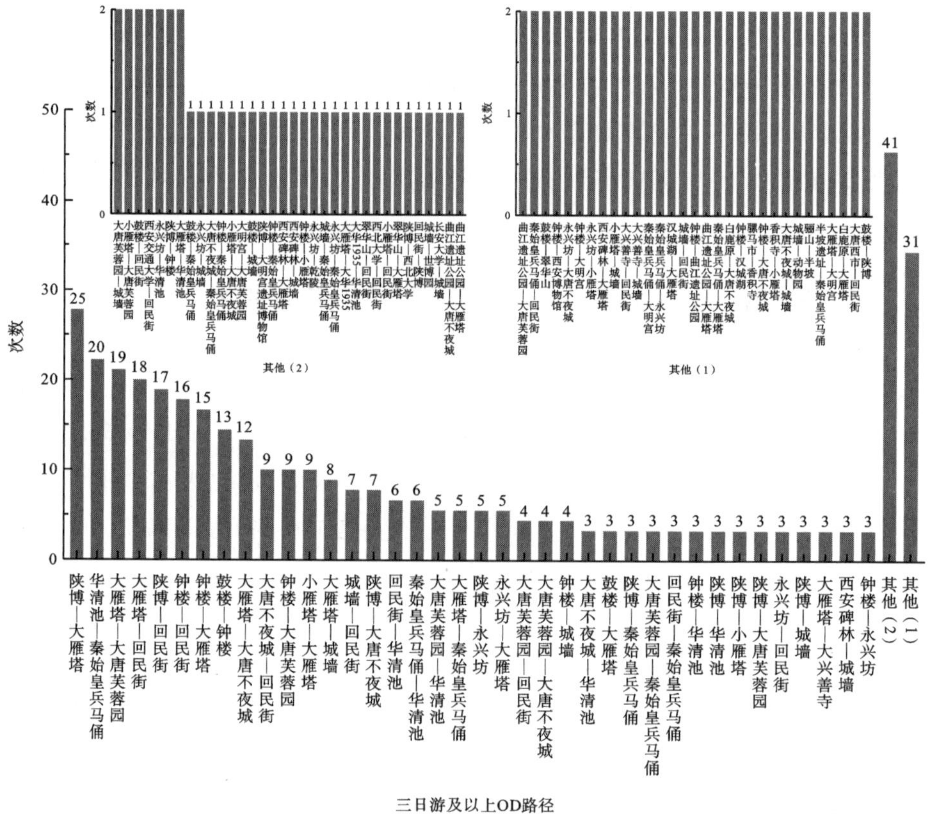


**图 7-3　三日游及以上路径分布比较**

其中陕西历史博物馆—大雁塔路径的游客流动次数最多，为 25 次，其次是华清池—秦始皇帝陵博物院，为 20 次，大雁塔—大唐芙蓉园、大雁塔—回民街、陕西历史博物馆—回民街、钟楼—回民街、钟楼—大雁塔、鼓楼—钟楼和大雁塔—大唐不夜城分别为 19 次、18 次、17 次、16 次、15 次、13 次和 12 次，大唐不夜城—回民街、钟楼—大唐芙蓉园和小雁塔—大雁塔均为 9 次，大雁塔—城墙为 8 次，城墙—回民街和陕西历史博物馆—大唐不夜城均为 7 次，回民街—华清池、秦始皇帝陵博物院—华清池均为 6 次，大唐芙蓉园—华清池、大雁塔—秦始皇帝陵博物院、陕西历史博物馆—永兴坊和永兴坊—大雁塔均为 5 次，大唐芙蓉园—回民街、大唐芙蓉园—大唐不夜城和钟楼—城墙均为 4 次，其余路径的次数相对较少。从景点的起终点次数来看，大雁塔是三日游及以上起终点出现频次最高的景点，共出现 22 次，其次为回民街，共出现 19 次，城墙和秦始皇帝陵博物院均出现 17 次，钟楼为 16 次，陕西历史博物馆为 13 次，大唐不夜城为 12 次，永兴坊和大唐芙蓉园均为 11 次，华清池为10 次，小雁塔为 9 次，鼓楼为 7 次，曲江池遗址公园为 5 次，大明宫国家遗址公园和西安碑林均为 4 次，翠华山和大兴善寺均为 3 次，其余景点出现的次数相对较少。

## 四、不同出游时间类型的景点路径及其影响因素对比

游客对景点喜欢程度、重视程度及选择相应景点考虑的因素不同，产生景点路径的旅游行为也不同，下面分别对一日游、二日游、三日游及以上的景点路径及其影响因素进行概括。

### (一)景点路径对比

随着出游时间增长，游客游览景点的数量和由此形成的景点路径的数量均有增加。一日游、二日游、三日游及以上游客流动次数较多的共同路径是钟楼—大雁塔、钟楼—回民街、大雁塔—回民街、陕西历史博物馆—大雁塔；一日游和三日游及以上游客流动次数较多的共同路径还包括钟楼—回民街、大雁塔—回民街；二日游和三日游及以上游客流动次数较多的共同路径还包括陕西历史博物馆—回民街、华清池—秦始皇帝陵博物院、陕西历史博物馆—大唐不夜城。一日游游客的游览路径具有景点位于中心区位、景点之间距离近、景点知名度非常高的特征；二日游游客的游览路径具有景点知名度非常高，开始出现景点之间距离长、景点区位跨度大的特征，如华清池—秦始皇帝陵博物院、陕西历史博物馆—秦始皇帝陵博物院；三日游及以上游客的游览路径具有景点知名度比较高，景点之间距离长、景点区位跨度大的出现频率更高的特征，如小雁塔—大雁塔、回民街—华清池、大唐芙蓉园—华清池、大雁塔—秦始皇帝陵博物院、陕西历史博物馆—永兴坊、永兴

坊—大雁塔。在三种不同出游时间类型的游客中，大规模的游客流动均产生在距离较近的中心区的不同景点组团间的景点之间，以及景点组团内集聚性景点之间，小规模游客流动的景点和路径呈现出多样化且具有一定知名度的特征。

### (二)影响因素差异分析

1. 一日游

运用李克特五点量表法计算得分，从游客对景点的喜欢程度来看，一日游游客的喜欢程度分值从高到低依次为山水风光 4.24 分，历史古迹 4.17 分，特色街区 4.00 分，休闲娱乐 3.98 分，文化教育 3.84 分，主题公园 3.76 分和宗教寺庙 3.54 分；从游客对景点的重视程度来看，一日游游客的重视程度分值从高到低依次为历史古迹 4.14 分，山水风光 4.05 分，特色街区 3.89 分，文化教育 3.89 分，休闲娱乐 3.81 分，主题公园 3.71 分和宗教寺庙 3.52 分。

一日游游客选择景点所考虑影响因素的重要程度分值由高到低依次是闲暇时间 4.44 分，个人收入 4.33 分，景点周边社会治安状况 4.14 分，景点周边的环境舒适度 4.13 分，景点美誉度 4.06 分，餐饮购物住宿等配套设施的条件 3.98 分，景点密度 3.98 分，邻近景点的吸引力 3.97 分，景点知名度 3.95 分，公共交通到达便利与否 3.94 分，景点偏好 3.92 分，景点门票 3.90 分，交通成本 3.83 分，景点的人流量 3.83 分，气候季节 3.81 分，旅游动机 3.78 分，个人年龄 3.75 分，景点周边停车设施 3.51 分和小汽车到达便利与否 3.50 分。

2. 二日游

运用李克特五点量表法计算得分，从游客对景点的喜欢程度来看，二日游游客的喜欢程度分值从高到低依次为历史古迹 4.26 分，山水风光 4.17 分，特色街区 4.07 分，休闲娱乐 4.02 分，主题公园 3.82 分，文化教育 3.78 分和宗教寺庙 3.57 分；从游客对景点的重视程度来看，二日游游客的重视程度分值从高到低依次为历史古迹 4.20 分，山水风光 4.03 分，特色街区3.93 分，文化教育 3.85 分，主题公园 3.74 分，休闲娱乐 3.65 分和宗教寺庙 3.52 分。

二日游游客选择景点所考虑影响因素的重要程度分值由高到低依次是

闲暇时间 4.25 分，景点周边社会治安状况 4.19 分，个人收入 4.11 分，餐饮购物住宿等配套设施的条件 4.06 分，景点周边的环境舒适度 4.04 分，景点密度 3.96 分，景点美誉度 3.96 分，旅游动机 3.95 分，景点偏好3.92 分，邻近景点的吸引力 3.91 分，气候季节 3.88 分，景点知名度3.85 分，公共交通到达便利与否 3.82 分，景点的人流量 3.81 分，景点门票 3.65 分，交通成本 3.61 分，个人年龄 3.60 分，小汽车到达便利与否3.45 分和景点周边停车设施 3.31 分。

3. 三日游及以上

运用李克特五点量表法计算得分，从游客对景点的喜欢程度来看，三日游及以上游客的喜欢程度分值从高到低依次为历史古迹 4.28 分，特色街区 4.19 分，山水风光 4.15 分，休闲娱乐 4.07 分，主题公园 3.90 分，文化教育 3.86 分和宗教寺庙 3.80 分；从游客对景点的重视程度来看，三日游及以上游客的重视程度分值从高到低排序依次为历史古迹 4.31 分，山水风光 4.09 分，特色街区 4.02 分，文化教育 3.95 分，休闲娱乐3.95 分，主题公园 3.76 分和宗教寺庙 3.76 分。

三日游及以上游客选择景点所考虑影响因素的重要程度分值由高到低依次是闲暇时间 4.46 分，个人收入 4.29 分，景点偏好 4.11 分，景点密度 4.10 分，景点知名度 4.07 分，景点美誉度 4.06 分，旅游动机 4.06 分，公共交通到达便利与否 3.98 分，景点周边的环境舒适度 3.98 分，景点周边社会治安状况 3.97 分，邻近景点的吸引力 3.97 分，餐饮购物住宿等配套设施的条件 3.93 分，景点的人流量 3.89 分，气候季节 3.78 分，景点门票3.77 分，个人年龄 3.70 分，交通成本 3.63 分，小汽车到达便利与否3.43 分和景点周边停车设施 3.37 分。

综合三种出游时间类型游客的景点偏好和感知因素，可知：①一日游游客、二日游游客、三日游及以上游客均偏好历史古迹、山水风光和特色街区；②无论哪种出游时间，闲暇时间和个人收入始终是游客在选择景点时考虑的关键影响因素；③小汽车到达便利与否对景点周边停车设施的影响程度较低，说明游客出行受时间和自身经济条件的限制，出行方式更倾向于选择绿色经济的公共交通；④在选择到达景点考虑的交通方式影响因素中，公共交通可达性的重要性大于小汽车可达性，就公共交通可达性的影响程度而言，三日游及以上的大于一日游的，一日游的大于二日游的，说明在三日游及以上出游时间宽松的情况下，游客选择公共交通出行的可能性大，更看重公交可达性，在一日游出游时间非常有限的情况下，受经济条件的约束，游客更希望公交出行能够便利，在二日游出游时间适中的情况下，有一定弹性时间，不一定完全依赖公交出行，因此公交可达性的重要性在下降；⑤交通成本的影响程度随着出游时间的增长在降低，一方面因为长时间出游的游客更多选择经济实惠的城市公交出行方式，交通成本低，另一方面因为在长时间出游中其他各种成本也较高，交通成本的影响程度已经不凸显了。

## 第三节　感知可达性对游客流动路径选择的影响

### 一、基于出游时间类型的感知可达性影响

从一日游游客对景点之间总体交通感知可达性来看，通过李克特五点量表法计算得分，游客对与交通相关的 12 个方面的感知可达性，总体上赞同和完全赞同的比重相对较高，说明从一日游游客感知的视角来看，西安市景点之间的可达性较好。感知评价分值从高到低依次是打车方便3.97 分，交通出行信息获取容易 3.92 分，景点之间道路质量很好 3.81 分，出租车数量很多 3.79 分，步行到公交站点很方便 3.78 分，乘坐公共交通到达景点很方便 3.78 分，景点之间道路畅通 3.76 分，公交车服务频次高 3.63 分，公交换乘很方便3.63 分，公交车等待时间短 3.60 分，停车方便3.60 分和景点之间距离很近 3.57 分。

从二日游游客对景点之间总体交通感知可达性来看，通过李克特五点量表法计算得分，游客对与交通相关的 12 个方面的感知可达性，总体上赞同和完全赞同的比重相对较高，说明从二日游游客感知的视角来看，西安市景点之间的可达性较好。感知评价分值从高到低依次是交通出行信息获取容易 3.75 分，出租车数量很多 3.71 分，打车方便 3.69 分，乘坐公共交通到达景点很方便 3.61 分，景点之间道路质量很好 3.59 分，公交车服务频次高 3.59 分，步行到公交站点很方便 3.57 分，景点之间道路畅通3.49 分，公交换乘很方便 3.48 分，公交车等待时间短 3.44 分，停车方便 3.44 分和景点

之间距离很近 3.30 分。

从三日游及以上游客对景点之间总体交通可达性的感知来看，通过李克特五点量表法计算得分，游客对与交通相关的 12 个方面的感知可达性，总体上赞同和完全赞同的比重相对较高，说明从三日游及以上游客感知的视角来看，西安市景点之间的可达性较好。感知评价分值从高到低依次是交通出行信息获取容易 4.15 分，出租车数量很多 4.10 分，乘坐公共交通到达景点很方便 4.09 分，打车方便 4.07 分，公交车服务频次高 3.97 分，步行到公交站点很方便 3.96 分，景点之间道路质量很好 3.93 分，公交换乘很方便 3.90 分，停车方便 3.89 分，景点之间道路畅通 3.84 分，公交车等待时间短 3.81 分和景点之间距离很近 3.68 分。

综上可得出：①总体上西安市景点之间的可达性较好；②对景点之间距离很近的感知度最低受到一致不认可，景点之间道路畅通的感知度较低，景点之间道路质量很好得到一定认可，交通出行信息获取容易得到较高认可；③在出租车、公交车和私家车三种出行方式中，认可度最高的是出租车，最低的是私家车，私家车主要体现在停车方便的感知度比较低；④在公交车出行方式中，对公交车等待时间短和公交换乘很方便的感知度较低，而乘坐公共交通到达景点很方便的感知度相对较高，公交车服务频次高、步行到公交站点很方便的感知度一般；⑤随着出游时间的增长，对打车方便的感知度在降低，对乘坐公共交通到达景点很方便的感知度在提高，可能是因为出游时间的长短影响游客的出行方式选择而产生的结果。

## 二、基于典型路径的感知可达性影响

通过对游客流动路径的统计分析得出，钟楼—大雁塔、钟楼—回民街、大雁塔—回民街三条路径的样本量较多，样本量分别达到 43 份、38 份、37 份，且在三种出游时间中的流动次数均较高，居于前列，钟楼—大雁塔、钟楼—回民街、大雁塔—回民街的一日游流动次数为 10、8、5 次，二日游流动次数为 18、14、13 次，三日游及以上流动次数为 15、16、19 次，因此，选择这三条路径作为典型路径进行分析。

### （一）钟楼—大雁塔

从钟楼—大雁塔景点路径所涉及的景点之间总体交通可达性的感知来看，

通过李克特五点量表法计算得分,游客对和交通相关的12个方面的感知可达性,总体上赞同和完全赞同的比重相对较高,说明从选择钟楼—大雁塔景点路径的游客感知的视角来看,西安市景点之间的可达性较好。感知评价分值从高到低的排序依次是交通出行信息获取容易(4.00分),打车方便(4.00分),乘坐公共交通到达景点很方便(3.95分),步行到公交站点很方便(3.86分),出租车数量很多(3.79分),公交车服务频次高(3.79分),公交换乘很方便(3.77分),景点之间道路质量好(3.74分),公交车等待时间短(3.60分),景点之间道路畅通(3.37分),停车方便(3.30分)和景点之间距离很近(3.14分)。

### (二)钟楼—回民街

从钟楼—回民街景点路径所涉及的景点之间总体交通可达性的感知来看,通过李克特五点量表法计算得分,游客对和交通相关的12个方面的感知可达性,总体上赞同和完全赞同的比重相对较高,说明从选择钟楼—回民街景点路径的游客感知的视角来看,西安市景点之间的可达性较好。感知评价分值从高到低的排序依次是交通出行信息获取容易(4.05分),公交车服务频次高(4.00分),乘坐公共交通到达景点很方便(4.00分),打车方便(3.97分),步行到公交站点很方便(3.95分),出租车数量很多(3.95分),景点之间道路质量很好(3.76分),公交换乘很方便(3.70分),景点之间距离很近(3.59分),公交车等待时间短(3.57分),景点之间道路畅通(3.46分)和停车方便(3.35分)。

### (三)大雁塔—回民街

从大雁塔—回民街景点路径所涉及的景点之间总体交通可达性的感知来看,通过李克特五点量表法计算得分,游客对和交通相关的12个方面的感知可达性,总体上赞同和完全赞同的比重相对较高,说明从选择大雁塔—回民街景点路径的游客感知的视角来看,西安市景点之间的可达性较好。感知评价分值从高到低的排序依次是交通出行信息获取容易(4.17分),出租车数量很多(3.97分),景点之间道路质量很好(3.94分),步行到公交站点很方便(3.92分),公交车服务频次高(3.89分),打车方便(3.86分),乘坐公共交通到达景点很方便(3.78分),公交车等待时间短(3.69分),景点之间距离很近(3.64分),公交换乘很方便(3.64分),景点之间道路畅通(3.53分)和停车方便(3.36分)。

综上可得出:①游客对感知可达性的认可度总体较好;②对交通出行信息获取容易的认可度最高,对停车方便和景点之间道路畅通的认可度最低,对景点之间道路质量很好的认可度一般,说明道路质量好于道路畅通程度;③在不同交通出行方式中,对乘坐公共交通到达景点很方便、步行到公交站点很方便、公交车服务频次高,以及打车方便、出租车数量很多的认可度都较高,对公交车等待时间短、公交换乘很方便的认可度相对较低,说明位于西安中心区的这三条路径的公交车出行和出租车出行都比较方便,私家车出行不方便、停车困难,但公交车等待时间和无缝换乘有待进一步优化。详见图 7－4。

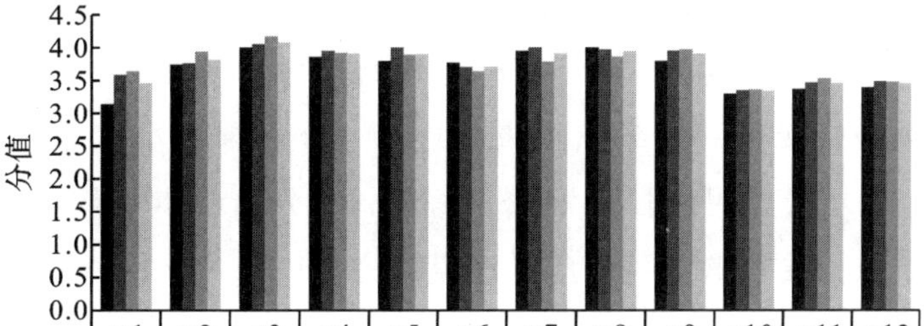


| | x1 | x2 | x3 | x4 | x5 | x6 | x7 | x8 | x9 | x10 | x11 | x12 |
|---|---|---|---|---|---|---|---|---|---|---|---|---|
| ■钟楼—大雁塔 | 3.14 | 3.74 | 4.00 | 3.86 | 3.79 | 3.77 | 3.95 | 4.00 | 3.79 | 3.30 | 3.37 | 3.39 |
| ■钟楼—回民街 | 3.59 | 3.76 | 4.05 | 3.95 | 4.00 | 3.70 | 4.00 | 3.97 | 3.95 | 3.35 | 3.46 | 3.48 |
| ■大雁塔—回民街 | 3.64 | 3.94 | 4.17 | 3.92 | 3.89 | 3.64 | 3.78 | 3.86 | 3.97 | 3.36 | 3.53 | 3.48 |
| ■平均值 | 3.46 | 3.81 | 4.07 | 3.91 | 3.89 | 3.70 | 3.91 | 3.94 | 3.90 | 3.34 | 3.45 | 3.45 |

x1—景点之间距离很近;x2—景点之间道路质量很好;x3—交通出行信息获取容易;x4—步行到公交站点很方便;x5—公交车服务频次高;x6—公交换乘很方便;x7—乘坐公共交通到达景点很方便;x8—打车方便;x9—出租车数量多;x10—停车方便;x11—景点之间道路畅通;x12—总分值均值。

**图 7－4　典型路径感知可达性评价**

## 三、高频景点周边环境及感知可达性评价

对游客到访景点的感知可达性及其周边环境,从乘坐公交车到达景点很方便、乘坐小汽车到达景点很方便、停车方便、通往景点的路况很好、景点的周边环境舒适、景点的餐饮购物住宿等配套设施完善、景点周边社会治安良好和邻近景点的吸引力强等 8 个要素进行评价,将各要素的评价划分为完全不赞同、不赞同、一般、赞同和完全赞同 5 个等级,运用李克特五点量表法,分别赋值 1、2、3、4、5 分,计算总分值。

一日游抽样调查的63条旅游线路共计经过125次景点，按照景点在移动路径中出现的次数排序，陕西历史博物馆、大雁塔、钟楼和回民街出现次数排在前4位，分别是30次、25次、20次和16次，具体情况如下：①对陕西历史博物馆景点交通可达性及其周边环境8个要素的评价以赞同和完全赞同为主，分值从高到低排序为乘坐公交车到达景点很方便(3.83分)，景点周边社会治安良好(3.70分)，景点的周边环境舒适(3.67分)，景点的餐饮购物住宿等配套设施完善(3.67分)，通往景点的路况很好(3.63分)，邻近景点的吸引力强(3.57分)，乘坐小汽车到达景点很方便(3.50分)和停车方便(3.43分)；②对大雁塔景点交通可达性及其周边环境8个要素的评价以赞同和完全赞同为主，分值从高到低排序为邻近景点的吸引力强(4.00分)，乘坐公交车到达景点很方便(3.92分)，乘坐小汽车到达景点很方便(3.92分)，景点周边社会治安良好(3.88分)，景点的周边环境舒适(3.80分)，景点的餐饮购物住宿等配套设施完善(3.80分)，通往景点的路况很好(3.68分)和停车方便(3.56分)；③对钟楼景点交通可达性及其周边环境8个要素的评价以赞同和完全赞同为主，分值从高到低排序为景点的餐饮购物住宿等配套设施完善(3.75分)，景点周边社会治安良好(3.75分)，乘坐公交车到达景点很方便(3.70分)，邻近景点的吸引力强(3.70分)，景点的周边环境舒适(3.65分)，乘坐小汽车到达景点很方便(3.60分)，通往景点的路况很好(3.50分)和停车方便(3.05分)；④对回民街景点交通可达性及其周边环境8个要素的评价以赞同和完全赞同为主，分值从高到低排序为邻近景点的吸引力强(4.19分)，景点周边社会治安良好(4.13分)，景点的餐饮购物住宿等配套设施完善(4.06分)，景点的周边环境舒适(3.94分)，乘坐公交车到达景点很方便(3.88分)，乘坐小汽车到达景点很方便(3.88分)，通往景点的路况很好(3.81分)和停车方便(3.25分)。

二日游抽样调查的114条旅游线路共计经过325次景点，按照景点在移动路径中出现的次数排序，大雁塔、回民街、陕西历史博物馆和钟楼的出现次数排在前4位，分别是53次、51次、44次和40次，具体情况如下：①对大雁塔景点交通可达性及其周边环境8个要素的评价以赞同和完全赞同为主，分值从高到低排序为景点周边社会治安良好(4.09分)，邻近景点的吸引力强(4.00 分),景点的周边环境舒适(3.92 分),景点的餐饮购物住宿等配套设施完善(3.89 分),乘坐公交车到达景点很方便(3.81 分),通往景点的路况很好(3.70 分),乘坐小汽车到达景点很方便(3.60 分)和停车方便(3.30 分);②对回民街景点交通可达性及其周边环境 8 个要素的评价以赞同和完全赞同为主,分值从高到低排序为景点的餐饮购物住宿等配套设施完善(3.75 分),邻近景点的吸引力强(3.75 分),乘坐公交车到达景点很方便(3.71 分),景点周边社会治安良好(3.69 分),景点的周边环境舒适(3.57 分),乘坐小汽车到达景点很方便(3.53 分),通往景点的路况很好(3.37 分)和停车方便(2.98 分);③对陕西历史博物馆景点交通可达性及其周边环境 8 个要素的评价以赞同和完全赞同为主,分值从高到低排序为乘坐公交车到达景点很方便(3.82 分),邻近景点的吸引力强(3.75 分),景点周边社会治安良好(3.68 分),乘坐小汽车到达景点很方便(3.59 分),停车方便(3.50 分),景点的周边环境舒适(3.48 分),景点的餐饮购物住宿等配套设施完善(3.45 分)和通往景点的路况很好(3.43 分);④对钟楼景点交通可达性及其周边环境 8 个要素的评价以赞同和完全赞同为主,分值从高到低排序为乘坐公交车到达景点很方便(4.00 分),邻近景点的吸引力强(4.00 分),景点周边社会治安良好(3.98 分),景点的餐饮购物住宿等配套设施完善(3.95 分),乘坐小汽车到达景点很方便(3.75 分),景点的周边环境舒适(3.73 分),通往景点的路况很好(3.70 分)和停车方便(3.35 分)。

三日游及以上抽样调查的 123 条旅游线路共计经过 325 次景点,按照景点在移动路径中出现的次数排序,大雁塔、回民街、陕西历史博物馆和钟楼出现次数排在前 4 位,分别是 93 次、61 次、57 次和 49 次,具体情况如下:①对大雁塔景点交通可达性及其周边环境 8 个要素的评价以赞同和完全赞同为主,分值从高到低排序为景点周边社会治安良好(4.27 分),邻近景点的吸引力强(4.23 分),景点的餐饮购物住宿等配套设施完善(4.19 分),乘坐公交车到达景点很方便(4.18 分),景点的周边环境舒适(4.16 分),乘坐小汽车到达景点很方便(4.13 分),通往景点的路况很好(4.02 分)和停车方便(3.75 分);②对回民街景点交通可达性及其周边环境 8 个要素的评价以赞同和完全赞同为主,分值从高到低排序为乘坐公交车到达景点很方便(4.05 分),邻近景点的吸引力强(4.03 分),景点的餐饮购物住宿等配套设施完善(3.90分),乘坐小汽车到达景点很方便(3.87分),景点周边社会治安良好(3.75分),通往景点的路况很好(3.52分),景点的周边环境舒适(3.46分)和停车方便(3.31分);③对陕西历史博物馆景点交通可达性及其周边环境8个要素的评价以赞同和完全赞同为主,分值从高到低排序为乘坐公交车到达景点很方便(4.00分),乘坐小汽车到达景点很方便(3.96分),邻近景点的吸引力强(3.86分),景点周边社会治安良好(3.79分),景点的餐饮购物住宿等配套设施完善(3.77分),景点的周边环境舒适(3.72分),停车方便(3.68分)和通往景点的路况很好(3.58分);④对钟楼景点交通可达性及其周边环境8个要素的评价以赞同和完全赞同为主,分值从高到低排序为乘坐小汽车到达景点很方便(4.31分),景点的餐饮购物住宿等配套设施完善(4.31分),邻近景点的吸引力强(4.27分),乘坐公交车到达景点很方便(4.24分),景点周边社会治安良好(4.24分),景点的周边环境舒适(4.12分),通往景点的路况很好(4.10分)和停车方便(3.73分)。

一日游、二日游、三日游及以上的高频景点完全重合,均是陕西历史博物馆、大雁塔、钟楼和回民街,周边环境及感知可达性具有以下主要特征:①游客对高频景点的周边环境及感知可达性评价总体较好。②对于陕西历史博物馆,乘坐公交车到达景点很方便、邻近景点的吸引力强、景点周边社会治安良好的感知较好;对于大雁塔,游客对景点周边社会治安良好、邻近景点的吸引力强、乘坐公交车到达景点很方便的感知较好;对于钟楼,游客对景点的餐饮购物住宿等配套设施完善、景点周边社会治安良好、邻近景点的吸引力强、乘坐公交车到达景点很方便的感知较好;对于回民街,游客对邻近景点的吸引力强、景点的餐饮购物住宿等配套设施完善、乘坐公交车到达景点很方便的感知较好。总体而言,游客对四个景点的邻近景点吸引力强、乘坐公交车到达景点很方便的感知评价较高,对停车方便、通往景点的路况很好、景点周边环境舒适的感知较差,但对大雁塔的景点周边环境舒适的感知要稍好于其他三个景点。③相比私家车出行,对高频景点的公交可达性水平感知更好,在一定程度上反映了高频景点与公交可达性的高相关关系。④三种出游时间类型游客对陕西历史博物馆乘坐公交车到达景点很方便这一要素的感知均最好。⑤四个景点的三日游及以上游客对公交感知可达性好于一日游和二日游游客，显现出在时间宽松的情况下，公交感知可达性水平也在提高，表明可达性水平和游客拥有的出游活动时间相关。详见图 7-5、图 7-6。

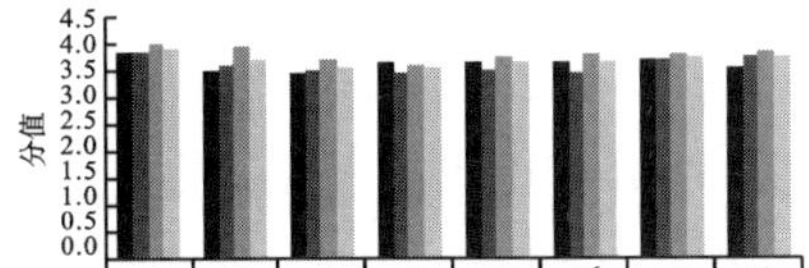


| | x1 | x2 | x3 | x4 | x5 | x6 | x7 | x8 |
|---|---|---|---|---|---|---|---|---|
| 一日游 | 3.83 | 3.50 | 3.43 | 3.63 | 3.67 | 3.67 | 3.70 | 3.57 |
| 二日游 | 3.82 | 3.59 | 3.50 | 3.43 | 3.48 | 3.45 | 3.68 | 3.75 |
| 三日游及以上 | 4.00 | 3.96 | 3.68 | 3.58 | 3.72 | 3.77 | 3.79 | 3.86 |
| 平均值 | 3.88 | 3.68 | 3.54 | 3.55 | 3.62 | 3.63 | 3.72 | 3.73 |

(a)陕西历史博物馆

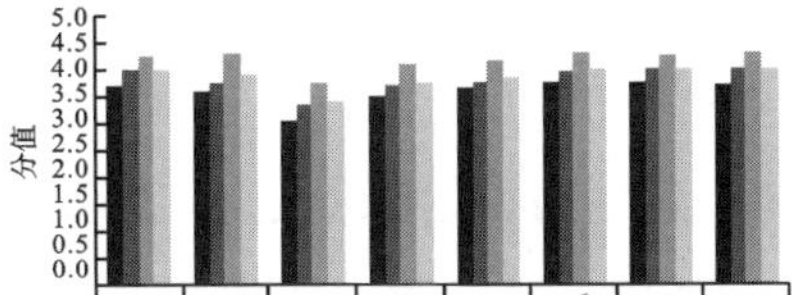


| | x1 | x2 | x3 | x4 | x5 | x6 | x7 | x8 |
|---|---|---|---|---|---|---|---|---|
| 一日游 | 3.70 | 3.60 | 3.05 | 3.50 | 3.65 | 3.75 | 3.75 | 3.70 |
| 二日游 | 4.00 | 3.75 | 3.35 | 3.70 | 3.73 | 3.95 | 3.98 | 4.00 |
| 三日游及以上 | 4.24 | 4.31 | 3.73 | 4.10 | 4.12 | 4.31 | 4.24 | 4.27 |
| 平均值 | 3.98 | 3.89 | 3.38 | 3.77 | 3.83 | 4.00 | 3.99 | 3.99 |

(b)钟楼

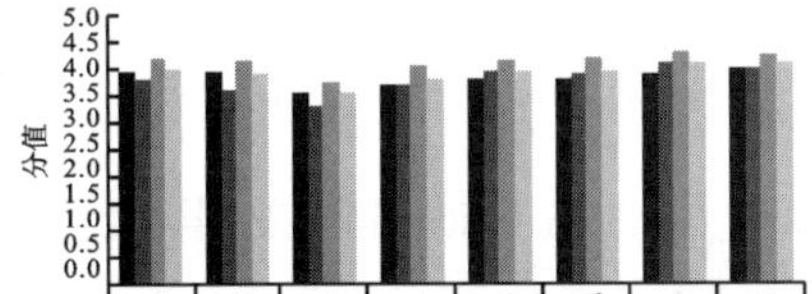


| | x1 | x2 | x3 | x4 | x5 | x6 | x7 | x8 |
|---|---|---|---|---|---|---|---|---|
| 一日游 | 3.92 | 3.92 | 3.56 | 3.68 | 3.80 | 3.80 | 3.88 | 4.00 |
| 二日游 | 3.81 | 3.60 | 3.30 | 3.70 | 3.92 | 3.89 | 4.09 | 4.00 |
| 三日游及以上 | 4.18 | 4.13 | 3.75 | 4.02 | 4.16 | 4.19 | 4.27 | 4.23 |
| 平均值 | 3.97 | 3.88 | 3.54 | 3.80 | 3.96 | 3.96 | 4.08 | 4.08 |

(c)大雁塔

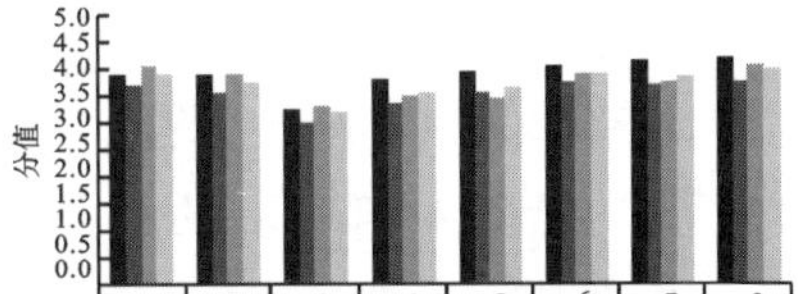


| | x1 | x2 | x3 | x4 | x5 | x6 | x7 | x8 |
|---|---|---|---|---|---|---|---|---|
| 一日游 | 3.88 | 3.88 | 3.25 | 3.81 | 3.94 | 4.06 | 4.13 | 4.19 |
| 二日游 | 3.71 | 3.53 | 2.98 | 3.37 | 3.57 | 3.75 | 3.69 | 3.75 |
| 三日游及以上 | 4.05 | 3.87 | 3.31 | 3.52 | 3.46 | 3.90 | 3.75 | 4.03 |
| 平均值 | 3.88 | 3.76 | 3.18 | 3.57 | 3.66 | 3.90 | 3.86 | 3.99 |

(d)回民街

x1—乘坐公交车到达景点很方便；x2—乘坐小汽车到达景点很方便；x3—停车方便；x4—通往景点的路况很好；x5—景点的周边环境舒适；x6—景点的餐饮购物住宿等配套设施完善；x7—景点周边社会治安良好；x8—邻近景点的吸引力强。

**图 7-5 高频景点周边环境及感知可达性因素评价**

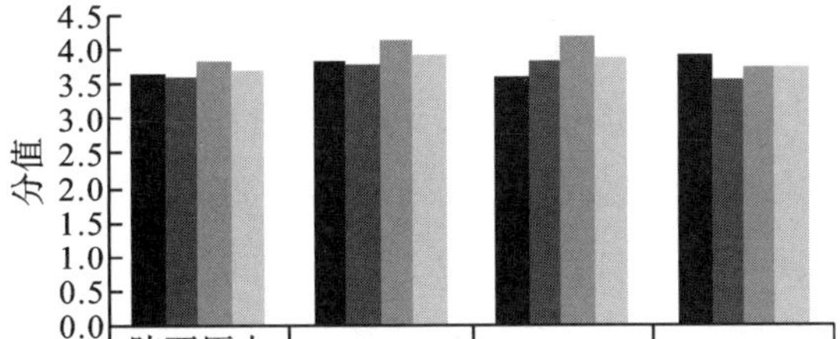


| | 陕西历史博物馆 | 大雁塔 | 钟楼 | 回民街 |
|---|---|---|---|---|
| 一日游均值 | 3.63 | 3.82 | 3.59 | 3.89 |
| 二日游均值 | 3.59 | 3.79 | 3.81 | 3.54 |
| 三日游及以上均值 | 3.80 | 4.12 | 4.17 | 3.74 |
| 总分值均值 | 3.67 | 3.91 | 3.86 | 3.72 |

**图 7-6 高频景点周边环境及感知可达性总体评价**

本章对问卷进行了整体的统计分析，并基于不同出游时间类型、游客流动典型路径、高频景点周边环境感知等视角，统计分析游客的基本特征，对景点的喜欢程度、重视程度，选择景点考虑因素的重要程度，对景点之间总体交通的感知，以及游客对高频景点交通可达性和周边环境的评价，从而揭示感知可达性与游客景点选择和流动路径的关系，分析得出如下结论。

(1)游客对西安市景点的选择偏好为历史古迹和山水风光类型的景点，宗教寺庙的偏好程度最弱。闲暇时间和个人收入是影响景点选择的两个最重要因素，相对最不重要的因素是景点周边停车设施、小汽车到达便利与否、交通成本、个人年龄、景区门票。

(2)在交通因素中公交可达性要比小汽车可达性对游客景点选择的影响更大。游客对西安市景点之间总体交通可达性的感知较好，其中，对交通出行信息获取容易、打车方便、出租车数量多、乘坐公共交通到达景点很方便等的认可度高，对景点之间距离很近、公交车等待时间短、停车方便、景点之间道路通畅、公交换乘很方便等的认可度低，可以判断出游客在景点之间的出行使用出租车相比使用公交车方便，而使用公交车比使用私家车更方便。

(3)基于不同出游时间类型的游客景点路径及其影响因素存在差异。①一日游省内游客多于省外游客，二日游和三日游及以上的游客省外游均多于省内游。②随着出游时间增长，游览景点数量和形成的景点路径均增多。一日游、二日游、三日游及以上游客流动次数较多的共同路径是钟楼—大雁塔、钟楼—回民街、大雁塔—回民街、陕西历史博物馆—大雁塔，一日游的路径具有景点位于中心区位、景点之间距离近、景点知名度非常高的特征；二日游的路径显现景点知名度非常高，开始出现景点之间距离长、景点区位跨度大的特征；三日游及以上游客的路径具有景点知名度比较高，以及景点之间距离长、景点区位跨度大的出现频率更高的特征。在三种不同出游时间中，大规模的游客流动均产生在距离较近的中心区不同景点组团间的景点之间和景点组团内集聚性景点之间，小规模游客流动的景点和路径呈现出多样化且具有一定知名度的特征。③一日游、二日游、三日游及以上的游客对景点喜欢程度、重视程度、选择相应景点需考虑的因素表现出较高的一致性，一日游、二日游、三日游及以上游客均偏好历史古迹、山水风光和特色街区，闲暇时间和个人收入始终是最关键的考虑因素，小汽车到达便利与否对景点周边停车设施的影响程度较低。在选择景点考虑交通影响因素时，公交可达性的重要性大于小汽车可达性，公交可达性的影响程度在三日游及以上游客中表现最重要，其次为一日游，再次为二日游。说明三日游及以上游客在时间宽松的情况下更看重公交出行可达性，一日游游客时间非常有限，受经济条件的约束更希望公交能够便利，二日游游客时间适中，具有一定弹性时间，不一定完全依赖公交出行，因此公交可达性的重要性下降。交通成本的影响程度随着出游时间增长面降低，可能由于长时出游的游客更多选择经济实惠的城市公交出行方式，交通成本低，在长时出游中其他各种成本较高，降低了交通成本的影响程度。

（4）游客对西安市景点之间交通可达性的感知总体较好，对景点之间距离很近的感知最差，对景点之间道路畅通的感知较差，对景点之间道路质量很好的感知较好，对交通出行信息获取容易的感知最好。在出租车、公交车和私家车三种出行方式中，认可度最高的是出租车，最低的是私家车，主要体现在对停车方便的感知度比较低。在公交车出行方式中，对公交车等待时间短和公交换乘很方便的感知度较低，而对乘坐公共交通到达景点很方便的感知度相对较高，对公交车服务频次高、步行到公交站点很方便的感知度一般。随着游客出游时间的增长，对打车方便的感知度在降低，对乘坐公共交通到达景点很方便的感知度在提高，可能是因为出游时间的长短影响游客的出行方式选择而产生的结果。

（5）钟楼—大雁塔、钟楼—回民街、大雁塔—回民街三条典型路径的游客对西安市景点之间交通可达性的感知总体较好，对交通出行信息获取容易的感知最高，停车方便和景点之间道路畅通的感知最低，景点之间道路质量很好的感知一般，道路质量好于道路畅通程度。对乘坐公共交通到达景点很方便、步行到公交站点很方便、公交车服务频次高，以及打车方便、出租车数量很多的感知都较高，公交车等待时间短、公交换乘很方便的感知相对较低，说明位于西安市中心区的这三条路径的公交车出行和出租车出行都比较方便，私家车出行不方便、停车困难，但公交车等待时间和无缝换乘有待进一步优化。

(6)大雁塔、回民街、陕西历史博物馆和钟楼均是一日游、二日游、三日游及以上的游客选择次数最多的景点,高频景点完全重合。高频景点的周边环境及感知可达性评价总体较好,邻近景点的吸引力强、乘坐公交车到达景点很方便的感知评价均较高,停车方便、通往景点的路况很好、景点周边环境舒适的感知评价较差,但对大雁塔的景点周边环境舒适的感知要稍好于其他三个景点。相比私家车出行,对高频景点的公交感知可达性更好,在一定程度上反映了高频景点与公交可达性的高相关关系。四个景点的三日游及以上游客对公交感知可达性好于一日游和二日游游客,显现出在时间宽松的情况下,公交感知可达性水平也在提高,表明可达性水平和游客拥有的出游活动时间存在相关性。

# 第八章 游客公共交通满意度的影响因素与组态路径

通过前述对西安市不同出游时间类型游客的景点空间流动及其交通可达性对游客景点流动网络的影响分析可以看出，公共交通可达性对游客景点流动网络产生重要影响。公共交通作为城市旅游系统中的关键组成要素，是游客在目的地区域开展旅游活动的重要基础。那么，游客在景点之间流动过程中使用公共交通的满意度如何呢？本章将构建满意度评价及其影响因素指标体系，采用模糊集定性比较分析(fsQCA)方法，探讨西安市游客公共交通出行满意度及其影响路径。

公共交通主要是指在一定地域范围内，在特定路线按照规定的时间、站点及票价，以满足使用者需求，为使用者提供安全、舒适、快捷、及时交通服务的一种客运服务系统(交通运输部道路运输司，2011)。通常以公共汽车、地铁为主，辅助于有轨(无轨)电车、轮渡、缆车、轻轨、出租车、自行车、摩托车等其他公共交通方式(丁卓，2015)。公共交通因其装载容量大、获得程度简易、服务范围广泛，在城市发展中具有明显的优势，同时公共交通对城市健康发展，以及减少资源占用、节约能源、缓解环境污染压力、改善交通拥堵等方面起着举足轻重的作用(Ni et al.，2020；Sorupia，2005)。2020 年 7 月交通运输部和国家发改委联合印发的《绿色出行创建行动方案》，为贯彻生态文明建设和党的十九大关于开展绿色出行行动等决策部署，提出省会城市作为绿色出行创建对象之一，应倡导简约适度、绿色低碳的生活方式，引导公众优先选择公共交通等绿色出行方式，降低小汽车通行总量，整体提升我国各城市的绿色出行水平。这表明未来城市内部交通发展的重心应转向公共交通优先发展，为居民和游客的出行流动采用公共交通方式提供必要的基础保障。与此同时，衡量顾客使用公共交通出行的满意度也是交通研究和实践中的重要议题之一，是反映公共交通服务质量优劣的根本指标。城市交通系统的使用者包括固定需求的居民和弹性需求的游客，不同群体对交通的满意度具有差异性(戢晓峰 等,2020)。如 Kinsella 和 Caulfield 研究指出游客与当地用户在公共交通的需求和使用方面存在显著差异,游客更关心信息的服务性和可靠性,而当地居民则重视准时、发车频率和等待时间(Kinsella et al.,2011)。在游客公共交通满意度研究领域,Stradling 等认为年龄和使用频率是游客对交通满意度最大的影响因素,而家庭收入、汽车可达性和性别等因素影响较小(Stradling et al.,2007)。Yi 等在研究马来西亚某区域的国际游客公共交通满意度时,运用结构方程模型方法得出舒适性、可达性和安全性是三大关键影响因素(Yi et al.,2018)。卢松对黄山市游客公共交通满意度进行评价时发现,影响程度按照时间性、便捷性、舒适性、合理性递减(卢松 等,2011)。在城市旅游环境中,高质量的公共交通建设便于游客出行,同时增强游客使用公共交通的意愿,从而实现环境保护和提升旅游体验的双重效果。公共交通出行作为游客城市旅游体验的重要组成部分,其满意度及其构件是游客使用公共交通价值感知的重要表征,反映了城市公共交通对外形象和游客认可水平,对目的地游客到访量乃至重游意愿均产生重要的影响。

据统计,西安市旅游人次从 2017 年的 18 093.14 万增至 2019 年的 30 110.43 万,年平均增长率为 32.2%,同时,旅游收入也呈现上升趋势,从 2017 年的 1 633.3 亿元增至 2019 年的 3 146.05 亿元,年平均增长率达到 40%,发展速度居全国前列,旅游总收入对地区经济贡献率逐年提高,旅游产业已经成为西安市战略性的支柱产业。西安 1998 年入选中国首批优秀旅游城市,2019 年入选中国最受欢迎十大旅游城市,2020 年成功入选国家首批 60 个文化和旅游消费试点城市,西安旅游业在新时代正不断焕发新的生机与活力。

公共交通作为游客主要的出行方式之一,在一定程度上反映了城市的形象和风貌。西安通过不断加大资金投入和规范整治,公共交通基础设施已逐步完善,从 2017 年至 2019 年,西安已开通的轨道交通运营里程由88.97 公里增至 132.41 公里,年均增长率达到 23.45%,运营里程居中国内地城市第 12 位,城市出租车由 14 509 辆增加到 16 832 辆,年均增长 7.9%,城市每万人拥有公共交通车辆数由 13 标台增至 17 标台,年均增长率为14.6%。从上述可以看出,虽然公共交通基础设施的改进和完善为西安市旅游业繁荣发展提供了较好的环境和支撑条件,但其仍然滞后于旅游业发展的需求。公共交通服务水平仍然存在不足，如换乘衔接、智能化信息应用、人多车少导致的车内拥挤等问题（李想，2019）。

## 第一节　研究方法、指标体系与数据获取

### 一、研究方法

#### （一）模糊集定性比较分析法

模糊集定性比较分析法（fsQCA）是指依据数据的要素，挖掘结果发生的多个条件组合的方法（Ragin et al.，2013）。通过对多种影响因素进行模糊集定性比较分析，一般呈现出三种结果，即复杂解、中间解和简约解，选取一致性和覆盖率这两个解释参数作为判断标准。

1. 一致性

一致性与通常统计分析中的显著性表达的概念具有相似性，其目的是对条件组合的因果关系程度进行判断，见公式（1），其表达的是结果变量 $Y$ 的产生，与单个条件变量 $X$ 或多个条件变量组合的一致性程度。一致性数值处于 0.75 以上，越接近 1，说明解释力越强。

$$C_{\mathrm{n}}(X_i \leqslant Y_i)=\frac{\sum \min(X_i, Y_i)}{\sum X_i} \tag{1}$$

式中，$X_i$ 为条件组合中的隶属分数；$Y_i$ 为结果中的隶属分数；$C_{\mathrm{n}}$ 为 $X_i$ 和 $Y_i$ 的一致性程度，其取值范围为（0，1）。

2. 覆盖率

覆盖率是指评估条件变量组合对结果变量发生的概率，主要用以表达因果路径的解释能力，见公式（2），其数值高低决定了因果解释力的强弱程度。但覆盖率数值并无特定标准，通常以一致性数值为覆盖率数值的三倍作为判别依据。

$$C_{\mathrm{v}}(X_i \leqslant Y_i)=\frac{\sum \min(X_i, Y_i)}{\sum Y_i} \tag{2}$$

式中，$X_i$、$Y_i$ 的含义同公式（1）；$C_{\mathrm{v}}$ 为 $X_i$ 对 $Y_i$ 发生的概率，其取值范围为（0，1）。

### (二)变量赋值

在进行模糊集定性比较分析时,首先将变量的数值处理成 0～1 的隶属度分数(Ragin et al.,2013),之后运用布尔代数的方法计算逻辑真值,最后得出造成结果变量发生的充分条件和必要条件。在本书中,所有正向表述的题项均采用李克特五点量表,以符合模糊集定性比较分析的赋值要求。在进行变量赋值时,当界定分值在3～5分时赋值为 1,当界定分值小于 3 分时赋值为 0,数据分析使用 fsQCA 3.0 软件完成(张圆刚 等,2020),真值表计算结果见表 8-1。

表 8-1 解释和被解释变量真值表

| 变量真值 | | | | | |
|---|---|---|---|---|---|
| 便利性 | 安全性 | 舒适性 | 科学美观性 | 附加功能 | 满意度 |
| 1 | 1 | 1 | 1 | 0 | 1 |
| 1 | 1 | 1 | 0 | 1 | 1 |
| 1 | 0 | 1 | 1 | 1 | 1 |
| 1 | 1 | 1 | 1 | 1 | 1 |
| 1 | 0 | 1 | 1 | 0 | 1 |
| 1 | 1 | 0 | 1 | 1 | 1 |
| 1 | 0 | 0 | 0 | 1 | 1 |
| 1 | 0 | 0 | 1 | 0 | 1 |
| 1 | 0 | 1 | 0 | 0 | 1 |
| 0 | 0 | 1 | 1 | 0 | 1 |
| 0 | 1 | 0 | 0 | 1 | 1 |
| 0 | 0 | 1 | 0 | 0 | 1 |
| 0 | 0 | 0 | 0 | 0 | 0 |

## 二、指标体系

指标体系的构建参考相关文献中具有良好信度和效度的问卷量表,并结合案例地实际公共交通运行情况进行设计,包括个人基本情况、游客出行情况、游客公共交通出行满意度评价三个部分。问卷题项从便利性、安全性、舒适性、科学美观性、附加功能、满意度六个方面对公共交通满意度进行评价，采用李克特五点量表进行测度，从非常不同意到非常同意，对应的分值为1～5分。

在游客对公共交通出行满意度认知的指标体系构建上，便利性、安全性和科学美观性三个方面的13个题项综合参考了王兆峰（2014）关于张家界游客对公共交通感知量表，Ingvardson等（2019）关于欧洲六城市的大规模乘客对公共交通满意度量表及卢松等（2011）关于黄山市旅游地公共交通性能量表，以此来反映游客出行的基本心理需求和公共交通功能效应。舒适性和附加功能方面的6个题项主要参考Le-Klähn等（2014）关于德国慕尼黑游客对公共交通满意度分析量表及Van Lierop等（2108）研究整理的公共交通满意度影响因素量表，来反映公共交通内部的设施、环境以及服务情况。而在西安市公共交通整体满意度评价构建上，则借鉴Nasir等（2020）关于马来西亚兰卡威岛外国游客对目的地吸引力与忠诚度关系的满意度研究，通过喜欢、满意、正确3个指标来衡量游客使用西安市公共交通的总体满意度。

## 三、数据获取

本书的主要数据来源于调查问卷，与前文“感知可达性对游客流动路径的影响”的调查问卷、发放时间和地点、有效样本量等一致，使用同一套完整的调查问卷——“西安市游客目的地景点偏好及其感知可达性以及公共交通评价”，于2019年11月20日至30日进行发放，问卷发放地点为陕西历史博物馆、回民街、钟楼、大雁塔，四个典型景区全年均会接待大量外地游客，游客比较聚集，周边具有较为密集的道路网络和公交站点分布，保证了外地游客使用公共交通的可能性，便于实现抽样的代表性和可行性。同时，本书旨在分析西安市游客使用公共交通的总体满意度，且游客旅游流的本质特征决定了四个调研点符合研究要求。调查问卷共发放320份，所有问卷全部现场收回，去除问卷信息和题项回答不完整、不使用公共交通等无效问卷，实际有效问卷300份，有效率为93.75%。

受访者人口结构特征如前文所述，游客来源主要以省外游客为主，有驾照和有私家车的游客占比分别接近60%和50%，但是在居住地使用公共交通（如公交车、地铁、自行车）的人数占比为55%，说明游客虽然拥有私家车和驾照，但仍倾向于使用公共交通出行。

在游客出行特征及其公共交通使用情况方面，初游者占比(61%)远高于重游者占比(39%)，说明西安对游客具有较强的旅游吸引力；在被调查的游客中，去往旅游景点的主要交通方式除23人完全使用小汽车外，其余都使用公共交通；在277名使用公共交通的游客中，由于存在多种交通方式组合使用的情况，因此按照乘车人次进行统计分析，使用地铁的人次最多，达到266人次，占公共交通总使用游客的96%，其次是使用公交车的，达到253人次，占比为91.33%，最少的是使用自行车的，为59人次，占比为21.33%；对游客在居住地一周内使用公共交通的频率分析得出，经常使用的达到48.67%，偶尔使用的达到43.67%，两者总数超过了90%，说明在目的地使用公共交通的游客，在居住地出行的主要交通方式也是公共交通。

## 第二节　影响因素与组态路径

### 一、信度与效度分析

本书采用Amos软件对分析的变量进行信度和效度分析，采用的方法为最大似然估计法。信度分析的指标主要包括标准化因素负荷量、克隆巴赫系数、组合信度(CR)和平均萃取变异量(AVE)，效度分析主要采用收敛效度和区别效度指标。通过删除标准化因素负荷量值小于0.6的题项(Kline，1998)，最后用于分析的题项数为22题，其中偏态值介于－0.668～0.185，峰度值介于－0.862～1.865，均满足偏态绝对值和峰度绝对值的标准(Kline，1998)。

6个变量的克隆巴赫系数标准化因素负荷量介于0.704～0.933，均满足不低于0.6的标准；6个变量的克隆巴赫系数值分别为0.877、0.729、0.891、0.796、0.753、0.901，均高于0.7；6个变量的CR值分别为0.904、0.879、0.925、0.867、0.825、0.938，均满足大于0.7的要求；6个变量的AVE值分别为0.575、0.784、0.754、0.621、0.702、0.834，均满足大于0.5的标准(Kline，1998)，详见表8-2。

**表 8-2　变量分析结果**

| 变量 | 题项 | 标准化因素负荷量 | 克隆巴赫系数 | CR | AVE |
|---|---|---|---|---|---|
| 便利性 | 公共交通容易使用 | 0.705*** | 0.877 | 0.904 | 0.575 |
| | 转换乘方便 | 0.714*** | | | |
| | 等车时间短 | 0.776*** | | | |
| | 车辆实时更新信息 | 0.749*** | | | |
| | 公共交通准时到达 | 0.764*** | | | |
| | 发车频率高 | 0.821*** | | | |
| | 车辆可达性好 | 0.774*** | | | |
| 安全性 | 乘车安全 | 0.851*** | 0.729 | 0.879 | 0.784 |
| | 等车环境安全 | 0.918*** | | | |
| 舒适性 | 等车时感到舒适 | 0.840*** | 0.891 | 0.925 | 0.754 |
| | 座椅舒适性高 | 0.890*** | | | |
| | 车内清洁 | 0.872*** | | | |
| | 车内空间宽敞 | 0.871*** | | | |
| 科学美观性 | 站台及间距设计合理 | 0.704*** | 0.796 | 0.867 | 0.621 |
| | 线路设计科学 | 0.818*** | | | |
| | 交通标识清晰明确 | 0.834*** | | | |
| | 车辆外观设计美观 | 0.791*** | | | |
| 附加功能 | 司机服务态度好 | 0.886*** | 0.753 | 0.825 | 0.702 |
| | 票价便宜 | 0.787*** | | | |
| 满意度 | 很喜欢西安公共交通 | 0.880*** | 0.901 | 0.938 | 0.834 |
| | 旅行时使用市内公共交通很满意 | 0.933*** | | | |
| | 使用市内公共交通旅行是非常正确的选择 | 0.926*** | | | |

注：*** $p<0.001$。

收敛效度通过各潜在变量的 AVE 值进行检验,AVE 值介于 0.575～0.834,可以看出符合收敛效度均大于 0.5 的标准;区别效度通过各潜在变量的 AVE 值的平方根与对应变量之间相关系数进行检验,可以得出前者均大于后者,说明具有良好的区别效度,满足 Kline 建议的标准(Kline,1998),详见表 8-3。

表 8-3 区别效度分析

| 变量 | 便利性 | 安全性 | 舒适性 | 科学美观性 | 附加功能 | 满意度 |
|---|---|---|---|---|---|---|
| 便利性 | 0.758 | | | | | |
| 安全性 | 0.598 | 0.885 | | | | |
| 舒适性 | 0.668 | 0.535 | 0.868 | | | |
| 科学美观性 | 0.622 | 0.590 | 0.653 | 0.788 | | |
| 附加功能 | 0.589 | 0.509 | 0.551 | 0.486 | 0.838 | |
| 满意度 | 0.673 | 0.586 | 0.671 | 0.700 | 0.482 | 0.913 |

注:下三角为变量的皮尔森相关系数,对角线为 AVE 值的平方根。

## 二、单变量的充分性和必要性分析

在定性比较分析中,使用覆盖率和一致性来确定条件变量集合对结果变量集合解释的充分必要条件(Ragin,2006)。由于影响游客对公共交通出行满意度的因素具有复杂性,而且在对条件变量进行定义时会产生差异,因此在特定研究中,研究者通常会将校准值调高 0.1,使阈值达到 0.9。

对单项因素(西安市游客对公共交通出行满意度)的影响因素能否构成结果变量的充分条件进行检验。由表 8-4 可以看出,只有舒适性因素构成游客对公共交通出行满意度的充分条件,其余均不构成游客对公共交通出行满意度的充分条件。

表 8-4 单项因素的一致性和覆盖率

| 变量 | 一致性 | 覆盖率 |
|---|---|---|
| 便利性 | 0.897111 | 0.808664 |
| 安全性 | 0.794222 | 0.861253 |

续表

| 变量 | 一致性 | 覆盖率 |
|---|---|---|
| 舒适性 | 0.927476 | 0.802592 |
| 科学美观性 | 0.874116 | 0.861418 |
| 附加功能 | 0.838739 | 0.849507 |

从数据可以看出，单个条件变量无法获得的结果，需要对条件变量进行组合分析，还需要对方案进行进一步优化以满足分析要求。因此，当游客对公共交通出行满意时，只有舒适性因素构成结果变量的必要条件，其余单项因素都不能构成结果变量的必要条件。

## 三、定性比较分析

通过模糊集定性比较分析法（fsQCA）能够有效揭示条件组合对结果发生的影响，从而挖掘不同条件组合与结果之间的联系。一般而言，运用 fsQCA 时，一致性门槛值的建议标准需大于 0.75，才代表条件组合对结果变量具有解释能力（Ragin，2006）。以此为基础，为进一步提升研究的解释力，本书在分析时将一致性阈值调高为 0.8。

本书运用 fsQCA 3.0 组态分析 300 份个案数据，输出复杂解、中间解和简化解结果，其主要依据是包含的逻辑余项，即反事实假设的条件组合。在本书中排除所有反事实假设的条件组合，对复杂解进行分析，共归纳出 7 条有效组合，如表 8－5 所示。这 7 条有效组合中的任意组合都不满足结果变量的充要条件，表明存在可以解释的其他组合。

表 8－5　模糊集定性比较分析结果

| 序号 | 组合 | 原始覆盖率 | 净覆盖率 | 一致性 |
|---|---|---|---|---|
| 1 | ～科学美观性 * 舒适性 * ～附加功能 | 0.409552 | 0.025472 | 0.900791 |
| 2 | 便利性 * 舒适性 * 科学美观性 | 0.790802 | 0.062500 | 0.918002 |
| 3 | 便利性 * ～安全性 * 科学美观性 * ～附加功能 | 0.380307 | 0.006368 | 0.943949 |

续表

| 序号 | 组合 | 原始覆盖率 | 净覆盖率 | 一致性 |
|---|---|---|---|---|
| 4 | 便利性 * 安全性 * 舒适性 * 附加功能 | 0.702772 | 0.010790 | 0.949948 |
| 5 | 便利性 * 安全性 * 科学美观性 * 附加功能 | 0.690449 | 0.002418 | 0.943594 |
| 6 | 便利性 * ～安全性 * ～舒适性 * ～科学美观性 * 附加功能 | 0.257665 | 0.004009 | 0.948145 |
| 7 | ～便利性 * 安全性 * ～舒适性 * ～科学美观性 * 附加功能 | 0.216450 | 0.003361 | 0.928192 |
| 总体一致性 | | 0.863739 | | |
| 总体覆盖率 | | 0.871135 | | |

注："*"是变量之间的连接符号，表示"且"的交集关系；"～"表示"非"，即"不存在"。

通过表 8－5 得到的分析数值可以看出，在 7 条有效组合中，任意组合的阈值均满足一致性判断标准，说明这些组合可以构成影响游客对公共交通出行满意度的充分条件，原始覆盖率介于 0.216450～0.790802。以上数据表明在便利性、安全性、舒适性、科学美观性、附加功能这几个因素组成的 7 条有效组合中，并不存在某个单个组合能够完全解释所有个案，说明游客对公共交通出行的满意度是在特定情境下通过以上要素所形成的特定组合实现的。同时，条件组合的最高净覆盖率为 0.062500，表明约有 6.25%的案例能够被该组合解释（且不能被其他组合解释），最低净覆盖率为 0.002418，表明约有 0.24%的案例能够被该组合解释（且不能被其他组合解释）。

## 四、条件组合分析

影响游客对公共交通出行满意度因素的总体覆盖率为 0.871135，表明 7 个组合能够解释本研究中约 87.11%的案例。可以看出，便利性在 7 个组合中作为"一定包含"要素出现 5 次，说明时间、频率、可达性等能够高效满足旅游需求的要素，具有首要作用。附加功能作为"一定包含"要素出现 4 次，附加功能主要包含司机态度和票价，说明对游客来说，东道主态度和价格对满意度的达成具有重要作用。舒适性、安全性和科学美观性则在7个条件组合中作为“一定包含”要素出现的次数最少，均为3次，可见对游客来说，舒适性、安全性和车体设计在满意度中的重要性低于其在时间和可达性上展示出的实用价值及东道主态度具有的情感价值。

从条件组合的具体构成及其影响程度来看，其解释力分为三个层级。第一层级，有3个条件组合的原始覆盖率超过了50%，分别为条件组合2、4和5，这3条组合围绕便利性功能发挥作用。其中，条件组合2“便利性 * 舒适性 * 科学美观性”和条件组合4“便利性 * 安全性 * 舒适性 * 附加功能”构成了2个原始覆盖率较高的组合，分别为0.790802和0.702772，二者都包含双要素“舒适性”和“便利性”；条件组合5的原始覆盖率为0.690449，其由“便利性 * 安全性 * 科学美观性 * 附加功能”构成。可见，在条件组合的总体结构中，便利性可被视为影响游客出行满意度因素的核心要素。第二层级，原始覆盖率介于30%至50%的组合为条件组合1“～科学美观性 * 舒适性 * ～附加功能”和条件组合3“便利性 * ～安全性 * 科学美观性 * ～附加功能”，该2条组合具有舒适性、便利性和科学美观性的特征，同时均排除了附加功能要素的作用。可见，虽然科学美观性作为单要素在条件组合中出现的频率相比其他要素并不高，但当其出现时，也能够带来一定的满意度。条件组合1中舒适性作为唯一“一定包含”的要素，也能够带来一定的满意度。第三层级，原始覆盖率低于30%的组合包含条件组合6“便利性 * ～安全性 * ～舒适性 * ～科学美观性 * 附加功能”和条件组合7“～便利性 * 安全性 * ～舒适性 * ～科学美观性 * 附加功能”，此二者具有的特征是均排除了舒适性要素，并分别纳入便利性与附加功能、安全性与附加功能，说明功能价值、安全价值和情感价值对游客公共交通满意度的实现具有意义。

本章立足于影响游客对公共交通出行满意度多种因素的现实条件，从多个条件组合的理论视角出发，基于收集的数据特点，采用fsQCA来探究由安全性、便利性、舒适性、科学美观性和附加功能形成的影响游客对公共交通出行满意度的构造。fsQCA能够深度挖掘影响游客对公共交通出行满意度因素的条件组合，对结果变量能够进行很好的解释，综上得出以下研究结论。

(1)对单个条件变量来说,只有舒适性因素能够构成结果变量的必要条件,其余单个因素均不能构成影响游客对公共交通出行满意度因素的必要条件。要通过对安全性、便利性、舒适性、科学美观性和附加功能等要素进行组合,从而提高游客对公共交通出行的满意度。通过应用模糊集定性比较分析,由复杂解得到的充分条件组合共有 7 条,这些影响游客对公共交通出行满意度因素的条件组合的总体覆盖率为 0.871135,即本书中在所有游客对公共交通出行满意度的结果中,约有 87.11%的个案落入了这 7 条充分条件组合中,总体一致性为 0.863739,超过了 0.8 的阈值标准。影响游客对公共交通出行满意度的因素是组合的结果,并且组合具有多样化特征。因此,对不同的目的地,可根据自身实际情况选择适宜的组合,从而提升游客对公共交通出行的满意度。

(2)在所有组合中,出现频率最高的要素是便利性,该要素出现在其中的 5 条组合中。可见,作为具有便利性特征的易使用、转换乘方便、等车时间短、车辆信息实时更新、准时到达、发车频率高和可达性好等实用性功能对选择公共交通出行的游客来说具有最基本的意义。同时,附加功能出现在4 条组合中,司机态度和车票价格成为影响游客对公共交道出行满意度的重要要素。附加功能在影响游客对公共交通出行满意度的因素中占据重要地位,在组合中出现的频率要高于舒适性、安全性和科学美观性。对游客来说,乘坐当地公共交通工具不但是一种到达某个特定目的地的手段,而且是一种对当地的体验,因此公交司机的角色不仅是日常生活中的交通工作人员或服务人员,更是代表当地形象和提升游客满意度的东道主角色,其态度不仅代表服务者与被服务者之间的商业交往态度,更是东道主居民和游客之间社会交往态度的重要承载,能够影响游客对目的地及其居民的感知,影响游客对目的地的满意度。这一结论说明,旅游地的管理部门除了要在公共交通的便捷性、舒适度等技术性和硬件性条件上进行提升外,也要培育公交司机作为东道主的责任感、自豪感,基于情感提升公交服务人员的素质与服务水平。舒适性、安全性和科学美观性则出现在 3 条组合中,对游客来说,舒适性、安全性和车体设计的重要性低于其在时间和可达性上展示出的实用价值,以及东道主态度具有的情感价值。

(3)围绕“一定包含”便利性和舒适性构成了 2 个原始覆盖率较高的组合,而当组合“一定不包含”便利性和舒适性时,产生了原始覆盖率最低的组合。

从结论(1)中舒适性作为单要素的必要性和结论(3)中便利性出现的最高频率综合来看,便利性和舒适性对游客公共交通出行具有核心意义。换言之,对游客来说,具有实用性特征的便利性和享受性特征的舒适性能够构成满意度的最佳组合。这一结论启发目的地管理者要以便利性要素为基础,同时提升舒适性。实际上,便利性与舒适性具有相通之处。例如,发车频次高则车内拥挤度低,支付方式便捷多样则能使游客进入车体时支付顺畅。因此,目的地需针对景区分布,不断优化换乘路线,缩短等车时间,通过多种方式实时更新信息,提升景点交通可达性,并在此基础上,不断提升车内环境和硬件设施的舒适性。同时,由于当下支付方式的变革,也需要在车内增加移动支付方式,从而给游客出行带来更多便利。

第九章

# 三大历史文化景区旅游交通满意度

基于前述对影响游客对公共交通满意度的因素与组态路径的分析，本章选择典型的景区，对其进行更加微观空间尺度的旅游交通满意度的分析。有研究显示，1978—1998 年中国的旅游业各项指标变化与交通业各项指标变化具有强相关性（张建春 等，2002），在旅游业发展过程中，交通起到了关键性作用。交通供给包括从机场到公交网络系统的所有出行方式，是游客从旅游景点往返膳宿处的基本设施（Albalate et al.，2010）。旅游地吸引游客的能力在很大程度上取决于其交通可获性和交通效率（Duval，2007）。中国旅游研究院与携程旅行网 2012 年 3 月 14 日发布的《中国休闲旅游客户需求趋势研究报告》表明，旅游交通服务是休闲旅游者最为关注的服务项目。

以往对于旅游交通的研究主要集中在旅游和交通的关系（Apko，2014），旅游交通生态足迹与碳排放（Mart'n-Cejas，2010），旅游交通网络格局和线路优化（戢晓峰 等，2012），旅游交通行为和迁移规律（秦雪，2010）等方面。旅游地的交通可达性和质量感知影响游客经历、总体满意度和重游意愿（Thompson et al.，2007）。旅游交通质量感知影响游客对景区的整体体验，满意度是衡量旅游景区交通质量感知最直接的反映。Thompson 和 Schofield（2007）研究显示，游客对旅游景区的满意度受公共交通的便捷性影响比交通效率和交通安全性更大。国内外针对景区旅游交通满意度的专门研究并不多见，国外研究侧重于公共交通满意度方面（王兆峰，2014），国内少数研究主要是关注城市旅游交通的总体评价方面（Anna et al.，2014）。因此，选取西安城区内三大不同区位的著名历史文化景区——大明宫国家遗址公园、大唐芙蓉园、西安城墙景区为研究案例，从游客感知角度出发，对城市旅游景区的交通满意度进行综合评价和对比研究。这既丰富了旅游交通的理论研究，又为改善西安市景区旅游交通的规划、管理和服务，提升交通使用者满意度提供科学依据。

# 第一节　研究景区与研究方法

## 一、研究景区及其城市公共交通

西安市内有许多历史文化景区和景点，深厚的历史文化积淀和浩瀚的文物古迹遗存使西安享有“天然历史博物馆”的美称（张妍妍 等，2014）。大明宫国家遗址公园位于西安城北太华南路，面积约3.2平方公里，是世界文化遗产、全国重点文物保护单位、国家4A级旅游景区，印证了唐长安城是当时世界上面积最大的宏伟壮丽的宫殿建筑群，其以展示盛唐文化为特色，成为西安的“城市中央公园”。大唐芙蓉园位于西安东南曲江新区，建于原唐代皇家御苑——芙蓉园遗址所在地，面积约0.67平方公里，国家5A级旅游景区，是全国首个全方位展示盛唐风貌的大型皇家园林式文化主题公园。西安城墙景区位于西安市中心区，轮廓呈封闭的长方形，周长约13.74公里，面积约11.32平方公里，国家4A级景区，是全世界保存最完整、规模最宏大的古城墙。

根据2013年西安市公交网和百度地图相关数据及景区实地调查，西安市公交线路总共有296条。大明宫国家遗址公园景区门口有15趟公交车次，途径354个公交站点；大唐芙蓉园景区西门和南门站共有19趟公交车次，途径450个公交站点；西安城墙景区共有南门等8个登门点，有125趟公交车次，途经1149个公交站点。目前，常用的计算公交覆盖面积的方法是以公交站点为圆心，以合理的步行距离300米为半径作圆，计算其覆盖面积（徐兵 等，2005）。其中，公交站点面积的叠加部分要避免重复的代数和相加，应采取几何合并值（王宝辉 等，1999；徐兵 等，2005），公交覆盖面积的计算公式如下：

$$A = \sum_{i=1}^{n} a_i - \sum_{i=1}^{m} b_i$$

式中，$A$ 表示公交覆盖面积；$a_i$ 为每个公交站点的覆盖面积；$n$ 为公交站点的数量；$b_i$ 为其中每两个公交站点覆盖面积的重叠面积；$m$ 为重叠面积的数量。由此可得，大明宫国家遗址公园、大唐芙蓉园、西安城墙景区的公交覆盖面积分别为 71.02 平方公里、93.43 平方公里、217.12 平方公里。西安城墙景区的公交覆盖面积最大、范围最广，基本遍布西安的东西南北各个方向；大明宫国家遗址公园的公交覆盖面积最小，覆盖范围主要分布在景区以南，约是景区以北覆盖面积的 2 倍；大唐芙蓉园的公交覆盖面积居中，覆盖范围主要分布在景区以北，约是景区以南覆盖面积的 4 倍。这主要与景区所处城市中的区位有关。

## 二、研究方法

参考交通和旅游交通满意度文献（Thompson et al.，2007；王兆峰，2014；Anna et al.，2014），调查问卷由人口基本统计特征和景区旅游交通感知两部分组成（见表 9-1）。其中，景区旅游交通感知指标体系的构建从交通花费、交通时间、交通道路和设施质量、交通安全、交通服务、交通管理 6 个方面考虑，选取 12 个代表性指标。

**表 9-1　三大景区游客交通出行满意度调查问卷项目**

| 类别 | 题项 | 选项 |
|---|---|---|
| 人口基本统计特征 | 性别 | ①男；②女 |
| | 年龄 | ①15～24 岁；②25～34 岁；③35～55 岁；④56 岁及以上 |
| | 文化程度 | ①初中及以下；②高中和中专；③大专；④本科；⑤硕士及以上 |
| | 家庭月人均收入水平 | ①5000 元以上；②2501～5000 元；③1501～2500 元；④501～1500 元；⑤500 元及以下 |
| | 现居住地 | ①西安；②陕西省其他地区；③其他省市 |

续表

| 类别 | 题项 | 选项 |
| --- | --- | --- |
| 景区旅游交通感知 | 交通基础设施质量 | ①远低于期望；②低于期望；③差不多；④超出期望；⑤远超出期望 |
| | 交通便利性 | ①远低于期望；②低于期望；③差不多；④超出期望；⑤远超出期望 |
| | 交通舒适性 | ①远低于期望；②低于期望；③差不多；④超出期望；⑤远超出期望 |
| | 游览交通设施（如游览车、停车位）的数量 | ①远低于期望；②低于期望；③差不多；④超出期望；⑤远超出期望 |
| | 游览路线安排 | ①远低于期望；②低于期望；③差不多；④超出期望；⑤远超出期望 |
| | 游览交通工具的多样性 | ①远低于期望；②低于期望；③差不多；④超出期望；⑤远超出期望 |
| | 景区道路的设计 | ①远低于期望；②低于期望；③差不多；④超出期望；⑤远超出期望 |
| | 导游图等旅游交通公共信息资料 | ①远低于期望；②低于期望；③差不多；④超出期望；⑤远超出期望 |
| | 交通指示牌等引导标识 | ①远低于期望；②低于期望；③差不多；④超出期望；⑤远超出期望 |
| | 护栏、警示牌等旅游交通安全设施 | ①远低于期望；②低于期望；③差不多；④超出期望；⑤远超出期望 |
| | 观光车、游览车等交通设施价格 | ①非常便宜；②比较便宜；③差不多；④比较贵；⑤非常贵 |
| | 交通管理水平 | ①远低于期望；②低于期望；③差不多；④超出期望；⑤远超出期望 |

实地调查由在读一、二年级硕士研究生在2013年3月16—17日、23—24日两个周末完成，调查地点为大明宫国家遗址公园、大唐芙蓉园、西安城墙景区。每个景区实际发放并回收问卷400份，剔除信息不全等无效问卷，有效问卷分别为381份、398份、376份，有效率分别为95.3％、99.5％、94.0％。

人口基本统计特征调查结果显示，各选项均有样本数分布，结构合理，见表9－2。

**表9－2　人口基本统计特征调查数据**

单位：％

| 题项 | 选项 | 样本数占比 | | | 总占比 |
|---|---|---|---|---|---|
| | | 大明宫国家遗址公园 | 大唐芙蓉园 | 西安城墙景区 | |
| 性别 | 男 | 47.5 | 47.7 | 38.8 | 44.7 |
| | 女 | 52.5 | 52.3 | 61.2 | 55.3 |
| 年龄 | 18～24岁 | 46.5 | 52.3 | 52.6 | 50.5 |
| | 25～34岁 | 32.5 | 27.8 | 32.7 | 31.0 |
| | 35～55岁 | 16.5 | 14.1 | 11.2 | 13.9 |
| | 56岁及以上 | 4.5 | 5.8 | 3.5 | 4.6 |
| 文化程度 | 初中及以下 | 11.5 | 3.3 | 3.1 | 6.0 |
| | 高中和中专 | 23.6 | 9.8 | 8.6 | 14.0 |
| | 大专 | 31.0 | 22.9 | 17.4 | 23.8 |
| | 本科 | 27.3 | 55.7 | 58.3 | 47.1 |
| | 硕士及以上 | 6.6 | 8.3 | 12.6 | 9.1 |
| 家庭月人均收入水平 | 5000元以上 | 13.2 | 19.6 | 25.9 | 19.6 |
| | 2501～5000元 | 46.1 | 40.2 | 31.9 | 39.4 |
| | 1501～2500元 | 20.3 | 22.1 | 22.5 | 21.6 |
| | 501～1500元 | 14.6 | 8.0 | 9.7 | 10.8 |
| | 500元及以下 | 5.8 | 10.1 | 10.0 | 8.6 |

续表

| 题项 | 选项 | 样本数占比 | | | 总占比 |
| --- | --- | --- | --- | --- | --- |
| | | 大明宫国家遗址公园 | 大唐芙蓉园 | 西安城墙景区 | |
| 现居住地 | 西安 | 75.6 | 55.6 | 60.7 | 64.0 |
| | 陕西省其他地区 | 19.4 | 30.5 | 19.6 | 23.2 |
| | 其他省市 | 5.0 | 13.9 | 19.7 | 12.8 |

按照被调查者的选项构建李克特五点量表，选项分为非常不满意、不满意、一般、满意、非常满意，并依次赋值为1、2、3、4、5分。选项“一般”代表与受访者期望值基本持平，根据美国学者帕拉休拉曼（Parasuraman）、赞瑟姆（Zeithamal）和贝利（Berry）提出的服务质量差距模型，若实际感知分值大于期望值，则游客满意；反之，则不满意。由此得知：就12个代表性指标而言，若单项分值均大于等于3分，则旅游交通满意度达到满意水平；若总分值大于等于36分，则旅游交通满意度也达到满意水平，分值越大越满意；若总分值小于36分，则不满意，满意度满分为60分。首先，采用均值法求出12个变量的满意度平均分值，通过等权加和求出三大景区的总体满意度，分析三大景区的总体满意度差异；其次，同样采用等权加和求出不同人口变量的三大景区满意度分值，分析三大景区人口统计学特征差异；最后，以游客的人口统计学特征进行单因素方差分析，提取差异性显著变量（$\alpha<0.05$），并进行Scheffe事后差异性检验分析，分析旅游交通要素的人口统计学特征差异，归纳不同类型游客对旅游交通要素的诉求。

# 第二节 三大景区旅游交通游客满意度及其差异

## 一、三大景区旅游交通总体满意度差异

根据调查数据和上述结论得出，大明宫国家遗址公园、大唐芙蓉园、西安

城墙景区的旅游交通总体满意度分值分别为40.03、41.74、39.85分，均超过36分，说明游客对三大景区的旅游交通总体满意度都达到满意水平。游客对大唐芙蓉园的旅游交通满意度最高，其次为大明宫国家遗址公园，西安城墙景区旅游交通满意度最低。西安城墙景区地处城市中心，虽然外部公交网络覆盖范围最广，但同时也受到线路、车流量大、用地规模受限等影响，导致交通舒适性降低，限制了景区旅游交通的发展。然后，通过单因素方差分析，提取差异性显著变量（$\alpha<0.05$），并进行Scheffe事后差异性检验分析，得出大明宫国家遗址公园、大唐芙蓉园、西安城墙景区三大景区游客满意度差异显著要素及其满意度平均分值分别为：交通基础设施质量（3.75、3.83、3.61分），交通便利性（3.32、3.41、3.21分），景区道路的设计和护栏（3.45、3.61、3.29分），警示牌等旅游交通安全设施（3.42、3.54、3.30分）。由分值可以看出，游客对这4个要素的满意度水平感知，西安城墙景区最低，大唐芙蓉园最高，大明宫国家遗址公园居中，这与游客对三大景区旅游交通的总体满意度感知情况一致。

## 二、三大景区旅游交通满意度人口统计学特征差异

大明宫国家遗址公园、大唐芙蓉园、西安城墙景区三大景区旅游交通满意度人口统计学特征差异具有以下特征：①在性别方面，对三大景区旅游交通满意度感知，男性均高于女性，男性的感知平均分值分别为40.82、42.35、40.46分，女性分别为39.24、41.13、39.24分。②在年龄方面，25～34岁人群对大明宫国家遗址公园旅游交通满意度感知分值最高，为40.91分，56岁及以上人群感知分值最低，为38.10分；而大唐芙蓉园恰恰相反，56岁及以上人群感知分值最高，为42.80分，25～34岁人群感知分值最低，为41.13分；西安城墙景区35～55岁人群感知分值最高，为41.30分，56岁及以上人群感知分值最低，为38.85分。大明宫国家遗址公园和西安城墙景区除去旅游交通感知分值最高年龄段人群外，可以发现随着年龄段的增长游客的满意度在下降。而大唐芙蓉园各年龄段满意度之间无明显变化规律，差异不大，而且各个年龄段的旅游交通满意度水平都比另外两个景区高。③在文化程度方面，对大明宫国家遗址公园、大唐芙蓉园旅游交通满意度感知分值最高的均是初中及以下学历的游客，

分别为 42.78 分和 43.13 分，并且随着文化程度的提升满意度在逐渐降低，硕士及以上学历的游客满意度感知分值分别为 37.40 分和 40.88 分。而西安城墙景区恰恰相反，随着学历上升，游客的满意度在提高，从初中及以下学历的游客最低满意度感知分值 37.97 分上升到硕士及以上学历的最高满意度感知分值 40.60 分。而且由数据分析发现，同一学历的游客对大唐芙蓉园的旅游交通满意度感知分值均为最高，大专及以下学历的游客对大明宫国家遗址公园旅游交通满意度感知较好，而本科及以上学历的游客对西安城墙景区旅游交通满意度感知较好。④在收入方面，没有发现明显的特征和规律。⑤在现居住地方面，西安市游客、陕西省其他地区游客、其他省市游客对三大景区的满意度感知分值分别为：大明宫国家遗址公园 40.77、40.44、38.89分，大唐芙蓉园 42.58、41.96、40.68 分，西安城墙景区 40.83、39.67、39.05 分。西安市游客的满意度高于陕西省其他地区和其他省市游客，其他省市游客的满意度最低。

## 三、旅游交通要素的人口统计学特征差异

运用游客的人口统计学特征进行单因素方差分析，提取差异性显著变量（$\alpha<0.05$），并进行 Scheffe 事后差异性检验分析。

在性别方面，游客对交通舒适性的感知差异性显著。男性和女性平均得分分别为 3.32、3.18 分，男性的感知平均分值均高于女性。

在年龄方面，游客对交通基础设施质量、游览交通工具的多样性的感知差异性显著。56 岁及以上游客对交通基础设施质量和游览交通工具的多样性的满意度感知分值均为最高，分别为 3.96、3.74 分。25～34 岁游客对这两个要素的满意度感知最低，分值分别为 3.65、3.24 分。

在文化程度方面，不同文化程度的游客对游览交通工具的多样性、交通管理水平的感知差异性显著。文化程度越低的游客对游览交通工具的多样性、交通管理水平的满意度感知分值越高，文化程度越高的游客则越低。对这两个要素的感知分值，初中及以下文化程度游客分别为 3.59、3.51 分，硕士及以上文化程度游客分别为 3.17、3.24 分。

在收入方面，不同收入水平的游客对游览路线安排、护栏及警示牌等旅游交通安全设施、交通管理水平的感知差异性显著。收入层次最低的游客

(即家庭月人均收入在500元及以下的游客)对上述3项要素的满意度感知分值最高,分别为3.46、3.5、3.46分。再无其他明显特征。

在现居住地方面,游客对交通管理水平的感知差异性显著,西安市的游客对其满意度感知分值为3.32分,陕西省其他地区为3.29分,其他省市为3.17分。

# 第十章 结论与展望

## 第一节 主要研究结论

游客空间流动是城市旅游活动和旅游业发展的基础。可达性水平影响景点位置质量的变化，从而引起旅游空间发展格局的变化。以西安市为例，通过采集互联网用户生成的旅游“大数据”和问卷调查数据，基于旅游地理学、城市地理学等相关学科的理论知识，综合运用统计分析、社会网络分析及GIS空间分析等方法研究景点交通可达性对不同出游时间类型游客空间流动的影响及其差异，得出了如下主要结论。

### 一、西安市外地游客实际到访景点与政府导向的A级旅游景点在数量、等级和空间格局上存在错位

外地游客到访的旅游景点数量(68个)超过A级旅游景点的数量(56个)，游客到访景点遍布在除高陵区以外的10个城区和西咸新区，而A级景点广泛分布于西安11个城区和西咸新区，前者的集中化程度相比后者更为明显，主要体现在它们的集聚中心为雁塔区、莲湖区、新城区和碑林区四个城区。A级旅游景点的高等级(3个)和低等级(6个)景点数量少且分布区域有限，中等级(47个)景点多且分布广，游客到访的旅游景点空间格局是由小部分分布有限的中高等级(24个)旅游景点和大部分分布广泛的无等级(44个)旅游景点构成的。无论是A级景点还是游客实际到访景点，空间分布方向总体呈现“东北—西南”格局。

### 二、景点不同交通方式可达性具有显著的差异

景点不同交通方式可达性均呈现核心—边缘的空间结构，存在明显的距

离衰减规律，景点小汽车可达时间在28.74～105.41分钟，常规公交/地铁可达时间在53.50～246.99分钟，常规公交可达时间在60.40～261.29分钟，78.26%的景点小汽车可达时间在51.11分钟以内，而所有景点的公交方式可达时间均超过该时间范围。小汽车可达性最好的景点分布在碑林区和雁塔区，最差的景点分布在鄠邑区、长安区和阎良区；公交可达性最好的景点分布在碑林区、雁塔区和莲湖区，最差的景点分布在鄠邑区、长安区和西咸新区。小汽车与公交可达性分异基本呈现由中心向边缘递增的格局，且西安市区东南部的景点小汽车和公交可达性差异明显大于其他地区，东南部边缘区的小汽车可达性优势尤其明显。

## 三、游客空间流动在出游频率、出游规模及出游范围等方面都表现出明显的时间异质性

随着出游时间的增加，游客平均到访景点的个数、流向和流量显著递增。旅游节点等级结构体系呈现出稳定且显著的以高等级景点为枢纽的“强强”关联特征，高等级景点的游客集聚功能提升显著，大规模的游客景点空间流动集中在景点组团内的行程。一日游游客平均到访1.6个景点，产生139条流向路径，流量总和为287人次；二日游游客平均到访2.7个景点，产生176条流向路径，流量总和为463人次；三日游及以上游客平均到访6.4个景点，产生900条流向路径，流量总和为6 714人次。不同出游时间类型游客的旅游节点和路径的等级结构表现出差异性，但回民街占绝对优势的核心地位保持不变，不受出游时间的影响，其他核心和重要景点是华清池、秦始皇帝陵博物院、城墙、大唐芙蓉园、大雁塔、骊山、陕西历史博物馆、鼓楼、大唐不夜城、钟楼、碑林，只是其核心和重要地位在不同出游时间中具有差异。随着出游时间增加，游客选择旅游景点路径组合的凝聚子群的凝聚性越来越不明显，但大规模的游客景点空间流动路径在增多，一日游是城墙—回民街、华清池—骊山，二日游是华清池—秦始皇帝陵博物院、华清池—骊山，三日游及以上是华清池—秦始皇帝陵博物院、华清池—骊山、陕西历史博物馆—大雁塔，上述路径均产生在高等级景点聚集的组团内。

## 四、西安市旅游景点具有显著的等级规模差异特征

西安市旅游景点的节点等级结构由6个核心节点、7个重要节点、5个一

般节点、7个劣势节点，以及44个边缘节点构成，核心和重要节点的数量远小于劣势和边缘节点，具有明显的结构优势。从三种出游时间类型游客的旅游节点等级来看，西安市区核心节点有6个，即回民街、华清池、秦始皇帝陵博物院、大雁塔、城墙、陕西历史博物馆；重要节点有7个，即大唐芙蓉园、骊山、钟楼、鼓楼、西安博物院、碑林、大唐不夜城；一般节点有5个，即永兴坊、大明宫国家遗址公园、书院门、西安清真大寺、曲江池遗址公园；劣势节点有7个，即青龙寺、粉巷、西安半坡博物馆、大兴善寺、湘子庙、汉城湖景区、都城隍庙；边缘节点有44个，即广仁寺、翠华山、长安大学、西安交通大学、秦岭野生动物园、高培支旧居、兴庆宫公园、西安世博园、大唐西市、曲江寒窑遗址公园、兴教寺、唐城墙遗址公园、莲湖公园、曲江海洋极地公园、五星街教堂、秦皇大剧院、东城清真寺、栎阳城遗址、唐乐宫剧院、西安事变纪念馆、汉阳陵、华严寺、南五台、王家大院、骡马市步行街、陕西师范大学、半坡国际艺术区、大华1935、环城公园、蛟峪二郎山风景区、清真西寺、陕西自然博物馆、万寿八仙宫、长乐公园、古观音禅寺、秦岭九龙潭、卧龙寺、香积寺、西北大学、杜陵遗址公园、西安电子科技大学、太平国家森林公园、小五台、白鹿原。

## 五、游客景点空间流动受游客出游活动时间、不同交通方式可达性、景点等级及其空间分布的共同影响，尤以景点交通可达性的影响显著

在不同出游活动时间约束下，西安市游客的出行方式选择、到访景点数量、出游规模及出游距离均具有显著差异，形成了差异性的游客流动结构。中心城区常规公交及常规公交/地铁出行效率显著高于小汽车，再加上公交网络布局与中心城区高等级景点之间的衔接匹配程度较好，导致长途景点和短途景点的游客空间流动分别受出行效率不同的小汽车和公共交通可达性的影响。景点等级对游客空间流动产生正向影响，高中心度景点之间流量较大，游客空间流动受到景点等级及其空间分布的双重作用，呈现空间分布下的景点等级正向影响，且影响程度随着出游时间约束的减少愈加明显。景点交通可达性对不同出游时间类型游客景点空间流动的影响及其程度不同，随着出游时间增加，景点交通可达性的影响表现得愈发显著。在一日游的高强度时间约束条件下，时间对出行效率高的常规公交/地铁的影响最大；在二日

游较宽松的时间约束条件下，游客景点空间流动主要受常规公交出行时间的影响；三日游及以上的时间最为充裕，主要受常规公交/地铁出行时间、常规公交出行时间的共同影响。与公共交通出行方式相比，小汽车出行时间的影响随着出游时间增加而下降。

## 六、游客对西安市景点之间交通可达性的感知总体较好

不同出游时间类型的游客流动、游客典型热门路径及游客选择的高频景点，都与游客对公交车、出租车感知可达性水平表现出高度的相关性，公交感知可达性水平和游客拥有的出游活动时间存在一定的正相关性。通过对调查问卷的统计分析得出，随着出游时间增加，游客游览景点和产生的景点路径数量均在增多。一日游游客的路径具有景点位于中心区位、景点之间距离近、景点知名度非常高的特征；二日游游客的路径具有景点知名度非常高、景点之间距离长、景点区位跨度大的特征；三日游及以上游客的路径具有景点知名度比较高、景点之间距离较长、景点区位跨度较大的特征。在三种不同出游时间中，大规模的游客流动均产生在距离较近的中心区不同景点组团间的景点之间，以及景点组团内集聚性景点之间，小规模游客流动的景点和路径呈现出多样化且具有一定知名度的特征。在不同出游时间中，游客对交通出行信息获取容易的感知水平最高，对景点之间道路质量很好的感知水平较高，对景点之间道路畅通的感知水平较低，对景点之间距离很近的感知水平最低。在出租车、公交车和私家车三种出行方式中，认可度最高的是出租车，最低的是私家车，私家车主要体现在游客对停车方便的感知度比较低。在公交车出行方式中，游客对公交车等待时间短和公交换乘很方便的感知度较低，而对乘坐公共交通到达景点很方便的感知度相对较高，对公交车服务频次高、步行到公交站点很方便的感知度一般。随着出游时间的增加，游客对打车方便的感知度在降低，对乘坐公共交通到达景点很方便的感知度在提高，可能是因为出游时间的长短影响游客对出行方式选择而产生的结果。钟楼—大雁塔、钟楼—回民街、大雁塔—回民街三条典型路径的游客对景点之间交通可达性的感知总体较好，对交通出行信息获取容易的感知水平最高，对停车方便和景点之间道路畅通的感知水平最低，对景点之间道路质量很好的感知水平一般，对道路质量感知水平好于道路畅通感知水平。游客对乘坐

公共交通到达景点很方便、步行到公交站点很方便、公交车服务频次高，以及打车方便、出租车数量很多的感知水平都较高，对公交车等待时间短、公交换乘很方便的感知水平相对较低，说明位于西安市中心区的这三条热门路径的公交车和出租车出行都比较方便，私家车出行不方便，停车困难，公交车等待时间和无缝换乘水平有待改善和提升。一日游、二日游和三日游及以上游客选择的高频景点（大雁塔、回民街、陕西历史博物馆和钟楼）完全重合，对高频景点的周边环境及感知可达性水平总体较高，对邻近景点的吸引力强、乘坐公共交通到达景点很方便的感知水平均较高，对停车方便、通往景点的路况很好、景点周边环境舒适均感知较差，但对大雁塔的景点周边环境舒适的感知要稍好于其他三个景点。相比私家车出行，游客对高频景点的公交感知可达性水平更高，这在一定程度上反映了高频景点与公交可达性的高相关关系。4 个景点的三日游及以上游客对公交感知可达性水平高于一日游和二日游游客，这显现出在时间宽松的情况下，游客对公交感知可达性水平也在提高，表明可达性水平和游客拥有的出游活动时间存在相关性。

## 七、便利性和舒适性对游客公共交通出行的满意度发挥着核心作用

三大历史文化景区——大明宫国家遗址公园、大唐芙蓉园、西安城墙景区在旅游交通总体满意度、要素满意度，以及人口统计学特征方面均存在差异。公共交通的舒适性、便利性、科学美观性、安全性、附加功能及其组态路径均对游客公共交通出行满意度起到不同程度的影响。单项因素中只有舒适性因素是影响游客公共交通出行满意度结果的必要条件，在所有路径组合中便利性出现的频率最高，“一定包含”舒适性和便利性共同构成了2 个原始覆盖率最高的组合，而当组合“一定不包含”舒适性和便利性时，产生了原始覆盖率最低的组合，便利性和舒适性对游客公共交通出行感知水平具有核心意义。而司机态度和票价等附加功能成为游客获得公共交通出行满意度的重要因素。游客对三大景区的旅游交通满意度都达到满意程度，满意度由高到低依次为大唐芙蓉园、大明宫国家遗址公园、西安城墙景区。满意度差异显著要素为交通基础设施质量、交通便利性、景区道路的设计和护栏、警示牌等旅游交通安全设施 4 个方面。不同性别、不同年龄、不同文化程度、不同居

住地的游客对景区旅游交通满意度的感知水平具有明显的差异，而不同收入的游客对景区旅游交通满意度的感知水平变化则不显著，可能是因为不同人口统计学特征的游客侧重关注的旅游交通要素不同所致。

## 第二节　对策建议

### 一、优化旅游节点功能，培育层次合理的等级结构体系

通过节点中心度分析，将不同出游时间类型游客的旅游节点划分为核心节点、重要节点、一般节点、劣势节点、边缘节点等五个等级。随着出游时间的增加，核心节点在增多。

核心节点回民街、华清池、秦始皇帝陵博物院、大雁塔、城墙、陕西历史博物馆等作为游客景点空间流动结构的支撑中心，应进一步积极发挥其旅游集聚和扩散作用，创新旅游节点服务，完善旅游信息和旅游服务基础设施的建设，做好与其他景点的联动对接，使其建设成为城市旅游协调中心，能够科学监测和控制游客流量，并通过制定应急预案，构建响应机制，实现核心节点的可持续发展。

重要节点大唐芙蓉园、骊山、钟楼、鼓楼、西安博物院、碑林、大唐不夜城等的提升空间大，应深入挖掘其特色资源和旅游文化，丰富景区内涵，提升旅游形象，增强对游客的吸引力，加强与核心节点之间的联系，承接和疏导核心节点的游客流动。

一般节点永兴坊、大明宫国家遗址公园、书院门、西安清真大寺、曲江池遗址公园等在充分挖掘资源和打造自身特色的基础上，改善旅游基础设施建设，提升服务质量，通过与核心节点、重要节点之间的密切联系带来的集聚优势，增强自身的影响力。

劣势节点青龙寺、粉巷、西安半坡博物馆、大兴善寺、湘子庙、汉城湖景区、都城隍庙和广仁寺、翠华山、长安大学、西安交通大学、秦岭野生动物园、高培支旧居、兴庆宫公园、西安世博园、大唐西市、曲江寒窑遗址公园、兴教寺等应加强自身旅游建设，发展新的旅游吸引物，提高游客体验性；加强节点周边服务设施和交通线路的建设，提高节点位置质量水平；加强与核心节点和

重要节点的联系，利用高等级节点的带动作用实现自身发展；加大宣传力度，逐步提升劣势节点在城市景点结构中的地位；通过进一步建设各级旅游节点，优化和发挥各级旅游节点的功能和作用，形成层次合理的等级结构体系，更好地发挥城市旅游结构的整合效应。

## 二、整合城市旅游资源，规划分时特色旅游线路

加强旅游节点之间的合作，对节点进行整合，根据旅游节点文化特色、景点等级结构、景点位置、景点之间可达性水平、游客日均到访景点数量、景点活动时长等因素的具体情况，规划推出一日游、二日游、三日游及以上的分时旅游线路，并积极开展宣传营销，推荐分时旅游线路。设计组团内和组团间的特色主题线路或多元化景点旅游线路，特色主题线路如历史文化游、休闲度假游、科教文博游、研学旅行游等，多元化景点旅游线路如历史文化-山水风光游、历史文化-休闲娱乐游、科教文博-研学旅行游等，将核心、重要、一般、劣势、边缘五种等级节点的同类或异类景点依据旅游主题进行线路规划，以强带弱实现资源联动，促进旅游整体效益的提升。组团内如城墙—钟楼—鼓楼—回民街—广仁寺、陕西历史博物馆—陕西省自然博物馆、秦始皇帝陵博物院—王家大院—骊山，组团间如钟楼—大雁塔—蛟峪二郎山风景区、碑林—西安博物院—陕西省自然博物馆、钟楼—回民街—汉城湖—栎阳城遗址。一般来说，每个旅游线路上设计2～5个景点为宜，打造放松休闲、景点紧凑、性价比较高的不同类型旅游线路，供短时游客和长时游客选择，以此增强游客的体验感和参与性，最大化满足游客的需求并提高其满意度。

## 三、完善交通基础设施，发挥交通的引导作用

交通在旅游发展中扮演着十分关键的角色，交通可达性为游客景点空间流动的集聚和扩散提供了基础。近年来西安市交通发展迅速，道路人均拥有面积增加，出租车和公共汽车拥有量上升，轨道交通的相继开通增强了公交运输能力，但是目前的可达性水平依然存在结构性矛盾及空间布局不合理等问题。在西安市旅游建设中应完善交通基础设施结构，加强景点之间的专线连接路网和公共交通设施建设水平。对中心地区游客流量大且景点交通可达性强的旅游节点，巩固其旅游集散中心的地位，依托现有路网结构及路线

设置，进一步完善旅游基础配套设施，加强与其他旅游节点之间、与城市其他公共服务节点之间的公共交通对接，实现交通方式无缝衔接，引导游客采用绿色出行、公交出行的方式，避免中心区交通堵塞的问题。对景点交通可达性弱的边缘地区，以城市主干路网体系为基础，一方面提高路网水平，另一方面着力推进地铁线路建设，新增和优化公交线路，提升边缘地区旅游节点公交覆盖水平，优化景点间多种交通换乘方式，加强边缘地区旅游节点与高速、快速公路的对接，加强其与核心节点及重要节点之间的交通衔接。此外，在景点等游客活动场所周边，统一规划高效集约的停车场，如立体式、升降式停车场等，建立一体化管理平台，解决停车困难的问题，满足部分自驾出行游客的需求。总体上，优化路网、交通方式等基础设施空间布局，充分发挥交通的引导作用，调整和开发旅游线路，引导游客空间流动的合理分布，推动景点间一体化发展。

### 四、加强交通部门与旅游部门的合作，提升旅游交通服务质量

政府应打破相关职能部门的行政约束，加快旅游和交通的融合，实现西安市交通规划与旅游规划的协调统一，加强相互协作的顶层指导，以“布局合理、衔接顺畅、服务便捷”为指导原则，优化轨道交通、公共汽车等线路，使之有机衔接，推进交通枢纽和换乘站等节点基础配套设施的建设，打造城市景点之间安全、高效、便捷的“零换乘”“无缝换乘”的客运交通体系，实现节点之间的联动开发。旅游与交通部门针对交通建设可能带来的生态和景观破坏进行有效规划和改善。规划建设西安市智慧旅游和智慧交通平台，旅游部门联合交通部门发布面向游客的旅游景点实时交通信息数据及在游人数，为游客提供旅游交通动态、旅游交通应急协调等服务，以信息化和智能化引导游客分流，优化旅游空间格局，促进西安市旅游业发展。

## 第三节　主要创新点

### 一、使用百度出行大数据，实现对不同交通方式可达性的研究

目前在关于旅游业的研究中，对景点交通可达性的测度侧重于理论上的

可达时间分析，忽视了交通方式的差异性和实际的阻抗因素。本书通过百度地图 API，可以实现对常规公交、常规公交/地铁和小汽车三种常规交通方式出行数据的采集，考虑了不同交通方式下的道路通行速率、道路拥堵、道路障碍、步行时间等阻抗影响因素，计算得出的可达性结果更精确，更接近实际，符合个体对交通方式的选择及出行习惯。研究表明，不同交通方式的可达性是不同的，且存在明显的核心-边缘空间差异。

### 二、在传统空间维度分析的基础上增加了时间维度，发现出游时间不同，游客流动特征和空间结构也随之不同

已有对游客空间流动的研究集中在不同空间尺度，以宏观区域尺度的研究为主，对城市内部游客空间流动的探讨不够丰富。在时间尺度上，侧重对旅游流在不同年份时间变化的研究，但缺乏从不同出游时间维度对其进行研究。本研究发现，随着出游时间的增加，出游频率、出游规模、出游距离，以及出游范围均在提高，高等级景点的游客集聚功能显著提升，高等级景点之间的联系明显增强，说明出游时间对游客出行行为和流动格局均产生影响。

### 三、基于不同出游时间约束，明确景点交通可达性在游客空间流动中的角色和作用

已有研究缺少可达性对游客景点空间流动影响的实证分析。有研究表明，在城市旅游中，对交通方式的选择和在目的地可用时间对游客出游活动和出行行为具有影响。因此，本书重点探讨在不同出游时间类型约束下，游客在景点空间流动中基于不同交通方式可达性的角色和作用。研究发现，景点交通可达性对游客空间流动的影响显著，且对不同出游时间类型游客景点空间流动的影响及其程度不同，随着出游时间增加，景点交通可达性的影响表现得愈发显著，公共交通可达性的影响尤为显著。

## 第四节　讨论与展望

本书对景点交通可达性的测度，一方面基于客观测量的百度实时出行的可达时间，另一方面基于道路和交通方式的主观感知水平，较以往研究有

所改进。但可达性理论仍在继续发展，应用范围也在不断扩大，今后对可达性的研究，可以结合具体的研究制定针对性的内涵框架，从成本花费、安全度和舒适度、心理距离等方面扩充对可达性的评价指标，从而进一步丰富对可达性的测度。此外，自行车和步行也可能成为城市游客的出行方式，可以将其作为对景点交通可达性后续研究的课题。

地铁作为现代城市交通体系中重要的交通工具，对城市建设和旅游发展起到了积极的推动作用。本研究分析表明，景点的常规公交/地铁可达性高于常规公交可达性，在强时间约束和时间宽松的情况下，地铁对游客空间流动的作用都非常显著。地铁覆盖网络化为我国正在快速崛起的“快旅慢游”式旅游提供了重要的交通条件，随着城市地铁发展网络化程度越来越高，对城市旅游流必然产生新的影响，形成新的游客流动模式。地铁覆盖网络化对城市旅游流的改变，是今后值得进一步研究的方向。

# 附录

## 西安市游客目的地景点偏好及其感知可达性以及公共交通评价调查问卷

**一、个人基本情况(在与您实际情况最相符的选项处打“√”)**

1.您的性别：

○男　○女

2.您的年龄：

○18 岁以下　○18～30 岁　○31～45 岁　○46～60 岁

○60 岁以上

3.您的婚姻状况：

○未婚　○已婚　○其他

4.您的子女情况：

○没有孩子　○婴幼儿　○上幼儿园　○读小学　○读初中

○读高中　○读大学　○已工作

5.您的最高学历：

○小学　○初中　○高中　○中专/技校/职高

○大专　○本科　○硕士　○博士　○其他

6.您从事的工作：

○公务员或事业单位　○企业员工　○个体经营户　○自由职业者

○退休人员　○农民　○学生　○其他

7.您的月收入：

○没有收入　○≤2000 元　○ 2001～5000 元　○5001～8000 元

○8001～15000 元　○15001～50000 元　○>50000 元

8.您的现居住地：

○陕西省内　○境内其他省(区、市)　○境外

9.您是否有驾照？

○有　○无

10.您是否有私家车？

○有　○无

11.您在居住地通常采用的交通方式：

○私家车　○公交车　○地铁　○公共自行车　○步行

○出租车　○其他

**二、游客出行情况(在与您实际情况最相符的选项处打“√”)**

1.您是第一次来西安旅行吗？

○是　○否

2.您此次在西安旅行一共停留几天？

○1 天　○2 天　○3 天　○4 天　○5 天　○6 天

○7 天及以上

3.您是一个人来旅行，还是结伴旅行？(可多选)

○一个人　○朋友　○同事　○同学　○孩子　○父母

○兄弟姐妹　○伴侣　○亲戚

4.您此次旅行的主要动机是什么？

○商务活动　○教育目的　○放松休养　○宗教朝拜

○体验游玩　○其他

5.您去往旅游景点主要使用的交通方式是什么？(可多选)

○小汽车(自驾、包车)　○公交车　○地铁　○出租车　○公共自行车

○步行　○其他

6.您对此次旅行的期望如何？

○没有一点期待　○稍有期待　○正常　○很期待

○非常期待

7. 您在逗留期间的旅游经历与预期相比如何？

○比预期差很多　○比预期差　○感觉一样　○比预期稍好

○超出预期很多

**三、旅游景点选择偏好**

1. 对下列西安市景点类型的喜欢程度，在与您想法最相符的选项处打"√"。

| 景点类型 | 非常喜欢 | 喜欢 | 一般 | 不喜欢 | 非常不喜欢 |
| --- | --- | --- | --- | --- | --- |
| 历史古迹 | | | | | |
| 山水风光 | | | | | |
| 特色街区 | | | | | |
| 文化教育 | | | | | |
| 主题公园 | | | | | |
| 宗教寺庙 | | | | | |
| 休闲娱乐 | | | | | |

2. 对下列西安市景点类型的重视程度（您不一定喜欢，但您觉得有必要去），在与您想法最相符的选项处打"√"。

| 景点类型 | 非常重视 | 重视 | 一般 | 不重视 | 非常不重视 |
| --- | --- | --- | --- | --- | --- |
| 历史古迹 | | | | | |
| 山水风光 | | | | | |
| 特色街区 | | | | | |
| 文化教育 | | | | | |
| 主题公园 | | | | | |
| 宗教寺庙 | | | | | |
| 休闲娱乐 | | | | | |

3. 对下例选择旅游景点时所考虑影响因素的重要程度，在与您想法最相符的选项处打“√”。

| 影响因素 | 非常重要 | 重要 | 一般 | 不重要 | 非常不重要 |
| --- | --- | --- | --- | --- | --- |
| 闲暇时间 | | | | | |
| 个人收入 | | | | | |
| 个人年龄 | | | | | |
| 旅游动机（您选择景点的初衷） | | | | | |
| 景点偏好（您对景点喜欢与否） | | | | | |
| 景区知名度 | | | | | |
| 景区美誉度 | | | | | |
| 景区门票 | | | | | |
| 交通成本 | | | | | |
| 景点周边停车设施 | | | | | |
| 小汽车到达便利与否 | | | | | |
| 公交到达便利与否 | | | | | |
| 气候、季节 | | | | | |
| 景点密度 | | | | | |
| 景点的人流量 | | | | | |
| 景点周边的环境舒适度 | | | | | |
| 餐饮、购物、住宿等配套设施的条件 | | | | | |
| 景点周边社会治安状况 | | | | | |
| 邻近景点的吸引力 | | | | | |

**四、景点之间总体交通感知可达性（在与您想法最相符的选项处打“√”，该选项包括 5 个等级，分别表示：1 完全不赞同；2 不赞同；3 一般；4 赞同；5 非常赞同）**

1. 景点之间距离很近。　1□　2□　3□　4□　5□

2. 景点之间道路质量很好。　1□　2□　3□　4□　5□

3. 交通出行信息获取容易。　1□　2□　3□　4□　5□

| | | | | | |
|---|---|---|---|---|---|
| 4. 步行到公交站点很方便。 | 1□ | 2□ | 3□ | 4□ | 5□ |
| 5. 公交服务频次高。 | 1□ | 2□ | 3□ | 4□ | 5□ |
| 6. 公交等待时间短。 | 1□ | 2□ | 3□ | 4□ | 5□ |
| 7. 公交换乘很方便。 | 1□ | 2□ | 3□ | 4□ | 5□ |
| 8. 乘坐公交到达景点很方便。 | 1□ | 2□ | 3□ | 4□ | 5□ |
| 9. 打车方便。 | 1□ | 2□ | 3□ | 4□ | 5□ |
| 10. 出租车数量多。 | 1□ | 2□ | 3□ | 4□ | 5□ |
| 11. 停车方便。 | 1□ | 2□ | 3□ | 4□ | 5□ |
| 12. 景点之间道路畅通。 | 1□ | 2□ | 3□ | 4□ | 5□ |

**五、景点移动路径排序**

1. 请您按照游玩的先后顺序填写此次来西安旅游的所有景点。

2. 请您对游玩景点的感知可达性及其周边环境进行评价（最多写 6 个景点并在最相符的选项处打“√”）。

| 景点 | 感知可达性 | 完全不赞同 | 不赞同 | 一般 | 赞同 | 非常赞同 |
|---|---|---|---|---|---|---|
| | 乘坐公交到达景点很方便 | | | | | |
| | 乘坐小汽车到达景点很方便 | | | | | |
| | 停车方便 | | | | | |
| | 通往景点的路况很好 | | | | | |
| | 景点的周边环境舒适 | | | | | |
| | 景点的餐饮、购物、住宿等配套设施完善 | | | | | |
| | 景点周边社会治安良好 | | | | | |
| | 邻近景点的吸引力强 | | | | | |
| | 乘坐公交到达景点很方便 | | | | | |
| | 乘坐小汽车到达景点很方便 | | | | | |
| | 停车方便 | | | | | |
| | 通往景点的路况很好 | | | | | |
| | 景点的周边环境舒适 | | | | | |
| | 景点的餐饮、购物、住宿等配套设施完善 | | | | | |
| | 景点周边社会治安良好 | | | | | |
| | 邻近景点的吸引力强 | | | | | |
| | 乘坐公交到达景点很方便 | | | | | |
| | 乘坐小汽车到达景点很方便 | | | | | |
| | 停车方便 | | | | | |
| | 通往景点的路况很好 | | | | | |
| | 景点的周边环境舒适 | | | | | |
| | 景点的餐饮、购物、住宿等配套设施完善 | | | | | |
| | 景点周边社会治安良好 | | | | | |
| | 邻近景点的吸引力强 | | | | | |

续表

| 景点 | 感知可达性 | 完全不赞同 | 不赞同 | 一般 | 赞同 | 非常赞同 |
|---|---|---|---|---|---|---|
| | 乘坐公交到达景点很方便 | | | | | |
| | 乘坐小汽车到达景点很方便 | | | | | |
| | 停车方便 | | | | | |
| | 通往景点的路况很好 | | | | | |
| | 景点的周边环境舒适 | | | | | |
| | 景点的餐饮、购物、住宿等配套设施完善 | | | | | |
| | 景点周边社会治安良好 | | | | | |
| | 邻近景点的吸引力强 | | | | | |
| | 乘坐公交到达景点很方便 | | | | | |
| | 乘坐小汽车到达景点很方便 | | | | | |
| | 停车方便 | | | | | |
| | 通往景点的路况很好 | | | | | |
| | 景点的周边环境舒适 | | | | | |
| | 景点的餐饮、购物、住宿等配套设施完善 | | | | | |
| | 景点周边社会治安良好 | | | | | |
| | 邻近景点的吸引力强 | | | | | |
| | 乘坐公交到达景点很方便 | | | | | |
| | 乘坐小汽车到达景点很方便 | | | | | |
| | 停车方便 | | | | | |
| | 通往景点的路况很好 | | | | | |
| | 景点的周边环境舒适 | | | | | |
| | 景点的餐饮、购物、住宿等配套设施完善 | | | | | |
| | 景点周边社会治安良好 | | | | | |
| | 邻近景点的吸引力强 | | | | | |

**六、游客公共交通使用情况(在与您实际情况最相符的选项处打"√")**

1.您在旅行期间是否使用过市内公共交通?

○是　○否

2.如果使用过,您都使用了哪些市内公共交通?(可多选)

○公交车　○地铁　○出租车　○公共自行车

○其他

3.如果没有使用过市内公共交通,您使用了哪些交通工具?(可多选)

○私家车　○包车

4.在西安旅行时选择使用市内公共交通的原因,在您认为符合的情况处打"√"。

| 具体原因 | 是 | 否 |
| --- | --- | --- |
| 乘车方便 | | |
| 很准时 | | |
| 票价便宜 | | |
| 多渠道支付(支付宝、微信)便捷 | | |
| 公交转乘方便 | | |
| 可以在乘车时欣赏城市面貌 | | |
| 乘坐公共交通安全 | | |
| 交通信息服务完善 | | |
| 减少交通污染,倡导绿色出行 | | |
| 避免市区交通拥堵 | | |
| 在景点停车比较麻烦 | | |
| 没有私家车 | | |
| 不会开车 | | |
| 不想在陌生的城市开车 | | |

续表

| 具体原因 | 是 | 否 |
| --- | --- | --- |
| 不太愿意在西安租车旅行 | | |
| 获得了免费、优惠或折扣的车票 | | |
| 喜欢乘坐市内公共交通旅行 | | |
| 朋友推荐乘坐市内公共交通旅行 | | |

5.在西安旅行时没有选择使用市内公共交通的原因，在您认为符合的情况处打“√”。

| 具体原因 | 是 | 否 |
| --- | --- | --- |
| 乘坐时间太久 | | |
| 乘坐过程中拥挤会感到不舒适 | | |
| 不喜欢固定时间 | | |
| 觉得票价贵 | | |
| 个人不会获取车辆即时更新信息 | | |
| 不太会乘坐 | | |
| 想去的景点乘坐公共交通不方便、换乘多 | | |
| 带孩子一起旅行乘坐会比较麻烦 | | |
| 有客观身体原因限制 | | |
| 单纯不喜欢乘坐公共交通 | | |
| 选择了自驾游、租车等其他旅行方式 | | |
| 觉得乘坐公共交通不安全 | | |

## 七、游客公共交通出行满意度(在与您想法最符合的选项处打“√”)

| 因素 | 非常不满意 | 不满意 | 一般 | 满意 | 非常满意 |
| --- | --- | --- | --- | --- | --- |
| 公共交通容易使用 | | | | | |
| 转换乘方便 | | | | | |

续表

| 因素 | 非常不满意 | 不满意 | 一般 | 满意 | 非常满意 |
|---|---|---|---|---|---|
| 等车时间短 | | | | | |
| 车辆信息实时更新 | | | | | |
| 公共交通准时到达 | | | | | |
| 发车频率高 | | | | | |
| 车辆可达性好 | | | | | |
| 乘车安全 | | | | | |
| 等车环境安全 | | | | | |
| 等车时感到舒适 | | | | | |
| 座椅舒适性好 | | | | | |
| 车内清洁 | | | | | |
| 车内空间宽敞 | | | | | |
| 站台及间距设计合理 | | | | | |
| 线路设计很科学 | | | | | |
| 交通标示清晰明确 | | | | | |
| 车辆外观设计美观 | | | | | |
| 司机服务态度 | | | | | |
| 票价便宜 | | | | | |
| 很喜欢西安公共交通 | | | | | |
| 在旅行过程中使用市内公共交通 | | | | | |
| 使用市内公共交通旅行是非常正确的选择 | | | | | |

# 参考文献


保继刚，楚义芳，1999. 旅游地理学[M]. 修订版. 北京：高等教育出版社.

卞显红，2003. 城市旅游空间结构研究[J]. 地理与地理信息科学，19(1)：105－108.

曹芳东，黄震方，吴江，等，2012. 国家级风景名胜区旅游效率测度与区位可达性分析[J]. 地理学报，67(12)：1686－1697.

柴秀玲，2016. 旅游者出游行为的代际差异分析：以山西运城为例[D]. 西安：陕西师范大学：57－63.

柴彦威，沈洁，赵莹，2010. 城市交通出行行为研究方法前沿[J]. 中国科技论文在线，5(5)：402－409.

陈莉，2015. 福厦铁路对沿线城市旅游流的影响研究[D]. 泉州：华侨大学：57－59.

陈秀琼，黄福才，2006. 基于社会网络理论的旅游系统空间结构优化研究[J]. 地理与地理信息科学(5)：75－80.

丁正山，2004. 城市旅游流的空间结构与集散研究：以南京、苏州、徐州国内旅游为例[D]. 南京：南京师范大学：23－25.

丁卓，2015. 基于复杂网络的智慧城市公共交通网络研究[D]. 广州：华南理工大学：8－9.

董培海，岳洁，李庆雷，等，2018. 旅游流空间场效应的演变及其响应机制研究：以云南省保山市为例[J]. 山西师范大学学报：自然科学版，32(3)：108－116.

方世巧，马耀峰，李天顺，等，2012. 基于百度搜索的西安市 A 级景区信息与旅游流耦合分析[J]. 干旱区资源与环境，26(8)：190－194.

冯广超，覃成林，2016. 可达性研究动态及测算模型修订[J]. 地域研究与开发，35(2)：6－11.

郭建科，王绍博，王辉，等，2016. 哈大高铁对东北城市旅游供需市场的空间效应研究：基于景点交通可达性的分析[J]. 地理科学进展，35(4)：505－514.

郭向阳，明庆忠，丁正山，2020. 中国旅游业与城镇质量协调度空间特征及驱动力识别[J]. 四川师范大学学报：社会科学版，47(2)：72－82.

韩立宁，吴晋峰，王奕祺，等，2012. 入境外国游客旅游行为性别差异研究[J]. 软科学，26(11)：130－134.

胡浩，王姣娥，金凤君，2012. 基于可达性的中小文化旅游城市旅游潜力分析[J]. 地理科学进展,31(6):808-816.

胡巧娟,马耀峰,张岩君,等,2012.入境旅游流空间转移与旅游经济联系强度耦合分析:以陕西向15个典型省市转移为例[J].陕西师范大学学报:自然科学版,40(6):87-91.

戢晓峰,李康康,陈方,2018.节假日旅游流时空分异及其形成机制:以云南省为例[J].经济地理,38(3):200-207.

戢晓峰,梁斐雯,陈方,2012.云南旅游交通网络空间布局与优化对策[J].经济地理,32(11):52-57.

戢晓峰,杨春丽,陈方,等,2020.考虑居民与游客群体差异的城市交通满意度多维测度:以大理为例[J].公路交通科技,37(11):98-106.

蒋海兵,刘建国,蒋金亮,2014.高速铁路影响下的全国旅游景点交通可达性研究[J].旅游学刊,29(7):58-67.

交通运输部道路运输司,2011.城市公共交通管理概论[M].北京:人民交通出版社.

靳诚,黄震方,2012.基于可达性技术的长江三角洲旅游区划[J].地理研究,31(4):745-757.

靳诚,陆玉麒,张莉,等,2009.基于路网结构的旅游景点交通可达性分析:以南京市区为例[J].地理研究,28(1):246-258.

靳诚,徐菁,黄震方,等,2014.南京城市内部景点间游客流动特征分析[J].地理学报,69(12):1858-1870.

靳诚,徐菁,2016.南京市对外交通节点与酒店之间游客流动空间特征分析[J].人文地理,31(5):55-62.

景壮壮,韩景,刘万波,等,2021.山西省A级景区空间分布特征及可达性研究[J].资源开发与市场,37(2):200-207.

李创新,马耀峰,张颖,等,2011.入境旅游流集聚扩散空间场效应时空动态分析:基于丝路东段典型区的实证研究[J].陕西师范大学学报:自然科学版,39(2):81-88.

李春雷,2011.去哪儿网案例分析[EB/OL].(2018-11-13)[2019-10-25].https://wenku.baidu.com/view/cbe0af8805a1b0717fd5360cba1aa81144318fd2.html.

李立,汪德根,2012.城市低碳公共交通对旅游景点通达性影响研究:以苏州市为例[J].经济地理,32(3):166-172.

李王鸣,江勇,2012.基于城市流要素的区域城市内外部功能联系研究:以浙江省台州市域为例[J].经济地理,32(2):59-65.

李想,2019.西安市城市公共交通服务分析[J].科技经济导刊,27(24):180-181.

李晓静,2013.西南地区旅游流与旅游交通协调发展研究[D].吉首:吉首大学:24-32.

李欣存,2016.基于网络游记的城市景区间游客流动网络结构研究:以苏州市为例[D].南京:南京师范大学:1-37.

梁玥琳,胡孟姣,2018.宁波市宁海县旅游流网络空间结构及其效应研究[J].华中师范大学学报:自然科学版,52(5):742-749.

廖嘉妍,张景秋,2020.基于POI数据的北京城市文化设施空间分布特征研究[J].北京联合大学学报,34(1):23-33.

刘大均,2016.城市群旅游流空间格局及演化研究:以长江中游城市为例[D].武汉:华中师范大学,151-153.

刘大均,2018.长江中游城市群旅游流空间格局及发展模式[J].经济地理,38(5):217-223.

刘宏盈,苗芳,马耀峰,2009.入境旅游流转移对旅游经济联系促进作用实证分析:以旅沪流向陕西转移为例[J].干旱区资源与环境,23(8):135-138.

刘军,2007.QAP:测量"关系"之间关系的一种方法[J].社会,27(4):164-174.

刘为潍,乌恩,2016.基于儿童年龄的亲子户外休闲及旅游行为差异研究[J].四川旅游学院学报(1):37-39.

柳坤,申玉铭,2014.国内外区域空间相互作用研究进展[J].世界地理研究,23(1):73-83.

陆保一,明庆忠,刘安乐,等,2019.边境地区旅游流空间场效应的时空动态及其影响因素:以云南省边境市州为例[J].云南师范大学学报:自然科学版,39(2):66-73.

卢松,潘蕙,曹超轶,2011.旅游地公共交通性能的游客感知研究:以黄山市为例[J].人文地理,26(6):133-137.

麻学锋,刘玉林,2019.旅游产业成长与城市空间形态演变的关系:以张家界为例[J].经济地理,39(5):226-234.

马耀峰,李天顺,刘新平,1999.中国入境旅游研究[M].北京:科学出版社.

马耀峰,郑鹏,白凯,2008.入境游客决策行为差异研究:以旅华日美游客为例[J].干旱区资源与环境,22(1):102-106.

倪玉屏,汪德根,2008.城市不同类型家庭结构的居民出游行为差异分析:以苏州市为例[J].资源开发与市场,24(1):70-73.

潘竟虎,从忆波,2014.基于景点空间可达性的中国旅游区划[J].地理科学,34(10):1161-1168.

潘竟虎,李俊峰,2014.中国A级旅游景点空间分布特征与可达性[J].自然资源学报,29(1):55-66.

彭红松,陆林,路幸福,等,2014.基于社会网络方法的跨界旅游客流网络结构研究:以泸沽湖为例[J]. 地理科学,34(9):1041－1050.

秦静,李郎平,唐鸣镝,等,2018. 基于地理标记照片的北京市入境旅游流空间特征[J]. 地理学报,73(8):1556－1570.

秦雪,2010. 西安市游客旅游交通行为分析与研究[D]. 西安:西北大学.

秦玉,2008. 基于 GIS 的空间相互作用理论与模型研究[D]. 上海:同济大学:13－17.

阮文奇,张舒宁,郑向敏,2018. 中国游客赴泰旅游流网络结构及其形成机理研究[J]. 世界地理研究,27(4):34－44.

孙建伟,田野,崔家兴,等,2017. 湖北省旅游空间结构识别与可达性测度[J]. 经济地理,37(4):208－217.

覃文敏,张小雷,杨兆萍,等,2015. 基于路阻函数的旅游交通可达性研究:以新疆 3A 级及以上级别景区为例[J]. 干旱区研究,32(2):361－367.

唐顺铁,郭来喜,1998. 旅游流体系研究[J]. 旅游学刊,18(3):38－41.

滕茜,杨勇,布倩楠,等,2015. 基于网络文本的景区感知及互动研究:以上海为例[J]. 旅游学刊,30(2):33－41.

田蓓,2017. 西北五省区域旅游流与交通网络耦合协同关系研究[D]. 西安:长安大学:65－68.

涂玮,2015. 在线旅游信息表征的旅游流空间结构及动力机制研究:以泛长三角为例[D]. 南京:南京师范大学:162－166.

王宝辉,杨东援,1999. 借助 GIS 技术计算公交覆盖率的方法研究[J]. 交通与计算机,17(5):54－55.

王静,2018. 基于网络游记的城市旅游流网络结构特征研究:以襄阳市为例[D]. 武汉:华中师范大学:47－49.

王俊,夏杰长,2018. 中国省域旅游经济空间网络结构及其影响因素研究:基于 QAP 方法的考察[J]. 旅游学刊,33(9):13－25.

王录仓,严翠霞,李巍,2017. 基于新浪微博大数据的旅游流时空特征研究:以兰州市为例[J]. 旅游学刊,32(5):94－105.

王士君,宋飏,冯章献,等,2011. 东北地区城市群组的格局、过程及城市流强度[J]. 地理科学,31(3):287－294.

王祥,2018. 厦门市自助旅游流网络结构与交通可达性耦合研究[D]. 泉州:华侨大学:61－64.

王永明,马耀峰,王美霞,2010. 上海入境旅游流对长江流域各省区空间场效应研究[J]. 经济地理,30(5):854－858.

王赞赞,冯文勇,任瑞萍,等,2018. 不同客源市场游客行为特征差异研究:以五台山风景区游客为例[J]. 干旱区资源与环境,32(2):201-208.

王兆峰,2014. 张家界旅游城市游客公共交通感知、满意度与行为[J]. 地理研究,33(5):978-987.

汪秋菊,刘宇,李新,等,2017. 中国主要城市旅游要素网络关注空间演化特征[J]. 世界地理研究,26(1):45-55.

蔚海燕,戴泽钒,许鑫,等,2018. 上海迪士尼对上海旅游流网络的影响研究:基于驴妈妈游客数字足迹的视角[J]. 旅游学刊,33(4):33-45.

吴必虎,2001. 区域旅游规划原理[M]. 北京:中国旅游出版社.

吴必虎,1994. 上海城市游憩者流动行为研究[J]. 地理学报,49(2):117-127.

吴晨,2017. 网络视角下目的地城市旅游流空间结构与空间自相关效应研究:以南京市为例[D]. 南京:南京大学:63-65.

吴晋峰,潘旭莉,2010. 京沪入境旅游流网络结构特征分析[J]. 地理科学,30(3):370-376.

吴林芝,2018. 网络语境下南京市内散客旅游流空间结构演变研究[D]. 南京:南京师范大学:1-56.

吴茵,李满春,毛亮,2006. GIS支持的县域城镇体系空间结构定量分析:以浙江省临安市为例[J]. 地理与地理信息科学,22(2):73-77.

谢晖,保继刚,2006. 旅游行为中的性别差异研究[J]. 旅游学刊,21(1):44-49.

熊建新,王文辉,贺赛花,等,2020. 洞庭湖区旅游城镇化系统耦合协调性时空格局及影响因素[J]. 地理科学,40(9):1532-1542.

徐兵,龙伟健,2005. 基于MapX的公交网络覆盖率计算研究[J]. 计算机与现代化(12):5-9.

徐敏,黄震方,曹芳东,等,2018. 基于在线预订数据分析的旅游流网络结构特征与影响因素:以长三角地区为例[J]. 经济地理,38(6):193-202.

许春晓,周美静,王甫园,2015. 旅游目的地选择意愿的影响因素:以韶山为例[J]. 经济地理,35(4):178-185.

许学强,周一星,宁越敏,2009. 城市地理学[M]. 2版. 北京:高等教育出版社.

杨效忠,冯立新,张凯,2013. 交通方式对跨界旅游区景区可达性影响及边界效应测度:以大别山为例[J]. 地理科学,33(6):693-702.

杨兴柱,顾朝林,王群,2011. 旅游流驱动力系统分析[J]. 地理研究,30(1):23-36.

杨兴柱,吴静,2015. 南京市旅游流网络结构特征历时性比较[J]. 旅游科学,29(4):35-46.

杨兴柱,2013. 城市旅游流构成要素与基本特征[J]. 旅游论坛,6(5):7-12.

姚小云，罗亚丽，2013. 山岳型旅游目的地国内游客消费行为的代际差异研究：以张家界为例[J]. 资源开发与市场，29(10)：1094－1097.

张春晖，马耀峰，白凯，2016. 旅游流与目的地系统耦合研究：以六大城市入境旅游为例[J]. 资源科学，38(6)：1013－1027.

张春晖，2015. 旅游流与目的地耦合：模型与要素贡献度研究[D]. 西安：陕西师范大学：257－260.

张宏磊，2012. 交通系统要素变动下的旅游流时空响应[D]. 南京：南京大学：98－100.

张建春，陆林，2002. 芜湖长江大桥与安徽旅游交通条件的改善[J]. 人文地理，17(4)：75－79.

张琪，谢双玉，王晓芳，等，2015. 基于空间句法的武汉市旅游景点交通可达性评价[J]. 经济地理，35(8)：200－208.

张秀娥，张皓宣，2018. 社会网络理论研究回顾与展望[J]. 现代商业(20)：154－157.

张妍妍，李君轶，杨敏，2014. 基于旅游数字足迹的西安旅游流网络结构研究[J]. 人文地理，29(4)：111－118.

张佑印，2010. 北京入境集聚扩散旅游流时空演变规律及动力机制研究[D]. 西安：陕西师范大学.

张圆刚，余向洋，2020. 生活空间重构旅游者的乡村游憩影响因素与路径：一个模糊集的定性比较分析[J]. 自然资源学报，35(7)：1633－1646.

章锦河，张捷，李娜，等，2005. 中国国内旅游流空间场效应分析[J]. 地理研究，24(2)：293－303.

赵乐，朱建玲，刘南，等，2010. 浙江东部沿海城市建设用地空间结构分析[J]. 经济地理，30(3)：494－500.

赵现红，2010. 旅华外国游客旅游目的地选择影响因素实证研究[J]. 经济地理，30(1)：145－149.

中国旅游研究院，携程旅行网. 中国休闲旅游客户需求趋势研究报告[EB/OL]. (2012－03－14)[2015－01－05]. http://wenku. baidu. com/link? url＝WW2kzqLW WyL－MgcbN5FsHhvTtrUTqctPhZfOZUolZqaxLPrwhTtIzreK9ly8iVpMBD7zQ2ypIG28fYuje8O5RMQ FqyCtx19Ovb4nAPeLVGG.

钟士恩，张捷，韩国圣，等，2010. 旅游流空间模式基本理论：问题分析及其展望[J]. 人文地理，25(2)：31－36.

种照辉，覃成林，2017. "一带一路"贸易网络结构及其影响因素：基于网络分析方法的研究[J]. 国际经贸探索，33(5)：16－28.

ABEYRATNE R I R, 1993. Air transport tax and its consequences on tourism[J]. Annals of Tourism Research, 20(3): 450－460.

ALBLATE D, BEL G, 2010. Tourism and urban public transport: Holding demand pressure under supply constraints[J]. Tourism Management,31(3):425 - 433.

ANDREASEN M H, MØLLER - JENSEN L, 2017. Access to the city: Mobility patterns, transport and accessibility in peripheral settlements of Dar es Salaam[J]. Journal of Transport Geography, 62(1): 20 - 29.

ANKOMAH P K, CROMPTON J L, BAKER D, 1996. Influence of cognitive distance in vacation choice[J]. Annals of Tourism Research, 23(1): 138 - 150.

ANKOMAH P K, CROMPTON J L, 1992. Tourism cognitive distance: A set of research propositions[J]. Annals of Tourism Research, 19(2): 323 - 342.

ANNA C, ANTONELLO D, ANGELO P, 2014. A Panel data approach to evaluate the passenger satisfaction of a public transport service[J]. Procedia Economics and Finance, 17: 231 - 237.

APKO AS, 2014. Urban tourism in Szczecin and its impact on the functioning of the urban transport system[J]. Procedia - Social and Behavioral Science, 151:207 - 214.

ASERO V, GOZZO S, TOMASELLI V, 2016. Building tourism networks through tourist mobility[J]. Journal of Travel Research, 55(6): 751 - 763.

BAVOUX J, BEAUCIRE F, CHAPELON L, et al. , 2005. Geographie des transports [M]. Paris: Armand Colin.

BIFULCO G N, LEONE S, 2014. Exploiting the accessibility concept for touristic mobility [J]. Procedia - Social and Behavioral Sciences, 111: 432 - 439.

BOWBEN J, 2003. A cross - national analysis of international tourist flows in China[J]. Tourism Geographies, 5: 257 - 279.

BRUNT P, 1997. Market research in travel and tourism[M]. Oxford: Butterworth - Heinemann.

BURNS L D, GOLOB T F, 1976. The role of accessibility in basic transportation choice behavior[J]. Transportation, 5(2): 175 - 198.

BURNS P, NOVELLI M, 2008. Tourism and mbilities: Local - global connections[M]. Wallingford, UK: CABI.

BURT R, 1992. Structure holes: The social structure of competition[M]. Cambridge: Harvard University Press.

BURTON R, 1995. Tourism and the environment in travel geography [M]. 2nd ed. London: Pitman Publishing.

CHENG Y H, CHEN S Y, 2015. Perceived accessibility, mobility, and connectivity of public transportation systems[J]. Transportation Research Part A, 77: 386 - 403.

CHEW J, 1987. Transport and tourism in the year 2000[J]. Tourism Management, 8(2): 83 - 85.

CHUA A, SERVILLO L, MARCHEGGIANI E, et al. , 2016. Mapping Cilento: Using geotagged social media data to characterize tourist flows in southern Italy[J]. Tourism Management, 57: 295 - 310.

COOPER C P, 1981. Spatial and temporal patterns of tourist behaviour[J]. Regional Studies, 15(5): 359 - 371.

DE CANTIS S, FERRANTE M, KAHANI A, et al. , 2016. Cruise passengers' behavior at the destination: Investigation using GPS technology[J]. Tourism Management,52: 133 - 150.

DEGENNE A, FORSE M D, 1999. Introducing social networks[M]. London: Sage Publications.

DICKINSON J E, ROBBINS D, Kfletcher J, 2009. Representation of transport: a rural destination analysis[J]. Annals of Tourism Research, 36(1): 103 - 123.

DICKINSON J E, ROBBINS D, 2008. Representations of tourism transport problems in a rural destination[J]. Tourism Management, 29(6): 1110 - 1121.

DOGU U, ERKIP F, 2000. Spatial factors affecting way finding and orientation [J]. Environment and Behavior, 32(6): 731 - 755.

DOMINIK B, CARSTEN S, CLAUDIA W, 2017. Uncommon leisure traffic: Analyses of travel behaviour of visitors[J]. Transportation Research Procedia, 25: 3971 - 3984.

DREDGE D, 1999. Destination place planing and design[J]. Annals of Tourism Research, 26(4): 772 - 791.

DUVAL D T, 2007. Tourism and transport: modes, networks and flows[M]. Clevedon: Channel View Publications.

EWING R, CERVERO R, 2010. Travel and the built environment[J]. Journal of the American Planning Association, 76(3): 265 - 294.

GAMAN G, RACASAN B, 2016. Transport accessibility as a factor for tourism flow augmentation. case study: The Romanian health resorts[J]. Journal of Settlements and Spatial Planning, 7(1): 65 - 77.

GEURS K T, WEE B V, 2004. Accessibility evaluation of landuse and transport strategies:

Review and research directions[J]. Journal of Transport Geography, 12(2): 127 - 140.

GOSSING S, Hall C M, WEAVER D B, 2009. Sustainable tourism futures: Perspectives on systems, restructuring and innovations[M]. Oxon: Routledge.

GRANOVETTER M S, 1985. Economic action and social structure: The problem of embed- dedness[J]. The American Journal of Sociology, 91(3): 481 - 510.

HALL C M, PAGE S J, 1999. Geography of recreation and tourism: Place and space[M]. London: Routledge.

HIBBERT J F, DICKINSON J E, GOSSLING S, et al. , 2013. Identity and tourism mobility: An exploration of the attitude - behaviour gap[J]. Journal of Sustainable Tourism, 21 (7): 999 - 1016.

HOLLOWAY S L, RICE S P, 2003. Key concepts in geography[M]. London: Sage Publication.

HONG T, MA T, HUAN T C, 2015. Network behavior as driving forces for tourism flows[J]. Journal of Business Research, 68(1): 146 - 156.

HOOPER J, 2015. A destination too far? Modelling destination accessibility and distance decay in tourism[J]. GeoJournal, 80(1): 33 - 46.

HYEONG - MIN K, HYUN J B, 2018. A study on the evaluation of traffic accessibility and implications for urban tourist attractions: The case of Yangnim - dong modern history culture village in Gwangju, Korea[J]. Journal of the Korean Regional Development Association, 30(5): 193 - 206.

HUANG C H, TSAUR J R, YANG C H, 2012. Does world heritage list really induce more tourists? Evidence from Macau[J]. Tourism Management, 33: 1450 - 1457.

HUANG X, ZHANG L, DING Y, 2017. The baidu index: Uses in predicting tourism flows - a case study of the forbidden city[J]. Tourism Management, 58: 301 - 306.

HWANG Y H, FESENMAIER D R, 2003. Multi destination leasure travel patterns: Empirical evidence from the American travel survey[J]. Journal of Travel Research, 42 (2): 166 - 171.

INGRAM D R, 1971. The concept of accessibility: A search for an operational form[J]. Regional Studies, 5(2): 101 - 107.

INGVARDSON J B, NIELSEN O A, 2019. The relationship between norms, satisfaction and public transport use: A comparison across six European cities using structural equation modelling[J]. Transportation Research Part A:Policy and Practice, 126:37 - 57.

JAMALUDIN M, KADIR S A, 2012. Accessibility in buildings of tourist attraction: A case studies comparison[J]. Procedia - Social and Behavioral Sciences, 35: 97 - 104.

JANSEN - VERBEKE M, SPEE R, 1995. A regional analysis of tourist flows within Europe[J]. Tourism Management, 16(1):73 - 80.

JENSEN G, IWARSSON S, STAHL A, 2002. Theoretical understanding and methodological challenges in accessibility assessments, focusing the environmental component: An example from travel chains in urban public bus transport[J]. Disability and Rehabilitation, 24(5): 231 - 242.

JIANG S, SUN Y, DU Y, 2012. Influence of in - vehicle congestion degree on choice of public transit mode[J]. Journal of Tongji University, 40(12): 1831 - 1835.

JIN C, CHENG J Q, XU J, 2018. Using user - generated content to explore the temporal heterogeneity in tourist mobility[J]. Journal of Travel Research, 57(6): 779 - 791.

JIN X C, QU M Y, BAO J G, 2019. Impact of crisis events on Chinese outbound tourist flow: A framework for post - events growth[J]. Tourism Management, 74: 334 - 344.

JOHNS N, GYIMOTHY S, 2002. Market segmentation and the prediction of tourist behavior: The case of Bornholm, Denmark[J]. Journal of Travel Research, 40(3):316 - 327.

KAMBATLA K, KOLLIAS G, KUMAR V, et al. , 2014. Trends in big data analytics [J]. Journal of Parallel and Distributed Computing, 74(7): 2561 - 2573.

KAUL R N, 1985. Dynamics of tourism: A trilogy transportation and marketing[M]. New Delhi: Sterling Publishers.

KHADAROO J, SEETANAH B, 2008. The role of transport infrastructure in international tourism development: A gravity model approach[J]. Tourism Management, 29 (5): 831 - 840.

KHADAROO J, SEETANAH B, 2007. Transport infrastructure and tourism development [J]. Annals of Tourism Research, 34(4): 1021 - 1032.

KIM S S, WAN Y K P, PAN S, 2015. Differences in tourist attitude and behavior between Mainland Chinese and Taiwanese tourists [J]. Journal of Travel & Tourism Marketing, 32(1 - 2):100 - 119.

KINSELLA J, CAULFIELD B, 2011. An examination of the quality and ease - of - use of public transport in Dublin from a new comer's perspective[J]. Journal of Public Transportation, 14(1): 69 - 81.

KIINE R B, 1998. Principles and practice of structural equation modeling[M]. New York: Guiford Press.

KRACKHARDTD D, 1987. QAP partialling as a test of spuriousness [J]. Social Networks,9(2): 171 - 186.

KWAN M P, WEBER J, 2008. Scale and accessibility: Implications for the analysis of land - use - travel interaction[J]. Applied Geography, 28(2): 110 - 123.

KWAN M P, 1999. Gender and individual access to urban opportunities: A study using space - time measures[J]. The Professional Geographer, 51(2): 211 - 227.

LARSEN G R, GUIVER J W, 2013. Understanding tourists' perceptions of distance: A key to reducing the environmental impacts of tourism mobility[J]. Journal of Sustainable Tourism, 21(7): 968 - 981.

LAU G, MCKERCHER B, 2007. Understanding tourist movement patterns in a destination: A GIS approach[J]. Tourism and Hospitality Research, 7(1): 39 - 49.

LEE H, GUILLET B D, LAW R, et al. , 2012. Robustness of distance decay for international pleasure travelers: A longitudinal approach[J]. International Journal of Tourism Research, 14(5): 409 - 420.

LE - KLÄHN D T, HALL C M, GERIKE R, 2014. Analysis of visitor satisfaction with public transport in Munich[J]. Journal of Public Transportation, 17(3): 68 - 85.

LE - KLAHN D T, ROOSEN J, GERIKE R, et al. , 2015. Factors affecting tourists' public transport use and areas visited at destinations[J]. Tourism Geographies, 17(5): 738 - 757.

LEW A A, McKERCHER B, 2006. Modeling tourist movement: A local destination analysis[J]. Annals of Tourism Research, 33(2): 403 - 423.

LEW A A, McKERCHEN B, 2002. Trip destinations, gateways and itineraries: The example of Hong Kong[J]. Tourism Management, 23(6): 609 - 621.

LI J J, XU L Z, TANG L, et al. , 2018. Big data in tourism research: A literature review [J]. Tourism Management, 68:301 - 323.

LIN N, 2001. Social capital: A theory of social structure and action[M]. Cambridge: Cambridge University Press.

MARROCU E, PACI R, 2011. They arrive with new information: Tourism flows and production efficiency in the European regions[J]. Tourism Management, 32(4):750 - 758.

MARTIN C A, WITT S F, 1988. Substitute prices in models of tourism demand[J]. Annals of Tourism Research, 15(2): 255 - 268.

MART'N - CEJAS R R,RAMREZ SANCHEZ P P, 2010. Ecological footprint analysis of road transport related to tourism activity: The case for Lanzarote Island[J]. Tourism Management, 31(1): 98 - 103.

MASIERO L, ZOLTAN J, 2013. Tourists intra - destination visits and transport mode: A bivariate model[J]. Annals of Tourism Research, 43(7): 529 - 546.

MASSARA F, SEVERINO F, 2013. Psychological distance in the heritage experience[J]. Annals of Tourism Research, 42: 108 - 129.

McKERCHER B, 2018. The impact of distance on tourism: A tourism geography law[J]. Tourism Geographies, 20(5): 905 - 909.

McKERCHER B, 2008. The implicit effect of distance on tourist behavior: A comparison of short and long haul pleasure tourists to Hong Kong[J]. Journal of Travel & Tourism Marketing, 25(3 - 4):367 - 381.

MEDILK S, 2003. Dictionary of travel, tourism and hospitality[M]. Oxford: Butterworth - Heinemann.

MORRIS J M, DUMBLE P L, WIGAN M R, 1979. Accessibility indicators for transport planning[J]. Transportation Research Part A General, 13(2):91 - 109.

NASIR M N M, MOHAMAD M, GHANI N I A, et al. , 2020. Testing mediation roles of place attachment and tourist satisfaction on destination attractiveness and destination loyalty relationship using phantom approach[J]. Management Science Letters, 10(2): 443 - 454.

NI A, ZHANG C, HU Y, et al. , 2020. Influence mechanism of the corporate image on passenger satisfaction with public transport in China[J]. Transport Policy, 94:54 - 65.

NICOLAU J, 2008. Characterising tourist sensitivity to distance[J]. Journal of Travel Research, 47(1): 43 - 52.

NYAUPANE G P, GRAEFE A R, 2008. Travel distance: A tool for nature - based tourism market segmentation[J]. Journal of Travel & Tourism Marketing, 25(3 - 4): 355 - 366.

PAGE S J, HALL C M, 2003. Managing urban tourism[M]. Harlow: Pearson.

PAGE S J, 2009. Tourism and transport: Global perspectives[M]. London: Pearson Education Limited, 177 - 183.

PEARCE D G, 1988. Tourist time - budget[J]. Annals of Tourism Research, 15(1): 106 - 121.

PENG H, ZHANG J, LIU Z, et al. , 2016. Network analysis of tourist flows: A cross - provincial boundary perspective[J]. Tourism Geographies, 18(5): 561 - 586.

PRIDEAUX B, 2000. The role of the transport system in destination development[J]. Tourism Management, 21(1): 53 - 63.

RAUN J, AHAS R, TIRU M, 2016. Measuring tourism destinations using mobile tracking data[J]. Tourism Management, 57: 202 - 212.

RAGIN C C, 2006. Set relations in social research: Evaluating their consistency and coverage[J]. Political Analysis, 14(3): 291 - 310.

RAGIN C C, SEDZIAKE A A, 2013. QCA and fuzzy set applications to social movement research[M]. Chicago: University of Chicago Press.

SANTANA - GALLGO M, LEDESMA - RODRIGUEZ F J, Perez - Rodriguez J V, 2015. International trade and tourism flows: An extension of the gravity model[J]. Economic Modelling, 52(15): 1026 - 1033.

SCHEEPERS C E, WENDEL - VOS G C W, KEMPEN E E M M, et al. ,2016. Perceived accessibility is an important factor in transport choice - results from the avenue project[J]. Journal of Transport&Health,3(1): 96 - 106.

SHIN H Y, 2006. Network characteristics of drive tourism destinations: An application of network analysis in tourism[J]. Tourism Management, 27(5): 1029 - 1039.

SIRAKAYA E, WOODSIDE A G, 2005. Building and testing theories of decision making by travelers[J]. Tourism Management, 26(5): 815 - 832.

SPIEKERMANN K, WEGENER M, 2006. Accessibility and spatial development in Europe[J]. Scienze Regionali, 5(2):15 - 46.

STRADING S, CARRENO M, RYE T, et al. , 2007. Passenger perceptions and the ideal urban bus journey experience[J]. Transport Policy, 14(4): 283 - 292.

SU M M, WALL G, 2009. The Qinghai - Tibet railway and Tibetan tourism: Travelers' perspectives[J]. Tourism Management, 30(5): 658 - 664.

THOMPSON K, SCHOFIELD P, 2007. An investigation of the relationship between public transport performance and destination satisfaction[J]. Journal of Transport Geography, 15(2): 136 - 144.

THRANE C, 2015. Examining tourists' long - distance transportation mode choices using a multinomial logit regression model[J]. Tourism Management Perspectives, 15:115 - 121.

TOTH G, DAVID L, 2010. Tourism and accessibility: An integrated approach[J]. Applied Geography, 30(4): 666 - 677.

UCHIYAMA Y, KOHSAKA R ,2016. Cognitive value of tourism resources and their relationship with accessibility: A case of Noto region, Japan[J]. Tourism Management Perspectives(19): 61 - 68.

ULLMAN E L, 1957. American commodity flow[M]. Seattle: University of Washington Press.

VAN DER MERWE J H, VAN NIEKERK A, 2013. Application of geospatial technology for gap analysis in tourism planning for the Western Cape[J]. South African Journal of Science, 109(3): 1 - 10.

VAN LIEROP D, BABAMI M G, EI - GENEIDY A M, 2018. What influences satisfaction and loyalty in public transport? A review of the literature[J]. Transport Reviews, 38(1): 52 - 72.

VU H Q, LI G, LAW R, et al. , 2015. Exploring the travel behaviors of inbound tourists to Hong Kong using geotagged photos[J]. Tourism Management, 46: 222 - 232.

WALMSIEY D J, JENKINS J M, 1992. Tourism cognitive mapping of unfamiliar environ - ments[J]. Annals of Tourism Research, 19(2): 268 - 286.

WALSH R G, SANDERS L D, McKEAN J R, 1990. The consumptive value of travel time on recreation trips[J]. Journal of Travel Research, 29(1): 17 - 24.

WANG D, BROWN G, LIU Y, et al. , 2015. A comparison of perceived and geographic access to predict urban park use[J]. Cities, 42(2): 85 - 96.

WEAVER D, 1998. Peripheries of the periphery: Tourism in Tobago and Barbuda[J]. Annals of Tourism Research, 25(2):292 - 313.

WILLIAMS A V, ZELINSKY W, 1970. On some patterns in international tourist flows [J]. Economic Geography, 46(4): 549 - 567.

XIA J C, ZEEPHONGSEKUL P, PACKER D, 2011. Spatial and temporal modelling of tourist movements using semi - markov processes[J]. Tourism Management, 32(4): 844 - 851.

XIAO S, JIA L, JIANG L, 2012. Forest recreation opportunity spectrum in the suburban mountainous region of Beijing[J]. Journal of Urban Planning and Development, 138(4):

335－341.

YANG C H, LIN H L, HAN C C, 2010. Analysis of international tourist arrivals in China: The role of world heritage sites[J]. Tourism Management, 31(6): 827－837.

YANG X, PAN B, EVANS J A, et al. , 2015. Forecasting Chinese tourist volume with search engine data[J]. Tourism Management, 46: 386－397.

YANG Y, FIK T, ZHANG J, 2013. Modeling sequential tourist flows: Where is the next destination? [J]. Annals of Tourism Research, 43: 297－320.

YANG Y, LI D, LI X R, 2019. Public transport connectivity and intercity tourist flows [J]. Journal of Travel Research, 58(1): 25－41.

YI L M, WAN T S, HALBORAI K, et al. , 2018. Structureequation analysis on customer satisfaction of public transport: An empirical study in Klang Valley Malaysia[J]. International Journal of Engineering and Technology, 7: 778－782.

ZHANG YH, FINDIAY C, 2014. Air transport policy and its impacts on passenger traffic and tourist flows[J]. Journal of Air Transport Management, 34(C): 42－48.

ZHAO X, LU X N, LIU Y Y, et al. , 2018. Tourist movement patterns understanding from the perspective of travel party size using mobile tracking data: A case study of Xi'an, China[J]. Tourism Management, 69: 368－383.

ZHENG W, HUANG X T, LI Y, 2017. Understanding the tourist mobility using GPS: Where is the next place? [J]. Tourism Management, 59: 267－280.

ZURICK D N, 1992. Adventure travel and sustainable tourism in the peripheral economy of Nepal[J]. Annals of the Association of American geographers, 82(4): 608－628.